安徽省教师教育协同创新中心资助出版

教师专业发展：路径与策略

查晓虎◎著

安徽师范大学出版社

·芜湖·

图书在版编目(CIP)数据

教师专业发展:路径与策略/查晓虎著.—芜湖:安徽师范大学出版社,2018.10
(2023.2重印)

ISBN 978-7-5676-3684-2

Ⅰ.①教… Ⅱ.①查… Ⅲ.①中小学—师资培养—研究 Ⅳ.①G635.12

中国版本图书馆CIP数据核字(2018)第146646号

教师专业发展:路径与策略

查晓虎 著

策划编辑:王一澜
责任编辑:王一澜
装帧设计:丁奕奕 陈 爽
出版发行:安徽师范大学出版社
　　　　芜湖市九华南路189号安徽师范大学花津校区

网　　　址:http://www.ahnupress.com/
发 行 部:0553-3883578　5910327　5910310(传真)
印　　刷:苏州市古得堡数码印刷有限公司
版　　次:2018年10月第1版
印　　次:2023年2月第4次印刷
规　　格:700 mm ×1000 mm　1/16
印　　张:14.5
字　　数:238千字
书　　号:ISBN 978-7-5676-3684-2
定　　价:42.80元

如发现印装质量问题,影响阅读,请与发行部联系调换。

目　录

第一章　教师专业发展的基本内容

百年大计，系于教育；教育大计，系于教师。教师作为履行教育教学职责的专业人员，承担着教书育人、提高民族素质的重要使命。在任何一所学校里，教师都是决定教育教学质量和人才培养质量的关键因素。没有一流的教师，就没有一流的学校，也就不可能培养出一流的人才。

从国际上看，自20世纪中后期教师职业的专业性质得到确认以后，教师专业发展问题就一直受到人们的关注。在我国，1993年颁布的《中华人民共和国教师法》中的相关条款明确指出，教师是履行教育教学职责的专业人员。国家相关法律对"教师"的明确界定，意味着教师的专业发展乃是攸关教育质量高低和教育事业发展的重大问题。

当前，面对21世纪国际、国内教育领域竞争激烈的形势，各地学校为了适应培养创新人才和推动教育事业发展的需要，都在采取多种举措强化师资队伍建设，加快促进教师专业发展。广大一线教师也在不断增强自身的专业发展意识，努力拓展专业发展空间，提升自己的专业发展水平，以期跟上时代和教育发展的步伐。可以说，在当下的教育领域，尤其是教师教育领域，"促进教师的专业发展"不但已成为人们耳熟能详的一句教育口号，而且是众多学校和教师的实际行动。

俗话说，"打铁还须自身硬"。作为一名承担着教书育人重要使命的教师，要想不辜负社会、学校、家长和学生等对自身的殷切期望，就必须努力练好"内功"，从多方面不断提升自己的素质。那么，教师要从哪些方面实现自身的专业发展呢？或者说，教师专业发展的基本内容是什么呢？

教师专业发展作为与教师职业生涯紧密相伴的过程，乃是教师作为专业人员，在专业知识、专业能力、专业道德和专业情感等方面不断发展和完善的过程；是教师个体在整个专业生涯中，通过持续的专业学习和训练，不断提高自身从教素质，拓展自身专业内涵，逐步达到专业成熟境界的过程；是从一名新手型教师逐渐蜕变为专家型教师的过程。就教师专业发展的基本内容而言，主要包括以下几个方面：一是形成合理的专业知识结构，二是持续增进和发展专业能力，三是不断提升专业道德水平。

第一节　形成合理的专业知识结构

在当今时代，社会对从事不同职业的人的知识状况是有着不同的要求的。对教师来说，拥有丰富而扎实的知识，不但是顺利完成教育教学任务的必要条件之一，而且是不断提升和发展自己的重要基石。

教师的素养与其所掌握的知识有着密切关系。知识既是教师素养的重要组成部分，又是对教师整体素养的形成具有重要影响的因素之一。

对教师所掌握知识的要求，不但体现在其拥有的知识的数量方面，而且体现在其必须具有合理优化的知识结构方面。作为一名成熟的优秀教师，必须形成合理的专业知识结构。

所谓知识结构，一般是指人类知识在个人头脑中的内化状况，包括人脑中拥有的各种知识的构成情况、组合方式及相互联系等。教师应当拥有什么样的知识结构？对于这一问题，不同的研究者有着不同的回答。有研究者认为，教师的知识结构应当包括哲学知识、心理学知识、教育学知识、文化基础知识和生理学知识等；有研究者认为，教师的知识结构应当包括学科内容知识、学科教学法知识和一般教学法知识等；还有研究者认为，教师的知识结构应当包括学科知识、教学法知识和实践知识等。此外，有研究者提出，教师的知识结构应该由三方面的知识构成：一是原理规则性知识，就是教育学、心理学、教学法等方面的专业理论知识；二是专业的案例知识，就是要像医生、律师、工程师那样，掌握大量的实践案例；三是运用原理规则性知识于案例之中的策略性知识，就是要在具体的教学情境中灵活运用原理、规则性知识。

在本书中，我将教师的知识结构分为四个方面，分别为本体性知识（学科专业知识）、条件性知识（教育理论基础知识）、背景性知识（常识性知识）和实践性知识（实践智慧）。以下分别对这四个方面进行阐述。

一、本体性知识

教师的本体性知识，是指教师所拥有的自己所任教学科的知识，这是教师要掌握的最基础的专业知识，是教师实施教学的重要条件之一。

教师的学科知识或学科专业知识，包括了所任教学科的基本知识体系及思想、方法等，是教师的学科专业功底涵养之所在，它主要来源于教师在职前学习期间所打下的基础以及走上工作岗位以后所进行的专业学习。

虽有研究表明，教师的本体性知识与教学效果不是简单的线性关系，即并非教师的学科专业知识越丰富和高深，教学效果就必然越好。但是，具有丰富的学科专业知识，无疑是一名优秀教师不可或缺的条件之一。

由于学科和学段的不同，每一门学科及不同学段的教师拥有的专业知识也不完全一样。例如，生物教师需要具备的学科理论知识一般包括：植物学、动物学、人体解剖生理学、生物化学、遗传学、植物生理学、微生物学、进化论、生态学等。对于高中生物教师来说，除了这些学科理论知识，还应掌握细胞生物学、组织胚胎学、分子生物学、营养学等专业知识及有关分支学科的基本内容和学科前沿发展状况。

从一般意义上来说，本体性知识主要涉及以下几个方面：

（一）基本的学科知识和思想方法

教师必须准确、广泛而又深刻地理解和把握本学科的基本理论知识，尤其是对本学科的基本概念、基本技能和技巧以及这些基础性知识中所蕴含的思想方法，教师更是应当准确、熟练地掌握。教师只有准确、熟练地掌握了本学科的基础知识，才可以保证传授给学生的是正确的、可靠的知识，而不是模棱两可、似是而非、经不起推敲和检验的，甚至是错误的知识，最终才不至于误人子弟。同样，只有在熟练掌握本学科基础知识的基础上，才可以更好地理解和领会基础知识中所包含的思想方法。而掌握了这些思想方法并吃透它们，教师才可以在保证准确无误地传授知识的前提下，将更多的精力放在教学设计上，才可以更好地提升教学的质量和效果。

在这里，特别应当强调学科知识中蕴含的思想方法，这很容易被忽视。比如，作为一名数学教师，如果仅仅掌握数学的基本概念、定理、公式等，而不能深刻领会数学学科的丰富思想和方法，在教学过程中就只能"就事论事"，就会使学生学得不深、不透，无法给学生留下深刻的印象，也无法使学生产生探究的欲望和创造的兴趣。一门学科的思想方法或者思维方式，就是这门学科的独特的认识世界的视角、域界、层次以及思考的工具与方法。教师掌握学科的思维方法，有助于了解该学科专家的发现和创造过程，即不但"知其然"，而且"知其所以然"。这样，教师在传授学科知识时，就不只是一个知识的"传声筒"，而是可以引导学生在探究和发现的过程中，增强和提升他们的创造精神和创新意识的"领路人"。

（二）学科的过去和未来

一门学科不是凭空产生的，也不会无故消失。每门学科都有着自己的发展历史和发展趋势，也就是学科的过去和未来。孔子说过："温故而知新，可以为师矣。"这是孔子在《论语》中谈到应该怎样做教师，或者说做教师的条件。这里的"温故"，我们是否可以将其看作对于学科知识的历史的了解和学习呢？而"知新"是否可以看作对于学科知识未来发展趋势的把握呢？了解了学科的历史和发展趋势，也就了解了推动本学科发展的动因，了解了本学科对人类和社会发展的价值以及本学科在人类生活实践中的多种表现形态。这样，教师就可以在教学中把学科知识与人类社会生产、生活的关系，与现实世界的关系揭示出来，使科学具有丰富的人文价值，同时能激发学生的学习兴趣，增强学生探索、发现和创造的欲望。

（三）学科之间的联系

教师尤其是当下的教师，是不能用孤立的、割裂的眼光来看待自己所任教的学科的，而必须看到自己所任教的学科与其他学科之间的千丝万缕的密切的逻辑联系。不过，这一点尚未受到教师们的普遍关注，大部分的教师往往只是把自己的关注点集中在所任教学科较为单一的范围内，即"教什么，就只关注什么"，很少顾及该学科内容与其他学科相关内容的交叉、渗透和融合，因而也就谈不上如何综合运用各学科知识的问题。其结果导致任教不同学科的教师，在教学过程中缺少相互沟通和协作，以及在组织学生开展综合性学习和活动时缺少相互配合。

我们来看看全国特级数学教师——孙维刚老师的教学情况。孙老师虽然教的是数学，但是在他的数学课上，你能学到天文、地理、物理、化学、语言等各类知识。甚至在他的数学课上，你还能听到俄语、英语词汇的构词特点。如果你是学生，你是喜欢"教什么，就只关注什么"的老师的课，还是喜欢注重学科之间联系的孙老师的课呢？答案是显而易见的。教师注重学科之间的联系和融会贯通，对各学科知识广泛涉猎，这不但有助于促进学生用相互联系的、整体的眼光来看待各学科之间的关系，看待客观世界，而且能极大地调动学生的学习积极性。

在讨论了本体性知识所包含的基本内容以及本体性知识对于教师的重要性之后，还有必要进一步讨论一下教师应该如何更好地掌握本体性知识的问题。一般认为，教师对于本体性知识的掌握，需要在"实"、"深"、"活"这三个字上下工夫。

所谓"实"，是指教师在钻研本专业知识时，要做到踏实、扎实和一丝不苟。"实"是一个"学"的过程。这种学习是一种全面性、实在性、持续性的学习，就像前面所说的那样，教师必须全面、系统地钻研本专业知识，对每个部分的知识以及各部分知识之间的关系，要有实实在在的、较为全面的了解。一名对学科知识囫囵吞枣、一知半解的教师，显然不是一名称职的教师，这样的教师是不能担当起培养人才的重任的。

所谓"深"，是指教师应当深入、透彻地掌握专业知识，能做到举一反三、触类旁通。只有对专业知识有了一定程度的把握，才能把握专业知识的内在联系和规律，才能在教学中做到游刃有余。"深"是"思"的结果，正所谓："学而不思则罔，思而不学则殆。"要想达到"深"的水平，是离不开思考的过程的。只有经过自己深入的思考，才能谈得上真正理解了学科的基础理论知识，才能了解本学科的发展趋向和前景。当然，在达到学科知识钻研的"深"的同时，教师应当明白，这样做的目的是为了更好地教学，使学生学得更轻松、更明白，而不是要让教师用"深"的学问来"展现"自己。在现实中，有一些教师，他们的学问做得非常好，在专业知识方面可谓达到了"深"的要求，但是在实际教学中，却让很多听课的学生有一种"云里雾里"的感觉——学生不知道老师到底在讲些什么。其原因就在于他的教学是"深入深出"的，而没有能够做到将深奥、抽象的理论知识进行生动、形象的转化，也就是说，没有达到"深入浅出"的境界。

所谓"活"，是指教师能活学专业知识，将自己真正理解、消化了的专业知识转化为自己的教学技巧和能力，并能在实践中灵活地运用，进而能够做到在教学活动中引领学生很好地运用学到的专业知识，去分析和解决一些实际问题，用活知识。"活"是一种"行"的方式。这里的"行"并非是指生活中所说的"行"，而是指教师的教学。无论是"学"得"实"，还是"思"得"深"，最终的目的都是为了能够"行"得"活"。教师要善于将所学的知识融会贯通，将书本理论灵活运用到实践当中，并以此来引导学生更好地学习。例如，我们知道，作为一名教师，如无特殊情况，不应该戴着帽子上课。在一次公开课前，一位数学老师的额头碰伤了，医生建议他戴上帽子。在上课时，他为了不因自己戴了帽子而分散学生的注意力，就巧妙地向学生提问，请学生猜猜自己戴帽子的原因。随后，在向学生做了解释后，他将戴帽子的好处与本节课中即将讲到的中括号的功能联系了起来。这样，他不但避免了学生对自己的误解，将自己戴帽子的原因做了解释，而且成功地将中括号的作用形象地做出了说明。

二、条件性知识

所谓条件性知识，主要是指教师所拥有的教育理论基础知识。我们知道，教师及其教学活动存在着"经验"、"科学"以及"艺术"三种不同的境界，或者说是三个不同的高度。停留在"经验"层面的教师，充其量只是一个教书匠，要想达到"科学"以及更高的"艺术"高度，就必须拥有教育理论基础知识。

虽然不同学科教师的专业知识各有不同，但教育学、心理学知识却是各科教师必学的基础知识。目前的教育理论基础知识体系包含很多具体的学科，如课程与教学论、德育论、教育管理学、教育哲学、教育社会学、教育经济学、教育统计学、教育评价学、比较教育学、学科教育学、教育技术学、普通心理学、教育心理学、教师心理学、学习心理学、品德心理学、社会心理学等。善于和精于教学的教师，无一不是有着深厚的教育理论知识，懂得教育的规律，能够把握学生身心发展特点，并在此基础上进行有针对性的教学的。

第一，教师要掌握教育学理论知识。教育学是研究和揭示教育现象及其规律的科学。在教育学的理论中，有些学科虽然不直接提供解决有关教育教学问题的具体方法，但可以提供给我们解决问题的基本理念和思路。而有些学科则能够直接提供解决有关教育教学问题的具体的操作方法，对教育实践具有直接的指导作用。通过对教育学理论的学习，教师可以比较系统地了解教育的目的、过程、原则、方法等教育理论与教育实践问题，有助于教师更好地把握教育教学的规律，促进教师从教能力和水平的提高。

我们都知道，陈景润是我国著名的数学家，他的数学专业知识可谓博大精深。但是，他在学校担任教学工作时，由于没有接触过教育学的基础理论知识，不能运用教育学的理论指导实际工作，所以，教学效果很不理想。也许有人会提出这样的问题："为什么有些老教师并没有接受过系统的教育理论的学习，但在教学中却取得了很好的效果；相反，一些刚从大学毕业的师范生虽然有不错的教育理论知识，在教学上却不一定比那些没有学习过教育理论的老教师强呢？"这种情况可以这样解释：老教师可以取得好的教学业绩的重要原因，在于其拥有丰富的教育教学经验，他们在教育实践中长期不断摸索，已经对教育教学的规律有所认识和体悟，而这些认识和体悟本身，就已经契合了教育学的相关理论。所以，老教师的成功，实际上间接地证明了教育理论的重要性。而掌握了教育理论知识的一些年轻教师，教学能力并不强，教学效果也不够理想，其原因则主要在于实践经验的欠缺。在教育工作中，仅仅具有教育理论知识是不够的，还需要将这些理论知识转化为实际的工作能力，这种转化需要在实践中逐步获得。我们相信，当具备了教育理论知识的年轻教师，经过一定时间的实践历练之后，其教学业绩很快就会赶上和超越那些没有接受过系统的教育理论学习和训练的老师。这是因为他们有着系统的教育理论的指导，在实践中是可以少走很多弯路的，可以减少和避免盲目摸索，从而可以大大加快自己的专业发展进程。

因此，仅仅在"经验"的层次上从事教学工作，终究只能是一名"教书匠"，要达到"科学"的乃至更高的"艺术"境界，成为一位真正意义上的"教育家"，就不但需要具备丰富的经验，而且需要具备扎实的教育理论知识。

第二，教师要了解和掌握心理学方面的知识。心理学是研究人的心理现象、揭示人的心理活动发生发展规律的科学。具备丰富的心理学理论知识，可以更好地开展教学工作，指导学生的学习活动，等等。例如，现代心理学认为，绝大多数学生在智力或禀赋上并不存在着显著差异，只存在着学习风格上的差异。教师如果能够知晓这些，并有针对性地观察和研究学生，分析他们各自的学习风格，并由此调整自己的教学策略，就可以在很大程度上帮助学生发挥自己的学习潜力，提升自己的学习成绩。再如，美国心理学家霍华德·加德纳提出的多元智能理论，从智能的类型上来讨论智能差异，认为智能是在某个社会和文化背景的价值标准下，个体用以解决自己遇到的难题或产生和创造一个产品的能力。人类至少有八种智能：语言智能、数理逻辑智能、视觉空间智能、身体运动智能、音乐智能、人际交往智能、自我认识智能和自然智能等，每个人都或多或少地拥有这八种智能，只是其组合方式和发挥程度不同，每个学生都有自己的优势智能领域，有自己的学习风格和发展方向，适当的教育和训练将使每一个儿童的智能发挥到更高水平。教师如果掌握了多元智能理论，而且对自己任教班级每个学生的智能类型和状况有深入、全面的了解，这样，在教学过程中就可以有针对性地因材施教，给每个学生以个性化的教导，使其能够扬长避短，在自己的优势智能领域得到充分的发展。

心理学理论知识对教学活动具有重要的指导作用。心理学研究中揭示的其他原理，如成功效应、木桶原理、晕轮效应、罗森塔尔效应、青蛙效应等，如果教师在教育教学过程中对这些理论加以有效地运用，可以提升教育教学活动的效果。因此，可以说，学习和掌握心理学方面的理论知识，是教师提高教学针对性和有效性的一个重要前提。

三、背景性知识

这里所说的背景性知识，指的是教师的一般文化基础常识，也可称之为教师的通用性知识。背景性知识是指在本体性知识和条件性知识之外，便于教师有效开展教育教学工作的各种一般知识的总和，它具体包括哲学知识，现代科学和技术的一般常识，各门社会科学的一些最基本的理论与观点等。

教师的工作对象是未成年的学生，而从学生所具备和拥有的知识状况看，与教师相比，学生是出于"知之不多"或者"知之甚少"的状态。同时，他们具有强烈的好奇心和非常旺盛的求知欲，对各个方面、各个领域的知识都有着浓厚的兴趣。因此，教师如果具有广博的背景性知识，拥有宽广的知识面，那么，在与学生的交往和互动中，就能够随时随地解答学生提出的各种疑问，从而满足学生的好奇心和求知欲。正是从这个意义上说，一名教师，尤其是一名优秀的骨干教师，必须具有广博的背景性知识。

一位具有广博的背景性知识的教师，自然意味着他更容易获得学生的敬爱和信赖，这不但有利于强化教师对学生的影响，而且能对学生的学习与发展产生重要的积极作用。当然，要求教师拥有广泛的知识，并不是要求教师无所不知，因为这是不可能的，也是不现实的。教师需要做的，是在掌握本体性知识和条件性知识的前提下，涉猎各门文化科学知识。其中包括文学、历史、哲学、天文、地理、生物、数学、物理等，形成自己宽广的知识面。作为一名教师，不能将自己简单地定义为文科教师或者理科教师，因为文科教师需要补充自然科学方面的知识，理科教师需要充实自己在人文社会科学方面的素养。

曾经有这样一位数学教师，他在数学知识方面没有什么问题，在数学教学中也能够做到爱岗敬业，但他有一个缺陷——不了解很多汉字的笔画顺序，在板书时经常出现"倒笔画"，这给他的教学带来了严重的困扰。他在教学时，经常有学生打断他的书写过程，提醒他写字的笔画顺序不对。由此我们看出，教师如果不具备丰富而宽广的文化背景知识，不但不能够充分地满足学生的好奇心和求知欲，而且可能会影响他正常教学活动的开展。

四、实践性知识

学术界对教师的实践性知识有多种不同的理解、指称和界定。由于认识的多样性，研究者们对其有诸多称谓，如教师个人实践理论、教师个人理论、教师个人知识、教师实践知识、教师实践智慧、教师缄默知识等。

有人使用"教师个人实践理论"来指称这类知识，认为其含义基本等同于教师个人所持有的教育观念。但它与通常所说的教育观念相比，具有个体性和实践性特征，它是教师真正信奉的、在教育实践中表现出来的教育观念。"教师个人实践理论"是一个庞杂的系统，具有较强的包容性，包括理想的和现实的、情境性的和稳定的（后者即教育信念或个人教育哲学）、内隐的和外显的等方面的知识，是一些有组织的、心理的，但未必是逻辑的形式，由个人的无数的关于教育的观念组成。它不是客观独立于教师之外被习得或传递的知识，而是教师经验的总和。它存在于教师以往的经验中、现时的身心中、未来的计划和行动中，贯穿于教师教学实践的全过程。

有人使用"教师个人理论"来指称教师的实践性知识，认为这种理论是一种服务于实践的理论，随着实践探究的展开而逐渐显现。它是一种行动的理论，使用的是行动者的概念、范畴和语言，体现的是行动的意义和逻辑；它是在具体的时间、地点、人物、情境下对独特教育问题进行探究的结果，只适合特殊情境，或为其他类似情境提供参照的案例和备选方案；它是不确定、不完全的知识，具有无限的开放性；它开始于问题，终结于问题，在行动的过程中不断地得到修正或证伪，从而有可能走向创新。

还有人提出，教师的实践性知识虽具有个体性和情境性特征，但它具有一定的普适性，并具有价值导向和规范作用。虽然这种知识的大部分内容难以言表，但它是可以意会的。可意会则意味着它在某种程度上是可以提取、可以交流、可以传承、可以通过学习或领悟而习得的。而且，此类知识与实践密不可分，而实践必然是价值有涉的。教育是一种规范性的活动，期望教育者以一种正确的、良好的、恰当的方式影响学生。因此，教师的实践性知识不但具有认知和行为上的意义，而且必然包含着理想、信念、态度等价值导向。

虽然对教师的实践性知识存在着多种不同的理解和认识，但是，众所周知的是，教师的实践性知识来自教师教学的实际过程——它是在教师的职业实践场景中形成的。教师的实践性知识既不是一种具体的能力，又不是得心应手地操作某种技术过程意义上的熟练技能。这种知识总是与教师的工作实践的具体情境有关，正是在具体情境中，教师以这种知识为根据，通过确定此时此刻知识的具体应用来实现自己、完善自己。实践性知识出于对实践的感知，虽然不具有明确的逻辑模式和准确的知识形态，但它能够增强教师对实践情境的辨别力和判断力，赋予教师时刻敏锐的感知和辨别那些难以归属于某个特定教育规律的教育情境。拥有实践性知识的教师能够有效抓住具体情境中的一切细节，思考该情境背后的原因和线索以及发展的可能性，筹划应对该情境所应采取的可能的行动，预见各种行动可能带来的后果，并从教育生活的合理性角度去评判这些行动的意义。

教师的实践性知识一般具有模糊性、行动性、反思性与生成性等特征。

（一）模糊性

教师的实践性知识之所以是模糊的，在一定程度上是因为它不能还原为某种理论的解释或者理论本身。教师实践性知识的对象和领域往往是不确定的，它没有清晰的概念，它的概念一般是有弹性的、可调整的。它以实践的逻辑来联结客观世界，但实践的逻辑是有限度的逻辑，只能提炼到特定的程度，一旦超过这个程度，其逻辑就可能失去了意义。教师的实践性知识会随着不同的情况，因时、因地而变化，具有强烈的变动性、灵活性和适应性，需要在实践中才能较好地把握。

（二）行动性

教师在实践中面临的主要问题一般是直接针对具体的教学情境的，面对的是诸如"这一篇课文、这一堂课、这样的学生，我—此时—此地—应该—怎么教"等这样的行动问题，而不是抽象的理论问题。在教育实践中，教师一般不需依赖普遍性的理念进行这些思考，普遍性的理念和哲学的思考对于"在场"的教师来说，只能退隐为一种认识的背景，此时凸显在教师眼前的问题，则是对当下的具体教学情境和教学事态如何认识和判断，如何当机立断和准确地把握稍纵即逝的教育时机……教师需要用实践性知识去解决这些问题。

（三）反思性与生成性

教师的实践性知识是经过教师自身体验和感悟得到的，它所寻求的是使教育实践合理化的指导原则。因此，它虽然以经验为主要内容，但绝不是经验本身，而是必须经由教师加以理性反思并使其形式化的结果，具有一定的理论性。它是基于对工作情境中的那些行得通的、可能的和正确的知识经验的进一步提升，是关于如何进行教育的实践智慧。

同时，教师的实践性知识又是在教师的日常工作中获得的，是在对教育情境中的各种可能性进行整体观照的过程中萌芽和生成的，并在具体、生动的教育情境中体现出来。

总之，教师的实践性知识是教师个人在实践情境中通过自我反思等途径建构出来的一套"自珍而实用"的内隐知识，它不同于一般的知识——多数实践性知识是难以用语言准确表达和传递的，需要教师在教学的实际过程中，通过对自身实践活动的体悟和对优秀同行的不断观察和接触，才能够逐渐汲取和习得。若想成为一名优秀的骨干教师，这种实践性知识的获得与充实是必不可少的，它与教学的质量和效果有着密切的联系。

第二节 持续增进和发展专业能力

教师的专业能力是成功完成教育任务的保证。从教师工作的需要以及教师工作的性质和特点来看，教师应具备的专业能力，主要包括以下几个方面。

一、扎实的教学基本功

教学基本功是指身为一名教师能够胜任教学工作所必须具备的最基本的素养和条件。教学基本功主要涉及口头语言表达能力、板书能力、运用现代教育技术的能力等。

（一）口头语言表达能力

教师的口头语言表达能力，是指教师在教学活动中，运用口头语言讲授知识、讲解道理，系统、连贯地传达信息，启发学生积极思考的能力。

良好的口头语言表达能力是任何一位优秀教师都必须具备的一种基本能力，即使在今天这个教育技术不断发展的时代，教师的口头语言表达能力依然在很大程度上关系到课堂教学质量的高低。对教师来说，要想具备良好的口头语言表达能力，应当做到以下几个方面。

首先，口头语言要简明、准确。教师向学生传授的知识应具有科学性，这就要求教师使用准确的口头语言来表达。那些词不达意或模棱两可的含糊口头语言，只会干扰知识的传授，造成学生思维混乱，破坏教学气氛，影响教学效果。为了保证课堂教学有足够的信息量，教师的口头语言还要简洁明快、干净利落，不能拖泥带水，更不能信马由缰。其中，中小学教师在课堂教学中还兼有对学生进行规范口头语言的训练和口头语言陶冶工作。因此，教师应当注意自身口头语言的规范性和示范性，用准确、简明的口头语言最大限度地提高教育教学工作的效能。

其次，口头语言要生动、形象。中小学教材中使用的是规范的书面语言，教师若不对其进行一番解释，将较为抽象的书面语言转化成为生动形象、浅显易懂的口头语言，则学生未必能够真正理解和领会这些书面语言。这就要求教师能把教材中较抽象、概括性强的书面语言用自己的话表达得明确、具体、形象、通俗，使学生听得懂、记得清，留下深刻的印象。

最后，教师要思路清晰。语无伦次、说话条理不清是教师口头语言表达的大忌。教师的口头语言表达不但要简明准确、通俗易懂，而且要语意连贯、严谨清晰。根据任教学科和学段的不同，教师要能灵活地调整自身的语言逻辑。教师面对低年级的学生时，语言要在生动、活泼的基础上带有鲜明的逻辑性；面对文科的学生时，教师的语言要丰富、优美；面对理科的学生时，教师的语言要严谨、准确。教师不但在课堂讲授时需要注意自己的口头语言表达，做到口头语言表达措辞恰当，讲究声调、音速和节奏，声音要有高有低、有起有伏、抑扬顿挫，语速要快慢适宜，要能充分调动学生的听课情绪，渲染课堂气氛，使学生对课堂教学留下深刻的印象，而且在对学生进行思想品德教育时，同样需要注意自己的语言表达，以增强教育的效果。

（二）板书能力

除了需要具备良好的口头语言表达能力，良好的课堂板书能力也是教师教学基本功中至关重要的部分。板书能力是指教师在黑板上或投影片上，以文字、符号、线条和图片等方式，向学生呈现教学内容的能力。教师通过条理化、系统化的板书，可以帮助学生正确理解和领会教学内容，增强记忆，辅助自己课堂口头语言的表达，保留需要向学生传输的信息，进而提高教学活动的效率和效果。

板书对一堂课来说，通常是必不可少的。板书就像是"微型的教科书"，好的板书设计可以让学生更加明了当堂课的教学内容。教师设计板书时，应从教科书的基本内容出发，板书使用的词语一般应是从教科书中提炼出来的，能体现教学目标的要求，板书设计的主体和结构应根据教学目标的要求加以规定。好的板书可以展示上课内容的全貌，体现内容的精髓，揭示教学的重点和关键，具有高度的概括性。精心设计的板书，可以反映出教材中的知识结构的特点，能够将孤立、零散的知识连接起来并形成体系。好的板书不但可以帮助学生深刻地记忆和理解知识体系，而且可以帮助教师理清教学思路。在课堂教学过程中，教师遵循教学程序，配合讲解，边讲边写，有条理地呈现知识的重点，板书内容能够为学生所理解和接受，自然也就意味着教师的教学活动取得了基本的成功。

（三）运用现代教育技术的能力

随着教育技术的不断发展，当前的课堂教学已经不同于以往，教师除了讲解和板书外，还可以运用先进的教育技术设备，化复杂为简单，化抽象为具体，化静态为动态，化无声为有声，从而有效提升课堂教学的质量。

教师运用现代教育技术的能力一般涉及以下几个方面：

1.视觉媒体的运用能力

视觉媒体包括幻灯片、投影仪等，这些设备操作简单，使用方便，教师可以边讲解、边展示。幻灯片和投影画面是对教师讲解的补充，教师的讲解是对幻灯片和投影画面的解释，学生可以边听边看，将抽象的知识形象化。使用幻灯片和投影仪的另一个好处，就是缩减了教师用粉笔板书的时间。幻灯片是教师课下做好带到课堂上使用的，这样就可以替代部分板书，可以节省教师的教学时间。同时，幻灯片还可以制作出动画效果。例如，在讲解小球匀速直线下降的知识时，就可以使用幻灯动画。这样，学生就可以更直观地感知教师讲解的知识。

2.听觉媒体的运用能力

现今的听觉媒体一般包括录音机、广播等。在语言的学习方面，学生听得多了，自然就会明白怎么去组织语言了。教师在课堂教学过程中，根据教学需要，可以组织学生收听一些广播，也可以播放相关音频，学生可以边听边学。教师还可以将学生的话语录音播放出来，这时学生就会发现自己在语言表达中的欠缺之处，以便于其改正。

3.多媒体的运用能力

使用单一媒体所起到的作用毕竟有限，一旦将文字、图像、声音和动画合在一起，就可以最大限度地传递和输送信息。当下的多媒体技术正在迅速发展，甚至可以呈现三维动画效果，这样就可以把教师不容易讲解的很多知识生动地呈现出来。例如，在讲细胞分裂的内容时，教师可以选择三维动画效果加以呈现。这样，学生就能直观细胞的分裂过程，可以更好地理解相关知识。

4.网络的运用能力

网络作为知识与信息的载体，蕴含着巨大而丰富的学习资源。通过网络学习，是现代社会中很多人在学习时优先选择的方法。教师自然应成为使用网络资源的能手，从备课到课堂讲解，越来越多的环节都可以运用网络的资源。通过网络平台，教师可以寻找到许多优秀的教学案例，使教案的编写更加完善，为上课做好充分的准备，从而促进教学水平的提高。网络是教师与学生交流的重要工具之一，学生可以在网络上向教师请教问题，可以通过网络向教师提交作业，等等。网络还可以成为教师与同行进行交流的重要工具，通过这种同行间的交流，教师们可以达到相互学习、共同提高的目的。

当前，现代教育技术在教学领域的使用正越来越广泛，掌握现代教育技术已经成为教师的基本功之一。若想成为一位优秀的骨干教师，教师必须在这方面努力学习和钻研，不断提升自己运用现代教育技术的能力。

二、组织开展教学活动的能力

教师开展教学活动的能力，简称教学能力，是指教师合理运用教科书等相关材料，采用适当的教学方式和方法，顺利开展教学活动并完成教学目标的能力。对于中小学教师而言，良好的教学能力是一项最基本的要求，也是最重要的要求之一。教师工作的主要内容就是教学，在评价一名教师是否优秀的标准中，最重要的也是其教学能力。

教师的教学能力不但涉及教师的课堂讲授，而且涉及课前准备以及课后评价等多个方面。

（一）准备教学的能力

教学准备是指教师在进行课堂教学前，为课堂教学的有效开展所做的各种准备，一般包括教师对课程标准的把握，对教材和教参的钻研以及教案的撰写，等等。做好教学准备是教师上好课的重要前提和基础。

"课程标准"是国家教育主管部门依据教育方针和课程计划以及各门课程的具体情况和特点，分科制定的教学指导性文件，它以纲要的形式展示了各个学科的教学目的、教学计划、教学内容，是教师进行教学的主要依据，也是对教师的教学进行评价的重要标准之一。作为中小学教师，对课程标准的准确理解和把握是一项最基本的要求。教师要认真地学习、领会"课程标准"的每一处内容和每一个细节，要把标准的要求很好地贯彻到教学过程当中。

教师通过对课程标准的学习和钻研，可以更准确地把握课程改革的发展方向。近年来，基础教育课程改革正在如火如荼地进行，课程标准也在不断地修正，一线教师要想跟上课程改革的步伐，对课程标准的正确把握就必不可少。在课程标准中，会对教学的方方面面提出明确的规定和要求，从这些规定和要求的细小变化中，教师就可以捕捉到现今课程改革的方向，可以有效地开展自己的课程教学。例如，小学语文课程标准中，新标准要求教师必须重视学生的阅读和表达。这样，教师必须从过去强调学生"写"、"记"中走出来，将更多的课堂时间用在指导学生阅读上，而且，教师要根据课程标准的这一变化，合理安排学生课下的活动和练习，等等。

教材即教科书，是根据课程标准编写的教学用书，是教师进行教学的主要工具。教科书为教师提供了课堂教学的基本内容与结构，教师应该教学生什么知识、技能，以及教学的重点、难点等，教科书上都一目了然。教师一般应当按照教科书内容的逻辑编排顺序进行教学，因为教科书的编写者在编写教科书的时候，都是经过反复推敲和严格论证的，教师完全可以放心地依据教科书内容的编排顺序来组织教学。虽然教科书是教师教学的主要工具，但这并不意味着教师在教学过程中要对教科书采取完全照搬的态度，而是应当在尊重教科书基本内容的基础上，自己再进行一番必要的创造性加工，这样可以使教学活动更好地适应班级学生的具体情况和特点，更加有的放矢。

教学参考书简称教参，包括课程标准解析，各个出版社出版的练习题，等等。教学参考书种类繁多，在书店里最常见的就是各门课程的教学参考书。很多家长和学生对教学参考书都有着较强的购买欲望，教师则应理性地看待教学参考书，做到既不全盘否定教学参考书，又不过于迷信和依赖教学参考书。对于种类繁多的教学参考书，教师要精心挑选，择其善者而用之，选取最适合自己学生的参考书，并在课前准备时适当地进行阅读和参考。

教案也称课时计划，是教师撰写的课堂教学过程的实施方案。它是教师在对教学大纲的要求进行细致地研究，对教科书内容进行科学地处理，对教学过程经过缜密的思考和预先安排之后的成果。它将教师在课堂上要进行的每个步骤、每个环节都细致地预先记录下来。从通常情况来看，教案编写得越详细、越周密、越实用，教师在讲课时就越胸有成竹。

(二) 实施教学的能力

实施教学是指教师的课堂教学过程，它是整个教学的核心组成部分。就像运动员参加比赛一样，前期的各项准备固然很重要，但是，比赛现场才是真正赛出成绩、真正展示自己实力的地方。教师实施教学的能力，就是教师选择和运用一定的教学方法，使教学活动能够顺利开展和完成，并达成既定目标的能力。在课堂教学之前，教师已经做好了各种前期准备。所以，教学的实施主要就是要看教师在课堂上运用什么方法来完成预定的教学任务了。

1.教学方法的选择

做任何一件事，对于方法的恰当选择都是至关重要的。教师的课堂教学，同样需要选择恰当的教学方法。一般来说，选择教学方法的依据，主要包括学生的具体情况、学科的特点以及每节课的教学目标等。所以，教师在选择教学方法时，首先要对班级学生进行全面、深入、细致的了解，并从学生的具体情况和特点如认知水平、知识结构等出发，选择适合学生的教学方法。其次，教师要充分考虑任教学科的具体特点，以此来选择教学方法。不同的学科，在教学方法上应有所区别。例如，在音乐的教学中，教师可能更多地要让学生去欣赏音乐作品；在化学的教学中，教师可能更多地选择实验和演示等方法。最后，在教学方法的选择上，教师要考虑到每节课所要实现的具体的教学目标。教师要根据每一节课的目标，选择不同的教学方法，当教学的目标是要让学生熟读课文，那么教师在选择方法时，就应更多地让学生阅读；当教学目标是要让学生学会写字，教师的教学方法就是要注重学生手写能力的训练，在课堂上多采用练习的方法。一些有经验的教师在选择教学方法时，会积极借鉴他人的经验，吸收其中合理的成分，并将其与课程的具体要求相结合，生成新的教学方法。

2.教学方法的运用

在对教学方法进行选择之后，接下来就是方法的有效运用问题。一般来说，在一节课中，开头与结尾是相对比较重要的环节。教师如何在一节课的开始，即在开头环节就能先声夺人，调动学生学习的积极性，对整节课都有重要意义。通常，在一节课刚开始时，学生的注意力往往不太集中，因而，教师必须在尽可能短的时间内，使学生的注意力集中起来，让他们快速地进入状态。为此，教师可以通过提出一些具有启发性的问题等方法，引发学生积极思考，激起学生的求知欲。这种方法可以运用到整节课的教学中去，教师可以在课堂教学的各个环节中，不断地抛出各种难度适宜的问题，激发学生的思考和灵感，使学生始终保持高度的兴奋状态。有经验的教师会掌握好提问的时机，如在学生注意力不够集中的时候，在讲解教学重点和难点的时候，及时地提问——提问时机的恰当选择，可以将提问的作用发挥到最大。一节课的结尾环节也异常重要，教师在一节课收尾时，一般要用几句概括的话语，将一节课的难点和重点内容归纳和表达清楚，要让学生一听就懂，一听就明白，不可反复啰唆，这样做可以帮助学生回顾整节课的主要内容。教师在整节课收尾时，要注意承上启下，为下一次课的内容抛出"引子"，使前后的知识连贯起来。

3.教学方法的调整

教师对教学方法的恰当选择，并不意味着课堂教学就一定能够取得成功，教师面对的教育对象是人，人是具有能动性的，课堂上会随时有可能发生各种教师始料未及的情况。因此，在课堂教学过程中，教师要能够根据课堂情境的实时变化，迅速调整和灵活改变教学方法，寻找更为恰当的方式、方法。例如，在课堂教学的实施过程中，教师一旦发现学生对于某处内容听得不太明白，或者其知识结构存在着欠缺的地方，教师就应该及时调整课堂教学的进度，暂时放慢课堂教学的节奏，采用复习或回顾的方法，帮助学生弥补知识结构上的不足和缺陷，使正常的教学活动继续进行。教学方法的灵活变化在很大程度上需要教师长期的经验积累，教师只有时常总结自己的教学工作，才能做到在课堂上应变自如。

（三）评价教学的能力

教学评价是依据教学目标对教学过程及结果进行价值判断并为教学决策服务的活动。它一般包括对教师、学生、教学内容、教学方法、教学环境、教学管理等诸因素的评价，但主要是对学生学习效果的评价和对教师教学工作过程的评价。通过教学评价，可以使教师及时了解自己的教学情况，判断教学的质量、水平、成效和缺陷等。

教师对教学进行评价应主要从教学目标着手，即主要看自己的教学有没有实现既定的目标，如果没有实现既定的目标，原因是什么。还要看教学重点是否突出，教学难点有没有突破，教学方法是否得当，学生是否积极，学生对知识的理解是否到位，教学过程中出现的疑问是否得到解决，相关问题有没有更好的处理方式，等等，这些都是教师在进行评价时所必须考虑的。教师不但要思考这些问题，而且要找到答案，以方便做教学总结。可见，教学评价就如同身体检查一样，是对教学进行的一次严谨的科学诊断。

全面、客观地进行教学评价，不但可以帮助教师对自己的教学情况有一个准确的判断，而且对教师具有重要的激励和鞭策作用。教师可以根据评价信息，把一些好的做法、成功的经验延续和发扬下去。同时，牢牢记取一些失败的教训，及时修订原先的工作计划，调整自己的教学行为，从而更加有效地达到工作目标。教师除了进行自我评价以外，还可以邀请其他教师去自己的课堂听课，并提出相关意见等。总之，具备教学评价的能力，以准确了解、把握和不断改进自己的教学工作，对于任何一位教师，尤其是一位优秀教师来说，是一项必不可少的要求。

三、引导、教育学生的能力

引导、教育学生的能力，简称教育能力，一般是指教师依据社会的要求，采取一定的措施和手段，促使受教育者的道德品质以及各方面综合素质得以提高和完善的能力，也可以说，就是教育学生如何做人的能力。教育能力是教师能力的重要组成部分，学生来到学校不但是要学习文化科学知识，而且要学习如何成为一个具有良好道德素养和综合素质的人才。所以，要成为优秀的骨干教师，引导、教育学生的能力是不可缺少的。教师的教育能力一般主要包括：了解学生的能力，正确评价学生的能力，对学生进行德育工作的能力，对学生进行心理素质教育的能力，教导问题学生的能力，等等。

（一）了解学生的能力

了解学生是教育学生的前提。教师在对学生进行教育之前，必须全面了解学生，这样才能把握学生的情况和特点，进行有针对性的教育，而不是无的放矢。了解学生的能力包括：了解学生整体情况的能力和了解个别学生的能力。

了解学生整体情况是指教师了解他所任教的这个年龄阶段的学生的共性。例如，小学一年级的教师，要做好教育学生的工作，就必须了解小学低年级学生的生理、心理发展的一般特点和规律，以及他们在学习和发展上有哪些共性等，这些是教师在进行教学之前所必须做到的。这就要求教师熟知一些儿童发展心理学的知识，能够正确把握具体年龄段的学生的特征。

了解个别学生是指教师要对班级中的每一个学生的个性特点、性格气质、兴趣特长、道德表现和行为方式等，有全面、深入、细致的把握。例如，对于小学一年级的班主任来说，他需要在对一年级小学生整体特点把握的基础上，进一步了解班级中每一位学生的特点，如哪些学生性格外向，哪些学生性格内向；哪些学生较为粗心，哪些学生较为细心；哪些学生较为勤奋，哪些学生较为懒惰；等等，这些都是教师需要一一了解的。只有了解了这些情况和信息，教师才有可能真正做到因材施教，才能在教育学生时采取有针对性的方法和措施。

常见的教师了解学生的方法有以下几种：第一，查看学生的书面材料。在学校里，每个学生都有伴随他们成长的档案，教师在接手一个班级的时候，可以查看这些书面材料，如其他教师的评语、学生以往的道德行为表现和学业成绩等。这样，教师就可以对每位学生有个简单的印象。第二，学生的自评。教师可以组织学生进行自我评价，要求学生写出自己的兴趣爱好、受奖励处分情况以及学生的个人理想等，这样，就可以清楚地勾画出学生的自身形象。第三，访谈。教师可以通过学生的家长、其他教师以及其他学生，来了解某个学生的具体情况。还可以直接与学生进行面对面的交谈等。这样，通过多种途径和方法，教师就更能清楚、细致地了解每一位学生的情况。

当然，对学生的了解是一个漫长的过程，而且，学生本身处在不断的成长和变化之中，教师不应当用固定的眼光看待每一个学生，而应当用动态的、不断发展的眼光看待学生，不断地更新和调整对每一位学生的认识。只有这样，才能真正做到全面了解学生。

（二）正确评价学生的能力

正确评价学生是指在正确的教育价值观指导下，根据一定的标准，运用一系列评价方法，对学生的思想品德、学业成绩、身心素质、情感态度等的发展过程和状况进行价值判断的活动。一般包括描述学生的优点或缺点，提出如何改进的建议和要求，并对学生的未来表现出积极的期待。

教师对学生的正确评价，会对学生的发展产生巨大而持久的重要影响。因此，在对学生进行评价时，应当注意以下几个问题：

首先，要注意摆脱所谓"第一印象"的影响。教师在第一次接触某些学生的时候，可能会对其中的某一位或者某几位学生产生良好的或者不太理想的所谓"第一印象"，这种"第一印象"会影响到教师日后对学生的态度、判断和评价。但是，这种"第一印象"毕竟是在短时间内形成的，而且，这种"第一印象"是在缺乏对学生的深入了解的情况下产生的，它未必能够准确地反映学生的个性特点。所以，教师若想做到客观、准确地评价学生，就要注意摆脱"第一印象"的影响，消除那些主观的、没有可靠根据的判断，要以学生后续的实际表现为依据，正确地评价学生。

其次，教师要防止"晕轮效应"和以偏概全。教师在评价学生时，经常会因为学生某一方面突出的优点而有意无意地忽略学生其他方面的不足。在对学生的评价中，教师容易对那些学习成绩特别优秀的学生和学生干部产生失真评价。在很多教师眼里，学生的学习成绩是衡量学生好与坏的重要标准之一。极个别教师对成绩优秀学生所表现出来的缺点甚至严重的错误，有时会视而不见。殊不知，学习成绩不能代表一个学生的全部，教师的这种做法，实际上是对学生不负责任。一个正在成长中的学生，如果他长期发现不了自己身上存在的问题，这对于他的发展是非常不利的，久而久之，所谓的好学生就有可能变得高傲、自大，他们的发展就会出现问题。

再次，表扬和批评都应适当、适度。在教育过程中，有些教师觉得，既然要对学生进行客观、公正的评价，那就应该有什么说什么，学生身上的缺点就应当一五一十地全部指出来。教师的这种认识显然是不妥的，在班级里、课堂上，每个学生都非常渴望得到老师的表扬和肯定，渴望得到教师的关爱和尊重。教师面对的是正在成长和发展中的学生，教师的每一句评价都有可能改变学生的一生，一个不经意的眼神和动作，都有可能深深地影响一个学生的内心世界。所以，教师在对学生进行评价的时候，适当、适度的表扬和批评是至关重要的。表扬不应是无限度的，有时表扬过了头，会产生反作用。批评要在关爱和尊重学生的前提下进行，既要有理有据，又要适可而止。教师对于有缺点、有错误的学生，如果只是一味批评，他们可能就会变得不思进取。对这些学生，如果他们表现出了丝毫的进步，教师就应及时地给予他们肯定和表扬，让其他同学认可他们的努力与付出。

最后，评价的内容要包含对学生的积极期待。正确评价学生的最终目的，是为了让学生更加清楚地认识自己的优点和长处，改正自己身上的缺点和错误，在今后的学习和生活中能有更优异的表现。所以，教师对学生的评价要具有激励意义，不能让学生看到教师的评价后一蹶不振，觉得自己没有改正和进步的希望。当一个人做好了某件事，得到表扬和肯定的时候，会进一步激发自己的潜能，争取把每一件事都做得更好。对待学生，哪怕是成绩再差的学生，教师也不能轻言放弃，要对每位学生始终抱有积极的期待，相信总有一天他会在某些方面表现得非常优秀，相信每位学生都会成为社会的有用之才。教师对学生有了期望，才会更加用心地去教育学生；学生在感受到老师对自己的期望时，会更加努力，争取不辜负老师的期望，让自己变得更加优秀和出色。

（三）开展德育工作的能力

德育是指教育者按照一定社会的要求，有目的、有计划、有系统地对受教育者施加思想、政治和道德等方面的影响，并通过受教育者积极的认识、体验与践行，以使其形成一定社会所需要的思想品德的教育活动，即教育者有目的地培养受教育者思想品德的活动。

教师要想开展好德育工作，需要对德育的内容和方法等具有较为全面的了解和把握，并善于结合学生实际，对学生的思想品德施加积极的影响。

在德育内容方面，教师应该知道，在我国，德育的概念通常涵盖的内容和范围，是非常丰富和广泛的，它包括政治教育、思想教育、道德品质教育等丰富内涵。其中，政治教育是形成学生一定的政治观念和政治信仰的教育；思想教育是形成学生一定的世界观、人生观的教育；道德教育则是促进学生道德发展的教育。德育的主要内容包括社会公德教育，科学世界观和人生观教育，政治理想和信念教育，爱国主义和集体主义教育，自觉纪律教育，民主与法制观念教育，等等。教师在开展德育工作时，对这些基本领域都应熟悉和了解。

在德育方法方面，一般包括说服、榜样、锻炼、修养、陶冶以及奖惩等。教师应该意识到，德育的各种方法各有其特点与作用，每一种方法都是进行德育工作所不可缺少的，但不是万能的。青少年学生品德的培养，不可能通过个别方法就能实现，必须科学地、综合地运用多种德育方法才能达到目的。因此，教师要熟悉各种德育方法，并善于将各种方法相互结合，并创造性地加以运用。当然，教师还应知道，人的道德品质的发展，政治觉悟的提高，世界观和人生观的形成，是分属于不同层面的问题，其过程与机制存在较大差异，教师在实施政治教育、思想教育和道德教育时，在手段、途径和方式等方面，还应注意有所区别，不能简单地一刀切、一锅煮。

（四）对学生进行心理素质教育的能力

心理素质教育也称心理健康教育或心理教育，简称心育。心理素质教育是教育者从教育对象的心理需要出发，运用心理科学的理论与方法，对其心理各层面施加积极的影响，以优化其心理素质、维护其心理健康、促进其社会适应能力的一种教育实践活动。心理素质教育的目标是培育人拥有良好的性格品质，开发其智力潜能，增强其心理适应能力，激发其内在动力，维护其心理健康，使其养成良好的行为习惯。

近年来，学生的心理素质问题受到各方面越来越多的关注。作为一名教师，尤其是骨干教师，不但要能教好课，而且要拥有一定的心理辅导能力，能够及时发现学生的心理变化，帮助学生解决心理方面的各种问题。

第一，教师要善于倾听学生的心声。一位成功的教师，他与学生之间的思想和精神交流应当始终是畅通无阻的。教师要明白倾听学生心声的重要性，只有学生愿意对教师诉说，教师才有可能深入了解和发现学生的心理问题。倾听学生心声的前提是师生关系的融洽，教师与学生的关系越亲密，学生就越愿意对教师诉说。教师在倾听的过程中，要注意让学生完整地表达自己的想法，不要急于插话，更不要加以责备，要理解学生各种不成熟的想法，要容忍学生的错误，要成为学生的知心朋友，多从学生的角度进行思考。

第二，教师要善于进行心理疏导。倾听是为了让学生坦诚地对教师表达自己的想法，疏导就是教师要帮助学生解决各种心理方面的问题。教师进行心理疏导的基础和前提，是拥有丰富的心理学知识。教师要善于运用自己的心理学知识，分析和解读学生的各种心理困惑。同时，在疏导学生的过程中，教师要真诚和运用善言。真诚是指教师在疏导学生的时候，要坦诚地面对学生，放下教师的权威，对学生耐心地进行教育，要让学生感觉教师与自己是心心相通的，教师是真心在帮助自己。善言就是指教师在开导学生的过程中要讲究方式、方法，能够准确表达自己的意思，以免产生歧义而使学生误解。

（五）教导和转化问题学生的能力

所谓问题学生，是指在学习态度、品行修养以及学习成绩等方面存在某些问题的学生。这类学生在任何一个学校和班级里面都会存在，他们和其他学生一样需要得到教师的关注。在现实中，有一些教师对问题学生存有偏见，觉得他们经常影响班级和课堂纪律，拉低了班级的平均成绩，等等。但是，一名教师在面对问题学生时，一味讨厌问题学生，对他们不予关心是不行的，必须下大力气对问题学生进行指导和帮助，切实做好问题学生的转化工作。

教师在对问题学生进行指导和帮助之前，首先要对问题学生的各方面情况进行全面的了解和分析，避免把焦点集中在问题本身，这是因为，不少所谓的问题学生，除了在某一方面表现不好以外，他或她在其他方面的表现还是不错的。例如，有的问题学生虽然学习成绩较差，可是他的劳动积极性高；有的问题学生虽然经常违反纪律，但他或她性格非常耿直，为人忠厚。这些都是需要教师提前了解的。另外，对于学生的家庭环境和交往情况也需进行深入了解，有的学生性格孤僻，可能是因为他的单亲家庭环境造成的；有的问题学生成绩不好，可能是其家长没有能够为其提供基本的生活条件造成的；有的问题学生身上有不良习气，可能是由于他或她接触了社会上的不良青少年；有的问题学生沉迷于网络，可能是有一个玩网络游戏的同伴在吸引着他或她。对于这些情况，教师都要加以详细了解，这个了解的过程往往就是发现问题症结的过程。通过这个过程，教师可以抓住问题学生发生"问题"的原因所在，这为教师后续的教导和转化工作打下了坚实的基础。

在对问题学生进行教导和转化工作时，教师需要在以下几个方面多加注意：

1.动之以情

问题学生往往不同于其他学生，他们经常会遭受家长的批评、同学的排斥，他们内心世界的大门一般不会轻易向他人开启。教师首先要做的就是尊重他们、关心他们，用自己的深情、关爱融化学生内心的坚冰，打开学生复杂的心结。教师可以单独找问题学生谈话，与其交流思想和情感，谈话时最好避开其他教师和学生。在面对面交谈的过程中，教师不应以居高临下的支配者的身份和姿态去命令学生，而应当以朋友和伙伴的姿态对待他们，交谈的话语要能真正打动学生，帮助学生找到内心真正需要的东西，要让学生感到自己的诚意和真情。只有这样，他们才会敞开心扉，愿意接受教师的教诲。

2.晓之以理

教师在对问题学生进行教导和转化时，除了要有情感，还要注意以理服人，教师可以通过摆事实、讲道理，使学生真正明白自己的问题出在什么地方。说理要通透、真实，要能让学生发自内心地信服。例如，对学生沉迷于网络的问题，教师要把网络的优点与缺点，实事求是地全部告诉学生，既要肯定网络给我们生活带来的诸多益处，又要分析和说明网络的种种弊端，运用生活中的一些活生生的案例和教训，让学生真正明白沉迷于网络的严重危害。

3.导之以行

教师可以通过树立和运用正面榜样，将榜样作为问题学生的行为标杆，引导学生做出相应的改变行为。有了明确的行为榜样，问题学生就有了正确的努力方向。例如，教师可以以现实中某些问题学生成功转化的典型，向其他问题学生提供示范和楷模，引导他们告别过去，开始新的学习和生活。还可以通过营造积极的整体环境和氛围等方法，促使问题学生的行为发生转变。例如，对于班级中个别不守纪律的问题学生，教师可以利用班会时间，在班上提出明确目标要求，要求本班在全校带头争创"文明班级"。这样，大部分学生有了争取集体荣誉的强烈要求，个个愿做遵守纪律的模范，在"从众效应"的影响下，个别不守纪律的同学，会深受感染，改变自己的行为，转化成为一个守纪律的学生。此外，在教导和转化问题学生时，对问题学生身上表现出来的优点和每一点进步，都要毫不吝啬地加以表扬和肯定，以增强他们实现转化的信心。教师还可以大胆选择一些有能力的问题学生承担一些班级的管理工作，以鼓励他们继续做得更好，实现问题学生真正的转化。

四、班级管理能力

班级管理是一种有目的、有计划、有步骤的社会活动，是教师根据一定的目的、要求，采用一定的手段和措施，带领全班学生，对班级中的各种资源进行计划、组织、协调、控制，以实现教育目标的组织活动过程。班级管理的根本目的是实现教育目标，使学生得到充分的、全面的发展。

班级管理的对象是班级中的各种管理资源，主要对象是学生，班级管理主要是对学生的管理。要想成为一名优秀的骨干教师，应该善于做好班级管理的各项工作。

教师的班级管理能力一般包括建设班集体的能力，合理任用和培养班干部的能力，组织学生开展班级活动的能力，等等。

（一）建设班集体的能力

班集体不同于一般意义上的班级，它是由教师带领学生有意识地创建的具有积极作用的集体，是在教师和学生的共同努力下，在班级基础上建设和发展起来的、能够产生巨大教育能量的教育主体。班集体不但是教育的对象，而且是一种强大的教育力量。

班集体建设是班主任工作的中心内容，是学校教育教学和管理工作的基础。良好的班集体对于完成教育教学任务、促进学生全面和谐发展具有重要意义。因此，教师尤其是班主任，必须高度重视班集体建设。

建设一个良好的班集体，需要教师尤其是班主任善于从班级具体情况出发，做大量深入细致的工作。这些工作主要包括：

第一，确立明确的集体奋斗目标。班集体的奋斗目标是班集体前进的导向和动力。这种目标是教师和学生根据教育目的、学校工作计划和学生发展的需要共同制定出来的，是经过师生共同努力可以实现的预期发展结果。

第二，形成良好的班风和集体氛围。班风和集体氛围是一个班级在长期活动和交往中形成的共同心理倾向和精神风貌。它一经形成，便会成为一种强大而无形的力量，影响着班级中的每一个成员，对于每一个成员都具有约束、感染、同化、激励作用，它是形成和巩固班集体，教育集体内成员的重要手段之一。

第三，健全班级规章制度。班级规章制度是一个班级依据学校的规章制度和本班的实际情况制定的各种规范、计划、办法的总和。它是班集体按一定程序办事的规程，也是学生在学习和生活中必须遵守的行为准则，具有重要的管理和教育作用。健全规章制度，可以使班级各项工作有条不紊地展开，避免班级工作的盲目性和随意性。通过规章制度的贯彻执行，可以促进学生良好行为习惯的养成以及优良班风的形成。

第四，开展形式多样的集体活动。班集体是在全班同学参加各种教育活动中逐步成长起来的，而各种教育活动又可以使每个成员都有机会为集体出力并展示自己的才能。设计和开展经常性的、形式多样的集体活动，对于形成班集体的凝聚力具有重要作用。

（二）合理任用和培养班干部的能力

班干部是班集体的核心和中坚力量，他们在老师和同学之间起着上通下达、纵横联络的沟通作用，在班集体建设中发挥着组织管理、服务同学和示范带头作用，是教师工作得以顺利进行的得力助手。在任何一个班级中，班干部的作用都是非常重要的。对班干部的任用和培养体现着教师的智慧。认真选拔和培养班干部，是建设优良班集体的一项重要工作。

第一，依据选择标准，慎重挑选。教师在选用班干部时，要善于通过多种途径，如听取其他任课教师意见、观察学生的日常表现等，对学生的情况进行全面摸底和了解。在此基础上，对照班干部所必须具备的条件和标准，把那些有朝气、有热情、敢想敢做、团结同学、关心热爱集体、有奉献精神、有一定组织能力和特长、在同学中有威信、能够胜任管理工作的学生选拔出来，担任班干部，这样才能形成坚强的班级领导核心。

第二，采用多样化的方式进行选用。传统的班干部选任方式，多由教师指定，这样选拔出来的班干部不一定具有群众基础，而且，教师的选择有时可能具有片面性，导致部分有能力的学生被埋没。所以，班干部的选拔方式应灵活多样，轮岗制、选举制、自荐制等，都可以成为选拔班干部的方式。

轮岗制是指让班级全体同学按照一定周期轮流担任班干部，这样做的好处是能够让更多的学生有机会担任班级管理者的角色，使更多的学生得到锻炼，增强学生的主人翁意识。但采用轮岗制时，应注意合理把握学生任期时间，任期太短会达不到预期效果；任期太长，可能又会出现部分干部即使难以胜任工作也不能及时更换的问题。

选举制是由学生通过投票方式选举出班干部。这种做法的好处是尊重学生的选择权利，有利于增强学生的民主意识和竞争意识。同时，有助于激励学生努力投身于班级工作，争取获得多数同学的信赖。

自荐制是指在选用班干部的时候，学生可采用毛遂自荐的方式，自告奋勇担任某些管理岗位的工作。这种做法可以增强学生自我展示的意识，增强学生的自信心和勇气，为他们以后的发展打下良好的心理素质。

班干部的选用可不拘泥于一种方式，有经验的教师会将多种方式交替或结合使用。如：对已经挑选好的班干部，可先让其担任代理工作，以便在工作中考察他们，让他们用自己的实际行动取得同学们的信任和支持，等同学们对代理干部有一定的了解后，再以民主选举的形式选出班干部。也可先让学生自荐担任各种代理干部，然后依据不同岗位进行竞选竞任，最后由全班同学投票选举出班干部。

第三，注重对班干部的培养。培养班干部是建设班集体的重要环节之一。班干部选出后，教师不能撒手不管，而是要加强对班干部的培养和培训，尤其是对初次担任班干部的学生，教师更要悉心指导他们，使其尽快适应角色。

培训的第一步是对班干部进行分工，让他们明确自己的岗位和职责。分工安排切忌笼统、抽象，一定要具体、明确，让班干部知道究竟要做什么以及怎么做。教师对于班干部的分工要量才而用，要在深入了解学生的基础之上，为他们安排合适的工作，使其各司其职、发挥特长。例如，班长一般要让具有较高威信、拥有全局意识、具备一定的领导能力的学生担任；学习委员一般要让学习态度端正、成绩优异的同学担任；文艺委员则要能歌善舞，具有较好的艺术天赋；等等。

培训的第二步是召开主要班干部会议，告诉他们针对班级中的一些问题和不良现象，需要怎么处理：班委能自己处理的就自己处理，班委不能处理的交由班长处理，班长不能处理的再交由教师和班主任处理，等等。总之，能自己处理的事情就不应上报。

培训的第三步是分头培训。有些班干部的能力较强，培训一两次就能独当一面，而有些班干部的能力相对较弱，或者工作比较被动，这就需要班主任再分别对这些班干部进行培训。

第四，对班干部既要充分信赖，又要严格要求。俗话说，用人不疑。教师既然选择了某些同学担任班干部，那就要给予其充分的信任，对他们要大胆地放权，要树立班干部的威信，主要让他们来管理班级，支持他们独立完成工作。只有这样，教师才能从烦琐的班级工作中解放出来，把更多的精力投入教学。在充分信赖班干部的同时，教师要对班干部严格要求，让他们以身作则，起到模范带头作用，要防止他们产生优越感或特权思想，引导班干部牢固树立服务观念，端正为同学服务的态度。教师还要帮助班干部养成团队合作习惯，使各个班干部之间相互协作，支持同伴工作，并且相互监督、共同进步。

班干部有了工作成绩，要及时表扬，但犯了错误，就应该严肃批评，使他们了解到这是老师对自己的爱护，意识到班级内人人平等、没有"特殊学生"。在实施考核时，教师对班干部要更加严格要求。对于一些不作为的班干部，教师要及时地帮助他们树立为同学服务的意识。

（三）组织开展班级活动的能力

班级活动是学生在学校学习和生活的重要组成部分，是学生充分展现自己、锻炼自己，并从中体验到学校生活的快乐的最有效的集体行为。它能够在很大程度上弥补课堂教学的不足，对于丰富学生情感、健全学生心理、促进学生之间的交往、增进学生之间的友谊等等，具有不可替代的作用。在班级活动过程中，学生可以学到很多课堂上学不到的东西，使个人综合素质得到切实提高。

作为一名优秀教师，应当根据教育目的和学生的兴趣及需要，积极组织、开展好各类班级活动，为学生创造锻炼、展示和发展的机会。在组织、开展班级活动时，应遵循班级活动的一些基本原则，这些原则包括：

第一，自主性。班级活动的主体是学生。因此，在选择和开展班级活动时，要充分尊重学生的态度和意见，在一般情况下，教师应当让学生自主选择他们所喜爱的活动类型和方式，活动过程需要由学生自己参与设计和安排，这对于学生独立工作能力的培养和锻炼具有十分积极的意义。

第二，愉悦性。中小学学生多喜欢愉悦的活动方式，他们更希望在玩、乐中接受教育和影响。所以，中小学教师在组织班级活动的时候，就要考虑学生的年龄特征，注意寓教于乐，使学生在快乐的班级活动中获得教益。

第三，创新性。学生一般不喜欢参加缺少新意、索然无味的班级活动。因此，教师在组织班级活动时，要勇于创新，敢于标新立异。无论是班级活动的形式，还是班级活动的内容，都要经常发展和创新。这样，既对学生有较强的吸引力，又有利于促进学生创新素养的发展。

第四，开放性。班级活动并不意味着完全只能由教师和学生参与，也并不意味着一定只能在教室和学校内进行，还可以采取"请进来"、"走出去"等多种办法来组织、实施。如，可以邀请校外的一些先进模范人物来与班级学生互动，也可以组织学生走出校门到野外郊游，还可以与学校所在社区合作开展班级活动，等等。

要想组织、开展好班级活动，教师通常要做好以下几个环节的工作：

其一，明确目的，有的放矢。开展任何一项班级活动，都应有明确、具体的目的。活动最终要达到什么目的或解决什么问题，是在活动开展之前必须考虑的问题。例如，班主任感到本班同学的集体荣誉感不强，打算通过组织一系列与其他班级的拔河比赛或篮球比赛等，来增强班级同学的集体荣誉感，增强班级的凝聚力，这样的活动就是有着较为明确的目的的。

其二，明确分工，做好动员。开展任何一项班级活动，都需要明确人员分工和相关职责，如有的同学负责拟定活动方案，有的同学负责组织活动队伍，有的同学负责搞好协调工作，有的同学负责后勤支持与保障，等等。同时，要做好宣传工作，动员大家踊跃参加，调动广大学生的积极性，使每位同学都能以高涨的热情参与其中，要避免出现班主任或少数班干部一手包办的情况。只有让全体同学都参与其中，才能真正达到活动的目的。

其三，指导检查，确保成效。在活动实施的过程中，教师要善于把握活动的进程，周密组织好每个环节。为了保证活动取得预期的成效，教师必须对活动进行全程指导、检查，以一个活动参与者的角色，与班干部及同学进行沟通、交流，提出指导意见和建议等。

其四，做好活动总结。班级活动结束后，教师应及时对本次活动进行总结和反思。没有总结和反思，开展活动的意义就会大打折扣。教师可以通过召开班干部会议和全班大会的形式，针对活动的成败进行评价，肯定学生做得好的一面，对于在活动中表现优异的同学，要给予肯定和奖励。通过对活动的总结和反思，既能进一步提高教师自身的工作能力和水平，又可以达到激励和鞭策学生的目的。

五、反思能力

反思意为自我反省、思考过去的事情，并从中总结经验教训。比如考试后，老师要学生写的"反思"，大体是学生对自己的考试所做出的评价以及对以后改进学习的思考。

反思能力是一个人持续发展所必备的素质之一。一个人只有学会反思，才能不断修正错误，不断提高。一名教师，要想达到较高的专业发展程度，具备一定的反思能力是必不可少的条件。

　　教师的反思能力是指教师以自己的教育教学活动作为思考的对象，不断地、积极主动地对自己的决策、行为、方法以及由此产生的结果进行审视、分析、检查、评价、反馈、调节的能力。反思能力是一名教师向优秀骨干教师发展的核心要求之一。

　　反思的过程就是促进教师成长和提高的过程。反思的作用就在于使教师对自己的教育教学行为和结果进行客观的认识、诊断与评价，总结成败得失，纠正错误，明确改进的方向，从而确定新的行为策略和方法。教师要想自己的专业素养得到不断提升和发展，就必须经常、不断地进行反思。

　　美国学者波斯纳曾提出"教师的成长=经验+反思"的著名公式，这就是说，在教师的专业成长与教学反思之间，有着密不可分的联系。有关教师专业发展的研究表明，那些成功的和有效率的教师，一般都更倾向于及时地、主动地和创造性地反思他们工作中的诸多方面，包括教学的目标、教学的行为策略、教学的环境等。而且，随着研究与实践的发展，当前，很多研究者和教师已将反思的视野和范围，从过去单纯的课堂教学领域，延伸到了整个职业工作领域，从日常教学的范畴扩大到更为广泛的整体教育的范畴。随着信息技术的发展，教师反思的视界还在进一步拓展，反思的对象也从个体自身扩大到对周围的教育同行及其教育教学理念和行为。

　　反思是提升教师实践智慧的重要途径之一，是促进教师主动成长的核心因素之一。对于任何一名教师的专业发展而言，反思都具有极为重要的意义。

　　反思是教师的一种重要的专业实践活动。有关个体发展的理论一般认为，个体发展是在发展主体与周围环境积极的相互作用中，通过主体的各种实践活动实现的，其实质是个体生命的多种潜在可能性逐渐转化为现实的过程。反思作为教师的一种专业实践活动，贯穿于教师的整个职业生涯中，这样一种专业实践活动对于教师的专业知识、专业理念、专业技能、专业情意等方面的提升和拓展，无疑具有十分重要的意义。有关研究表明，教师"怎样做"比教师"是怎样的"更为重要。在以"自我更新"为取向的教师专业发展中，反思这样一种教师专业实践活动，对于教师加快自身专业发展的进程，自然是一个不可缺少的重要因素。

　　通过反思，可以促使教师端正教书育人的态度，提高教师教育教学水平。近年来的相关研究发现，那些在工作岗位上成长较快的教师，大部分都是善于进行反思的教师，都能够自觉地、经常性地反思自己的教育教学活动。他们在基础教育改革的大潮中，通过实践、探索、总结和反思，其敬业精神不断增强，教育教学水平迅速提高，专业发展日臻成熟和完善。实践证明，一名教师只有对自己的专业工作具有了反思能力，才能真正达到较高的专业发展水平。反思能力的强弱，在很大程度上决定着教师专业素质的高低。没有反思，不勤于总结，其专业水平是不可能得到很快提升的。

通过反思，可以更好地搭建起理论与实践相结合的桥梁。反思能够促使教师将现代教育理念应用于教学实践，转化为自己的教学行动。反思还可以检验教育理论的可行性与适切性，经过教师的深入反思，可以发现某些理论的不完善甚至错误之处，促使教师继续学习和掌握先进的教育理论，用先进的理论武装自己，指导自己的行动。

通过反思，可以充分激发教师的创造性，并为其专业发展提供更多的机会和条件。反思是引导教师不断成长并最终成为"教育家型的教师"的一条重要途径。反思具有显著的实践性和自觉能动性，而教师的创造性就是在实践中萌发出来的创新意向和念头，这种意向和念头正是源于教师反思的自觉能动性。教师自觉能动的反思，对自身创造性的发展起着巨大的推动作用。有反思才有探究，有探究才有破译，有破译才有创造。一般来说，反思越自觉、越积极，就越能够促进创造性的发展。具有反思意识的教师往往对自己的行为，或怀疑，或不满，而这种怀疑或不满，正是创造性发展之先导。正因为有怀疑、有不满，才会有突破、有发展、有飞跃。

教师的反思是多层次的，教师的反思，特别是教学反思，一般包括教学前、教学中、教学后的反思等。教学前的反思可以有效地提高教师的教学预测能力，具有很强的前瞻意义。教学中的反思则主要起到监控教学过程的作用，可以促使教师及时、主动地调节自己的教学活动，更好地随机应变，使教学过程高质、高效、有序地运行。教学后的反思则具有较为浓厚的批判性色彩，可以促使教师回顾和发现教学过程中的失误和不足，有助于教师调整、改进和完善自己的教学工作，并升华自己的教学理念。

教师的反思是多维度的。教师对教学的反思，不但包括对成功的反思，而且包括对失误的反思。教师的一堂课，通常总有成功和精彩的地方，如：师生之间的高度默契与协调配合，课堂教学中随机应变的得当举措，层次清楚、条理分明的板书设计，为讲清重点和突破难点而选用的典型例句，教育学和心理学一些基本原理适当运用，教学方法上的改革与创新，等等。同时，一堂课中也总有或多或少的一些失误，即使是非常成功的课堂教学，也难免有疏漏、遗憾之处。无论是课堂教学中的成功和精彩，还是失误和疏漏，教师都应及时、系统地加以回顾、梳理、反思和总结，尤其是对发现的不足，更要对其深刻反省、探究和剖析，以便在今后的教学中吸取教训，避免再犯类似的错误。

除了课堂教学的反思，要成为一名骨干教师，还要对自己的道德行为加以反思。教师肩负着教书育人的重任，教师的职业道德修养是教书育人的精神支柱和动力之源。如果教师缺乏良好的职业道德修养，那就会危及学生的成长与发展。教师职业道德修养的提高，要从多个维度着手，其中自然包括要注重对自身的道德认知、道德情感、道德意志、道德信念、道德行为习惯的反思和内省。教师可依据师德规范对自身做出客观、公正的自我评价、批判和调控，以查漏补缺，精进提高，臻于至善。

总之，反思所追求的目标，是使教师在更好地促进学生发展的同时，能够切实地促进自身的发展和完善，实现教师发展与学生发展的统一。也就是说，对教师而言，反思不但是要"照亮学生"，而且是为了"完善自己"。

六、创新能力

现代教育所要培养的是具有创新意识、创新精神和创新能力的年轻一代，这就很自然地提出了对于创新教育的要求，同时很自然地提出了对教师的创新能力的要求。如果教师自身缺乏创新能力，就不可能实施创新教育，就绝无可能培养出具有创新意识、创新精神和创新能力的青少年学生。对教师而言，创新能力主要体现在以下两个方面。

（一）教育创新的能力

教师具备教育创新的能力，是培养和造就创新人才的客观需要。一个国家、一个民族要发展和进步，必须要有一大批具有创新意识、创新精神和创新能力的创新人才。而这种创新人才的培养，则需要教师具备教育创新的能力，要求教师在教育实践中不断探索、开拓创新。一个照本宣科、循规蹈矩，缺乏创新能力的教师，是很难造就出思维活跃、敢于突破、富有创造力的学生的。所以，教师具备教育创新的能力，其终极目标是为了培养出具有良好的创新素养的人才。

教师的教育创新能力，体现在教育观念创新、教学模式创新、教学内容创新、教学方法和手段创新等方面。

1.创新教育观念的能力

创新是以观念的转变为先导的。在当今时代，各种教育新理念、新思想不断涌现、异彩纷呈，强调多元、崇尚差异、重视平等、推崇创造的教育思想观念日益深入人心，教师必须与时俱进、解放思想，树立适应时代和社会发展需要的一系列新的教育思想观念。例如，在人类知识总量爆炸性增长的今天，教师再也不能将传统的"传道、授业、解惑"视作自己的全部职责，正如联合国教科文组织在《学会生存——教育世界的今天和明天》中所指出的那样，当下教师的职责是越来越少地传递知识，而越来越多地激励思考。教师必须从时代的特点和要求出发，及时更新观念，树立新的教师观，即从知识的传授者转变成为学生自主学习的引导者，学生能力的培养者，学生创新意识的激发者，等等。

2.创新教学模式的能力

创新人才的培养是一种新的人才培养模式。作为教学改革的实践者的教师，不但需要具备现代的教育理念，而且要在教学实践中不断探索新的教学模式。例如，研究型教学模式是近年来涌现出的一种新的教学模式，这种教学模式强调教师引导学生开展研究性学习，将教师的研究性教学与学生的研究性学习有机地结合起来。在研究型的教学模式中，教师需要把激活学生自主学习和探究的热情，培养学生的研究兴趣放在突出位置，有效增强学生参与知识构建的积极性和自觉性，进而达到培养学生研究能力和创造能力的目的。

3.创新教学内容的能力

教学内容的创新是进行创新教育的基础和保证。要讲好一门课程，教师首先要确立"授课而非授书"的思想观念，要认真研究教材内容和多种不同版本的教学参考书等，对其进行比较和分析，形成自己的看法。要通过对目前学科教学前沿动态状况的了解和掌握，及时吸收一些新知识、新材料、新观点，并提出自己的一些独到见解，以实现教学内容的常讲常新。在教学过程中，要以本学科的重要原理和理论为重点，系统地阐述和讲解其发展过程和应用价值，以培养学生进行科学知识创新的兴趣和能力。要注重实践环节，引导学生运用所学的知识、理论和技能，进行探索未知世界的科学训练和解决生产、生活中存在问题的模拟科学研究，以切实提高学生的实践能力。

4.创新教学方法和手段的能力

传统的"填鸭式"、"满堂灌"的教学方法压抑了学生的能动性和积极性，阻碍了学生思维的发展，更谈不上培养学生的创新思维和创新能力。因此，教学方法和手段的改革和创新，是摆在每个教师面前的一项迫切任务。教学方法与手段创新的根本宗旨是培养学生的创造品质。教师要大力提倡启发式教学，废止"填鸭式"教学；提倡民主讨论式教学，废止"一言堂"、"满堂灌"；提倡引导式教学，废止"保姆式"、"管家式"教学。要充分调动学生的主动性、自觉性，使学生的感知、记忆、思维和想象等在教学过程中始终处于高度活跃的状态，切实提高学生分析问题和解决问题的能力。此外，还要积极采用现代教育技术手段，通过多媒体教学、网络化教学等，激发学生学习的兴趣和创新的激情。

（二）科研创新的能力

传统观念认为，从事教育科研只是大学教师和专业理论工作者的事情，中小学教师只要会上课、上好课就行了，没有必要进行教育科研活动。然而，随着教育改革的不断深入及其对教师研究素养要求的提高，"教师成为研究者"已成大势所趋，越来越多的中小学教师正从过去进行单一的教学活动，走向教学与研究相结合的道路，越来越多的专业研究人员选择与一线教师共同进行教育科研工作。2001年5月，国务院颁布的《关于基础教育改革与发展的决定》就明确提出："广大教师要积极参加教学实验和教育科研，教研机构要充分发挥教学研究、指导和服务等作用。"2001年7月，教育部颁布的《基础教育课程改革纲要（试行）》提出，要在教育行政部门的领导下，把基础教育课程改革作为各中小学教研机构的中心工作，充分发挥教学研究、指导和服务等作用。在此背景下，教师的科研状况自然地成了很多学校考核教师的重要指标之一，科研创新能力自然地成了教师必不可少的核心素质之一。

1.教师科研创新能力的提升具有现实的必要性和紧迫性

教育对象的特殊性以及各种现实的教育问题的解决，要求教师必须具备教育科研能力。处于身体快速生长发育、心理日趋成熟阶段的青少年儿童，他们的认知能力、道德水平、意志品质、个性特征等正处在从不成熟、不健全、不稳定走向成熟、健全和稳定的阶段。因此，对于青少年学生身心发展特点的研究是中小学教师做好教育工作的前提。同时，"教学有法，教无定法"，这要求教师要对教学方法的选择和运用进行研究。此外，教师在面对不同的教学情境时，应该怎样启发、引导学生，怎样调动学生的积极性，怎样组织教学，怎样有效地培养学生的思想品德，怎样应对教育教学中的各种突发事件，怎样有效控制网络对学生的负面影响，等等，这些问题都需要教师进行深入的思考和研究。从这个意义上说，中小学教师从事教育科研活动，是具有现实的必要性的。

课程改革实践要求教师必须具备教育科研能力。近年来，基础教育的新课程改革正在不断深入推进，课程目标、课程结构、课程内容、课程实施、课程评价和课程管理等方面，都发生了深刻的变化。新课程改革针对以往课程注重传授书本知识、强调学科本位、注重接受学习的倾向，强调重视形成学生积极、主动的学习态度，重视加强课程内容与学生生活以及现代社会和科技发展的联系，关注学生的学习兴趣和经验，倡导学生主动参与、乐于探究、勤于动手，重视培养学生搜集和处理信息的能力、获取新知识的能力、分析和解决问题的能力以及交流与合作的能力等。新课程改革为教师主体性的充分发挥提供了广阔的舞台，对教师提出了一系列新的挑战。例如，新课程中的教师将不再是知识的灌输者，而是学生学习活动的组织者、引导者、合作者、促进者；新课程中的教师不仅是课程实施的单纯的执行者，而且是课程的设计者和开发者；等等。面对新的课程实践环境和要求，教师要想适应和参与课改的大潮，并在课改实践中有所建树，必须具备一定的教育科学研究能力。可以说，新课程改革的实施和持续推进，对教师科学研究能力的提升，提出了十分迫切的要求。

2.教师科研创新能力的提升具有现实的可能性

一般而言，教师的科研是以一线中小学教师为研究主体，通过学习、运用教育教学理论，将教育教学实践和教育管理实践过程中已出现的或可能存在的问题作为课题，进行有意识的反思，设计出解决方案并加以实施，从而提高教育教学质量，更好地促进学生发展和自身专业素质提高的一种实践活动。

一线教师的科研是教育科研的重要组成部分。教育科研并非闭门造车的事情，它需要教育实践的支持。理论来自实践，实践可以检验理论。教育科研的实践性特点，决定了一线教师不但完全可以成为教育科研工作的参与者，而且在开展教育科研方面，具有自己的独特优势和有利条件。这种独特优势和有利条件主要在于：同专业教育理论工作者相比，一线教师身处教学实践的最前沿，可以充分利用自身丰富的实践经验，直接将自己的教学实践与科研有机结合起来。

我们知道，专业教育理论工作者所从事的教育研究，主要是去发现和揭示教育规律，构建和完善教育理论体系，促进教育科学发展，为教育科学理论的建设做出贡献。而一线教师从事的教育科研，则主要是为了解决教育实际问题，他们的研究多以课堂为现场、以教学为重点、以学生为关注中心，研究的问题来自教育实践，立足于教育实践，并最终指向教育实践。一线教师进行的教育研究，虽然能够发现教育规律、获得教育科学的理论成果，但它并不以此作为教育研究的主要目的，不以此作为教育研究的唯一追求。他们的研究，更关注教育教学中的现实问题，更关注通过这些现实问题的解决来改进自己的工作，促进教育教学质量的提高。即使中小学教师的研究成果在理论上和操作上都没有取得什么突破，教师仍然会因为发现了问题、参与了研究、获得了体验等，而使自己受益。

中小学教师的科研在指向教育实践的同时，也引领和促进着教师不断完善自我、提高自身的专业化水平。教师通过对自我专业实践活动的研究，可以不断提高自身在复杂的教育情境中机智、有效地解决复杂问题的专业能力，不断提升自己的专业生活质量，不断实现自我发展和自我超越。

总而言之，提升教师的科研能力既是必要的，又是可能的，教育教学改革的实践要求教师成为研究型教师，而教育科研的实践性特点使教师具有开展科研活动的优势与可能性。所以，作为一名优秀教师，必须在从事日常教学工作的同时，高度重视并积极参与科研，以教学带动科研，再以科研促进教学，实现教学与科研的良性循环和相互促进。

第三节　不断提升专业道德水平

教师是人类文明的传承者，是学生心灵的塑造者，肩负着提高民族素质、培养高素质人才的光荣使命。教师职业和使命的特殊性，决定了这一职业的从业人员必须具备优良的职业道德素养，应当具有正确的价值观、高尚的品德、专注的职业精神、强烈的责任感和使命感等等。

教师职业道德简称师德，是对教师职业最基本的要求，是规范和调节教师与他人、教师与集体及社会相互关系的行为准则，它是伴随着教师这一职业的产生和发展而产生和发展的，它在很大程度上直接影响着教师在其职业活动中的行为。

对于教师来说，深刻了解和掌握教师职业道德规范，并将其作为自身行动的准则，是作为一名教师最根本的一项要求。这一要求主要包括以下几个部分。

一、对待学生的道德

（一）关心、爱护学生

教师的工作对象是学生。中小学学生是正在成长中的青少年儿童。教师在与他们交往的过程中，要始终带着对他们的深切的关爱。一个富有爱心的教师远比一个知识丰富却冷酷无情的教师更有魅力。苏联教育家马卡连柯曾经说过：当你对某个学生用尽了所有的办法还不见效，感到实在没有办法的时候，其实还有一个办法，那就是爱。师爱是教育的"润滑剂"，是进行教育的必要条件和基础，也是教师职业道德的根本。

教师在工作中要热爱每一个学生，而不是偏爱其中的一个或一部分。学习成绩好的学生要爱，学习成绩一般的学生要爱，学习成绩差的学生也要爱；活泼的学生要爱，文静、踏实的学生要爱，内向、拘谨的学生更要爱；"金凤凰"要爱，"丑小鸭"也要爱。尤其是对待后进生，教师要多给他们一些温暖和关爱，用爱来影响他们和改变他们。

作为一名骨干教师，关爱学生不但是发自内心的情感传递，而且是完成教育任务的一种"有效方法"。

首先，教师对学生的关爱，可以提升学生对教师的信任度。而教师一旦获得了学生的信任，学生就会对教师敞开心扉，坦诚相待，就会更容易理解教师的良苦用心，更乐于接受教师提出的要求，包括教师对其提出的各种建议和批评等。这样，教师就可以深入地了解和把握学生的内心世界，及时、准确地教育学生，从而产生更好的教育教学效果，最终促进学生更好地发展。

其次，教师对学生的关爱，可以激发学生的积极态度和情感。人与人之间的感情沟通是相互的，教师通过对学生的关爱可以向学生传递积极的情感信息，使学生在浓郁的师爱氛围中成长和发展。学生感受到教师对他们的关爱，就会被教师的真情所感染，并形成愉悦的情绪状态。这样，他们就会以更加积极的态度和情感，去面对学习、生活中的各种困难和挑战。

最后，教师对学生的关爱，有助于促进学生社会化的发展。学校是一个小的社会，学生在这个环境中逐渐发展自己的社会化。作为学生社会化发展的重要的促进者之一，教师对学生的关爱会直接影响到学生对社会、对他人的态度和行为。教师的关爱能给学生带来正面的榜样效应，让学生知道在社会中人与人之间应当如何相处，这对于学生今后更好地面对社会、面对他人，无疑具有重要意义。

教师对学生的关爱，有别于父母对子女基于亲子关系的关爱。教师对学生的关爱，是基于教师对教育事业的热情、信念和执着追求而产生的。教师的关爱既充满情感，又不乏深刻的理性。

为了帮助学生更好地成长和发展，教师的关爱当中自然应包含着对学生的严格要求，而且，这种严格要求应当有始有终，贯穿于从课堂教学到课外活动的全部过程。这里需要指出的是，严格要求与关爱学生并不是矛盾的。关爱不是溺爱，关爱并不意味着放弃要求。在现实中，有些教师为了能与学生"和睦相处"，对学生提出的各种要求都无条件、无原则地予以满足，缺少对学生的严格要求，任由学生为所欲为，这种态度和做法实际上并非关爱，而是对学生的放纵和不负责任。关爱学生应当从学生的长远发展去考虑，应当思考怎样做才是真正有助于学生人格养成的。面对学生出现的偏差和错误，教师有责任、有义务及时地予以批评、指正。当然，教师严格要求学生，也绝不意味着教师可以无视学生的尊严，采取简单、粗暴的办法对待学生，甚至侮辱和体罚学生。严格要求应具有合理性，它应是建立在符合教育目的以及照顾学生身心发展的基础之上的，应是真诚的和善意的，其目的是为了帮助学生更好地健康成长。优秀的骨干教师要能够准确把握好关爱学生与严格要求学生之间的关系，对待学生应做到既关爱又不溺爱，既不严苛又不放纵。

（二）公正对待学生

教师的公正是指教师在自己的教育活动中对待不同利益关系所表现出来的公平和正义。它表现在教师与自身、教师与同事、教师与学生等人际关系之中。教师公正的核心是对学生的公正。教师对学生的公正，其主要含义是在教育活动中对所有的学生，包括不同性别、年龄、智力、个性、相貌、出身的学生，能够做到一视同仁、同等对待、公平无私，不以个人的私利和好恶作为标准。使每个受教育者在教育过程中都能够"得其应得"，避免出现"当得而未得"或"得其不应得"等情况。教师公正作为教师的一项重要职业道德要求，在教育活动中发挥着重要的作用。

第一，教师的公正是形成良好教育教学环境的基础。教师公正、合理地对待和评价学生，对待学生不厚此薄彼，不偏爱、歧视，能大大激发学生对教师的亲切感和信赖感，会令每位学生都感到自己是重要的，这样就会在无形中给学生增添自信的筹码，有利于调动学生的学习积极性，有利于班级形成勤奋、积极进取的学习氛围，有利于师生创造出良好的教育教学环境。

第二，教师的公正是培养学生良好人格的关键。俄国著名教育家乌申斯基说过，教师的人格是教育事业的一切，只有人格才能影响人格的发展和形成，只有性格才能形成性格。教师的公正对于学生具有极大的教育示范意义。可以说，只有具备公正品质的教师，才能培养和教育出具有公正品质的学生。教师公正本身就是一门隐形的德育课程，教师的正直与无私，能使学生在与教师的交往中，感觉到公正的美好和必要，从而奠定他们在未来社会、生活中努力追求道德公正的心理基础，有利于影响和激励学生对真、善、美的追求，培养他们良好的人格品质。反之，教师对学生的不公，包括对一些学生的偏爱以及对另一些学生的歧视等，必然会造成很多学生情感的压抑，会使学生丧失对教师的信任，对学校的信任。显然，这是非常不利于学生良好人格的形成的。

教师在公平对待学生时，尤其要注意抛弃对一些成绩较差的学生的偏见。教师公正的缺失，经常表现在对待成绩优异与成绩较差的学生的不同态度上。面对成绩优异的学生，一些教师往往会更加宽容，很容易忽略这些学生所犯的错误。这样做的结果，既伤害了其他同学，又容易使这些学生误以为即使自己犯了错误，也可以享受某些特权，于是不思悔过，这是不利于其今后的健康成长的。而面对成绩较差的学生，一些教师则容易"放大"他们的缺点，只看到他们身上的缺点，看不到他们的优点，于是对他们要么表现得冷漠，要么公然歧视，这同样是不利于他们今后的发展的。作为一名骨干教师，在面对学生时，要注意把自己的爱传递给每一个学生。特别是面对后进学生时，更要用满腔的热情去肯定他们的每一个微小进步，帮助他们克服自卑，树立自信；使他们体会到自己是集体中重要的一员，自己与其他人是平等的；要尽可能地创造条件，让他们都有展示自我的机会。这样，才能激发他们内心深处的希望和信心，他们才能不断奋发向上。那些优秀的骨干教师，无不具有平等对待学生的良好师德和思想境界，他们不但为学生所爱戴，而且为社会所称道和赞誉。

（三）尊重、信任学生

教师与学生之间固然是教育者和被教育者的关系，但是，从人的角度来说，两者都具有完整的人格，由此就决定了教师在与学生的交往过程中，必须充分地尊重和信任自己的学生，而不应无视他们的人格和尊严。

陶行知先生曾经这样告诫过教师："你的教鞭下有瓦特。你的冷眼里有牛顿。你的讥笑中有爱迪生。"[1]教师如果缺乏对学生的尊重和信任，轻易地伤害学生的自尊心，就是对人才的扼杀。教师对学生漫不经心的冷眼和讥笑，无异于夺走溺水者手中的救生圈。教师只有充分了解自己的教育对象，以平等的态度对待学生，学生才会乐于向教师敞开心扉，展现他们的精神世界；学生才会在课堂上积极思考，提出自己独到的见解，发挥学习的主动性和积极性。

教师面对的每一个学生都是有着独立人格的人，教师与学生之间在人格上没有高低贵贱之分，教师不能以居高临下的"统治者"的姿态对待学生，这样会严重挫伤孩子的心灵，教师应当"蹲下来"与孩子交流，把他真正地看作有思想、有感情的人，尊重他们的合理需要和要求。

尊重、信任学生，意味着教师要学会倾听学生的意见，允许学生有自己的独立思考和见解，充分尊重他们的表达权。学生是迅速发展中的人，他们通过自身的学习和知识的积累，会逐步形成一些独到的见解。或许他们的某些个人见解是肤浅的、不成熟的，但是，拥有自己的独立思考和见解，本身就是学生进步的表现，教师对此要予以积极鼓励，并不断给予引领和指导。

师生关系是一种较为纯朴的人际关系，并不存在着相互间复杂的利益交换关系。教师尊重和信任学生，可以帮助师生之间建立起和谐、融洽的关系。而只有建立起和谐、融洽的师生关系，教师才能被学生充分认可，师生之间才有可能产生相互理解、相互信赖、相互支持与配合的良性互动，学生才会"亲其师，信其道"，才会发自内心地、心悦诚服地接受教师的观点和教诲。这反过来会促使教师产生积极的情感，充满对工作的热情。

二、对待所属群体和同事的道德

教师工作的主要对象是学生，但这并不意味着教师的职业道德只体现在与学生的关系中。学校是教师工作的职业场所，教师与教师之间同样有

---

[1] 陶行知.陶行知全集：第7卷[M].方明，编.2版.成都：四川教育出版社,2009：34.

着密切的工作关系和人际关系，这种工作关系和人际关系会在很大程度上影响教师的工作质量和学生的发展。因此，在教师与所属群体之间、教师与其他同事之间建立起良好的道德关系，也是至关重要的。

第一，教师要处理好与所属群体及组织，如与教研组及学校之间的道德关系。

骨干教师一般是学校业务工作的顶梁柱，其中有些骨干教师还在教研组内担当组长或其他领导者角色。而作为骨干教师来说，应当对所属群体及组织，如教研组及学校有强烈的归属感，努力为学校工作和奉献，为了学校的荣誉和发展，甘愿付出自己更多的心血和劳动。

第二，教师要处理好与其他同事的道德关系。

作为骨干教师，应当意识到，教师群体的强大凝聚力，是教育事业取得成功的重要保障条件，教师个人单枪匹马的力量是十分微弱和有限的，每一个学生的成功，都是全体教师共同努力的结果，只有全体教师都具备团队合作精神，彼此之间以诚相待、相互尊重、紧密配合、共同协作，而不是相互贬低、相互拆台，才能共同做好教育工作，促进全体学生全面、健康发展。

在当前的新形势下，为了顺利完成教育教学任务，应该倡导教师之间形成相互学习、相互交流的良好风气，使多种信息、多种经验得以推广和共享。智慧的火花常常在交流和碰撞中闪烁，教师之间只有经常切磋和交流，才能更好地分享彼此的成功经验，有利于自身工作的开展，并达到大家一起进步，共同提高教育教学质量的目的。

作为骨干教师，不但要虚心向其他教师学习，而且要利用自己在业务上的优势，积极帮助其他教师尤其是青年教师成长，在教学方法技巧、教育科研上给予青年教师耐心、细致的帮助和指导，用自己的良好行为为青年教师树立榜样；积极参与其他老师的听课、评课及论文指导，帮助其他教师快速成长。在帮助大家的同时，不断完善自我，提高自身的综合素养。如果担任了班主任工作，还要注意发挥班主任的桥梁和纽带作用，协调好班级各位科任教师之间的关系，协调好科任教师与教辅人员之间的关系，等等。这样，才能使同事之间拧成一股绳，劲往一处使，形成工作"合力"，才有利于更好地开展教育活动，更好地促进学生的发展。

三、对待教育事业的道德

社会对教师的职业道德有着远高于对其他职业的要求。这是因为，教师职业面对的对象是未成年的青少年学生，他们的身心发展处在尚未成熟的阶段，具有极大的可塑性。教师的劳动是在塑造着国家和社会的未来，教师不但要通过自己的语言向学生传授科学知识，而且要用自己的行动给学生树立榜样，去影响学生人格的形成，使他们成为身心健康发展的新的一代。基于此，教师必须要对自己所从事的工作和事业有着坚持不懈的追求，具备坚定的职业信念，专注的职业精神，强烈的责任感与使命感，等等。

具体来说，教师对待教育事业的道德应体现在以下几个方面：

（一）坚定的职业理想与信念

我们知道，教育和教学工作是一项长期而艰苦的工作，不是短期内就能够立竿见影的，而是需要教师始终如一、坚持不懈、持之以恒的执着努力和追求，才能实现既定的目标。在此过程中，坚定的职业理想与信念，是教师从事教育工作的强大而持久的支持力量，是支撑他们不断进取、追求卓越、实现自身专业发展的内在动力源泉，是他们保持旺盛的职业生命力和工作积极性、获得职业幸福感的重要源泉。教师的职业理想与信念一旦形成，就会成为支配教师行为的巨大精神力量。

只要具备了坚定的职业理想与信念，教师就可以无论在什么情况下，都毫不动摇地坚持自己的职责、坚守自己的岗位，任凭工作条件和环境发生何种变化，任凭各种世俗偏见如何影响和干扰，他们都能一如既往地坚持敬业爱岗，对自己所承担的工作始终抱着认真负责、一丝不苟的态度，做好自己分内的每一件事，取得优异的成绩。绝不会因为工作过程中出现一些消极因素的干扰，就气馁和失望，甚至放弃自己的职业追求而另谋其他出路。即使在他们面临极大困难、遭遇极大挫折的时候，他们也不会轻言放弃，而是越挫越勇，不达目的绝不罢休。

只有具备了坚定的职业理想与信念，才能激发教师对教育事业的热情。当教师对教育事业的价值、意义等问题有了清晰的认识之后，教师专业发展才能成为教师发自内心的需求。此时，他们会把教育工作看成一项崇高的事业，而不是仅仅停留在把教师职业看成一种谋生的手段。教师职业信念的形成和完善，可以使教师专业发展成为内在的价值追求和外在行为的统一，使教育教学活动成为教师自觉、自主的活动。

(二) 强烈的职业责任感与使命感

教师责任是社会对教师职业角色所抱持的期望，而教师对这种期望的认同与承担，就是教师的职业责任感。

作为一名教师，必须成为一个真正意义上的具有高度责任感与使命感以及专注的职业精神的人。教师的责任与任务并不都是明确规定好了的，但是，每当教师对学生的现实需要做出反应时，责任与任务便会清晰地显现出来。"人们要求教师既要有技能，又要有职业精神和献身精神，这使他们肩负的责任十分重大。"[1]如何使学生感到学校是一个安全和自在的地方，是自己难以离舍的精神家园，觉得学校充满着创造和快乐，是提升和发展自己的最重要的场所，这是每一名教师义不容辞的责任。关注每一个学生的成长，帮助学生学习和发展，创造有利的学习情境，使教学活动契合学生的需要，最大限度地开发每个学生的潜能，等等，是每一名教师最重要的使命和任务所在。只要教师具备了强烈的责任感与使命感，就意味着他时时刻刻都会关注学生的需要，尤其是关注学生的精神需要，并随时准备为之采取相应的积极行动。

(三) 教师的职业良心

现代社会的经济和科技迅速发展、日新月异，人类在物质领域创造了足以傲视前人的巨大财富和成就。在社会日益现代化的今天，经济杠杆的作用和市场化的发展，使得学校教育的商业化色彩日趋浓厚。在一些人眼里，教育活动正在转变为一种商业行为：学校是一种商业服务机构，学生和家长是学校的顾客，教师是教育机构中的营销人员，其职责就是出卖文

---

[1] 教育——财富蕴藏其中：国际21世纪教育委员会报告[M].联合国教科文组织总部中文科,译.北京:教育科学出版社,1996:137.

化知识，销售自己的智力和学识，师生之间的关系与营销者和消费者之间的关系并无二致。

这种状况显然不但与社会对教师的期待背道而驰，而且是与教师的职业良心格格不入的。作为教师，尤其是优秀的骨干教师，在自己的内心深处，应当时时刻刻有一杆"良心之秤"，要能够经常扪心自问，自己的一言一行是否与教师的职业角色相称，是否与为人师表的社会期望相悖。只有如此，才能有效抵御各种金钱和物质的诱惑，面对各种消极的社会环境因素和不良风气的侵袭而能够保持自己的率真和执着，真正担当起教书育人的神圣职责。

四、对待自己的道德

教师职业的特殊性在于，教师的工作对象是人而不是物，教师是塑造学生心灵的工程师，是学生精神世界的建设者。教师除了将知识传授给学生外，还需要用自己的德行、操守影响学生，学生从教师那里学到的不仅有知识，而且要学会如何做事做人。所以，教师与学生之间存在着表率与效仿的关系，教师的言行对学生的发展有着重大的影响，任何一名教师都肩负着教书和育人的双重责任。这自然地就意味着每一名教师必须以严格的标准来规范自己的一言一行，教师也因此必须持续不断地发展和提升自己，实现自我突破和自我超越。

要成为具有自我提升能力的优秀教师，首先必须加强自身的品德修养，提高自身的思想境界。诚实守信、谦虚谨慎、表里如一、言行一致等，都是优秀骨干教师必须具备的最基本的品质。教师尤其要注重言传与身教的统一，为学生的言行举止树立榜样，凡是要求学生做到的，自己首先必须做到，切忌对他人严苛而对自己宽容。同时，要养成良好的学风。教师的良好学风，是指教师在面对学术问题时，能抱持科学、严肃、谨慎的态度，对于任何学术问题，都要经过周密的思考和论证，才能提出答案，做出科学、规范的回答。教师对待科学和学术问题的这种严肃认真的态度，会潜移默化地影响学生，促使学生逐渐养成勤于思考、努力探索、一丝不苟的严谨学风和习惯。

第二章 教师专业发展的主要影响因素

教师专业发展是一项复杂的系统工程，是多方面因素共同作用的结果。如同一般生物的成长总要受到自身内部因素和多种外部因素的影响一样，教师个体作为专业人员，在其专业发展过程中，要受到内外部多种因素的制约和影响。

一般来说，教师专业发展的制约和影响因素主要来自两个方面，一是个体自身因素，二是外部环境因素。

第一节 影响教师专业发展的个体因素

在普通教师成长为优秀教师的过程中，影响其成长的个体自身因素，不但涉及个人所拥有的文化资本因素，而且涉及职业发展动机、学习与认知能力、人际交往能力、人格魅力、自我评价等因素，它们为教师的成长和发展提供了相应的内部条件和基础。

一、教师个体拥有的文化资本

当代法国著名学者布迪厄在其《资本的形式》一文中，阐述了有关文化资本的理论。布迪厄对文化资本的存在状态进行了分析和讨论，他认为，文化资本主要包括三种形态：①形体化状态的文化资本，如言谈举止、仪表风度、修养和情趣等；②客观化状态的文化资本，如书籍、绘画、艺术器具等；③制度化状态的文化资本，如文凭、证书等。

在影响教师发展的个体文化资本中，尤为突出的是制度化状态的文化资本。当然，形体化状态和客观化状态的文化资本对教师的成长会产生一定程度的影响，本书不一一阐述，在此仅就制度化状态的文化资本对教师成长的影响进行分析。

按照布迪厄对文化资本的界定，制度化状态的文化资本是需要通过学术资格和教育制度凭证加以认定和说明的文化资本形式，主要指的就是教师通过教育获得的学历证书、资格证明等，具体而言，诸如教师的学历证书、学位证书、教师资格证书、普通话等级证书、英语等级证书、计算机等级证书等与学校教育相关的资格凭证，都属于制度化文化资本的范畴。可以说，教师个体所拥有的制度化文化资本，所代表的是作为一名教师必须具备的"硬性"条件，自然也是普通教师成长为骨干教师必须具备的基本条件。

教师个体所拥有的制度化文化资本的状况，与其能否很好地承担和胜任教师工作，有着十分紧密的关联。这是因为，诸如文凭等制度化状态的文化资本，在很大程度上代表着一个人的素养和能力状况，虽然在这两者之间并不能够简单地画上一个等号。在通常的情况下，教师所拥有的制度化文化资本越是雄厚和丰富，如学历越高、各类证书越多，一般而言，意味着其素养和能力越是过硬，而这正是高质量地完成教育教学任务的前提条件。大量研究表明，教师拥有良好的教育背景、较高的学历、良好的素养和能力，对于保证教学质量和提升学生的学业成就有着显著的影响。较之受教育程度低、学历低的教师而言，受教育程度高、学历高的教师，所掌握的知识更加丰富和渊博，其教育素养更高，教学质量更加理想，学生在学业上取得成功的可能性更大。从这一点可以看出，一个普通教师要想成长为骨干教师，必须不断提升自身的制度化文化资本，只有教师的制度化文化资本得到提升，自身的"硬件"得到增强，才能更好地承担和胜任本职工作，更好地促进学生的发展。

制度化文化资本对普通教师成长为骨干教师的重要意义和价值，主要表现在以下几个方面。

第一，教师的制度化文化资本是学校聘用和评价教师的重要依据和手段之一，也是教师实现专业发展的基础条件之一。在当今社会，学校与社会上的很多用人单位一样，在选聘教师的时候，经常会面对数量庞大的应聘人员。那么，如何判断或者说用什么标准来判断应聘人员的实际能力和水平，并做出最终的录用决定呢？通常，在这个过程中，应聘者所拥有的制度化文化资本是会产生重要的作用的，具有较高的权威性和被广泛认可的学历学位证书、教师资格证书等相关凭证和证书，自然而然地会成为学校选聘教师的重要依据之一。也就是说，拥有制度化文化资本的状况，会在很大程度上成为一个应聘者能否获取教师职业岗位的重要的决定性条件。我们在各大中型招聘会上就经常可以看到这样的情景，高学历者和名牌高校的毕业生往往会受到招聘单位的青睐，在应聘时抢占先机。这充分说明，个人拥有制度化文化资本的状况是学校聘用教师的重要依据之一。

拥有制度化文化资本的状况，会影响教师的职业发展。拥有丰富的制度化文化资本的教师，在进入学校后通常会有更好的职业发展前景。当教师进入一所学校之后，他们将要面对学校的一系列评价，除了教学工作评价、班级工作评价之外，教师最关注的莫过于自己职称的评审和认定，这不但关系到学校、同行及社会对教师的专业工作水准的认可，而且与教师个人的切身利益息息相关。人们不难发现，在职称评审和认定中，教师的学历等制度化文化资本因素，无疑是一个很重的砝码。

第二，制度化文化资本在很大程度上代表着教师的个人能力与水平，与教师的教学质量和业绩等密切相关。制度化文化资本一般需要通过接受正规教育才能获得，它代表着一个人接受正规教育的程度和状况。不同的教师个体之间，由于接受正规教育状况的差异性，导致他们在制度化文化资本的获得上存在着差异，诸如学历、毕业院校、相关证书的含金量等方面都各不相同。而从某种程度上来看，教师的制度化文化资本获得状况，既是对教师过去的个人实力的一种证明，又是对个体未来职业工作的质量与水平有着重要影响的一个因素。教师职业的专业化，是当今时代教育改革与发展的必然要求。"教师职业专业化就是教师职业训练、职业能力和从教过程的专门化、熟练化、程式化和独到化。它使从业者摆脱了活动的随意性、尝试性和经验性，使活动得以高质量、高效率地顺利进行。"[①]在高度专业化的教育教学工作中，拥有丰富的制度化文化资本的教师，他们在教育教学上会具有显著的优势，他们思维敏捷，知识结构相对完善，更易于接受新鲜事物，科研能力更强，因而也就更容易取得优异的教育、教学

---

① 柳海民.教育理论的诠释与建构[M].合肥:安徽教育出版社,2009:302.

和科研成绩，成为学校发展所依赖的骨干力量。

第三，教师的制度化文化资本状况对学生的学业成绩具有重要影响，并由此反作用于教师的专业发展。教师是科学文化知识的传播者，是精神文明的建设者，是塑造学生灵魂的"工程师"。一方面，教师拥有丰富的、优质的制度化文化资本，意味着教师较好地掌握了专业知识以及教育理论基础知识，能够较好地将教育理论运用于教学实践过程，在课堂教学中能够运用生动、丰富、形象的语言讲解教学内容，用科学的教学方法为学生答疑解惑。这样，学生的学习动机和学习兴趣可以得到有效激发，思维处于积极活跃状态，学习效率也会提高。那么，他们的知识掌握和能力发展就会达到较为理想的状态，学业成绩就会得到提高。因此，可以认为，教师拥有丰富的、优质的制度化文化资本，是提高学生学业成绩和促进学生更好地发展的一个重要的有利条件。另一方面，学生学习成绩的不断提高，反过来又会进一步激发教师的工作热情和成就动机，促使普通教师持续不断地学习和进取，进一步提升自身素养，不断地完善自我，这样无形中又会为教师的成长与发展增添巨大的动力。

第四，教师制度化文化资本的拥有状况，对教师参与教育教学改革具有重要影响，进而影响到教师的专业发展。众所周知，教育教学改革成功与否的关键，取决于教师的参与状况。要推进教育教学改革，就必然涉及转变教师的思想、理念以及由此而支撑的行为表现等。教育教学改革的最直接、最主要的参与力量是教师，任何教育教学改革、课程改革等，都需要通过教师去实现。而在改革过程中，相比较而言，拥有丰富的制度化文化资本的教师，由于他们的知识面相对更为广泛，更乐于也更容易接受新事物。因此，他们会抱持积极的态度、期待的心情，满腔热情地迎接和参与教育教学改革，投身教育教学改革的浪潮之中。而这一点既会对改革的顺利推进有重要影响，又必将对教师自身的专业发展产生深刻的影响。

二、职业发展动机

人们每天都在从事着各种各样的活动。在这些活动中，有些活动是一种短暂的行为，在任务完成之后就宣告结束；有些行为则需要长时间持续地存在，并长期保持某一种状态。而无论是短暂的行为，还是长期持续的行为，其存在都必然离不开一定的原因，这个原因在心理学中就被称为动机。

动机是推动人从事某种活动，并朝一个方向前进的原动力。它是为实现一定的目标而行动的原因。动机激励着人们将意识转化为行动，驱使着人们不断地进取和奋斗，依靠自身的努力去实现某些既定的目标。

根据动机的起因，可以将其区分为内部动机和外部动机。内部动机是指个体基于对所从事的活动本身的浓厚兴趣或者认知而产生的动机。它直接与活动本身有关，源自个体对活动本身的兴趣和意愿。外部动机则是指由某些外在的诱因所引发的动机，即由个体所从事的活动以外的刺激或原因而产生的动机。也就是说，活动本身并不能给个体带来直接的满足，但通过这种活动可以产生另外一些外部效应，个体基于对这种外部效应的追求而产生的动机，就是外部动机。例如，有的人之所以努力工作，并不是因为对工作本身具有浓厚的兴趣，而是为了争取"先进工作者"的荣誉称号，或者是为了避免遭到上级的批评和惩罚，而不得不去努力完成工作任务。

如果我们把动机看成人们行为产生的主要原因或者说动力，并由此推及教师的职业发展动机，那么，可以说，教师的职业发展动机就是促使教师个体全身心投入教育教学工作，并为之不断付出、辛勤劳作的力量源泉，对教师的职业活动起着发起、维持、调节和推动作用，并强化教师在职业活动中的积极性、创造性的动力支持系统。

教师的职业发展动机同样包括内部动机和外部动机两个方面。教师基于对教学工作、对学生以及对教育事业的兴趣和热爱等所产生的工作动机，就是教师职业发展的内部动机，它反映了教师对教育工作的内在需要和价值取向，对教师的教学行为具有重要的激励和导向作用，是促进教师成长的内在的根本动力。教师职业发展的外部动机一般是指教师基于获得他人的尊敬和认可、追求工作的业绩和荣誉，或者基于自身职务、职称晋升的需要等产生的动机。例如，基于取得一定的工作成就的需要，很多教师会持续不断地努力钻研和进取，并取得优异的工作业绩。这些动机是教师职业发展的外部动机，与对教育工作本身的兴趣并没有什么直接的内在联系。正如美国心理学家克罗切菲尔德所指出的：人可能因金钱之类的需要而从事工作。也可能受地位或与他人交往的需要所驱使，也可能受自我提高或自我保护的需要所驱使……它只是完成工作任务的手段，而不是工作本身。

　　无论是教师职业发展的内部动机，还是外部动机，都会直接影响教师工作的态度以及相应的教育行为表现，对教师的专业成长产生重要的作用。从教师的专业成长过程来看，教师的职业发展动机是制约普通教师成长为骨干教师的重要个人因素之一。普通教师要成长为骨干教师，需要在漫长的教师职业生涯中持续不断地学习、探索和进取，不断地改进自己的工作方法，完善自身的工作能力，提高教学的质量与水平。而这些目标的实现都不是一朝一夕的事情，需要持之以恒的努力，因而需要依靠教师强烈而持久的职业发展动机的支持。

（一）教师职业发展的内部动机

1. 对教育事业和学生的挚爱

　　教育事业是关系国家兴衰成败、民族生死存亡的事业。而教育的兴衰，则取决于教师。教师的工作既是神圣的和艰苦的，又应该是温暖的、人性化的。教师要想做好教书育人的工作，固然需要甘于寂寞、甘于清贫、任劳任怨，但更重要的是必须充分调动自己的积极情感，形成强烈、稳定、持久的内部动机，用浓厚的兴趣、炽热的情感去对待这份事业。教师只有发自内心地热爱教育事业和教师工作，才能真正做到持续地、执着地专注于工作，才能甘愿为教育事业全身心地投入，才能从自身的工作中获得愉悦和满足感，而不是"春蚕到死丝方尽"，"蜡炬成灰泪始干"的疲惫或悲悯感。

　　教师对学生的热爱，即师爱，是教师热爱教育事业的重要表现之一。对学生的热爱，能够将教师对教育事业的爱展现得更加生动、具体和淋漓尽致，而不是停留在比较抽象的层面。

　　大凡热爱教育事业的教师，都必然热爱自己的学生，也只有热爱学生的教师，才能真正将教育工作当作一项崇高的事业去对待。

　　爱是一门艺术。能爱是一种本能，善爱则是一种修为。教师不但要能爱，而且要善爱。也就是说，教师需要在给予学生关爱的同时，能够注意爱的方式和方法，要能够善于观察学生，善于发现学生的优点，善于肯定和赞扬学生。教师要爱学生身上的每一个闪光点，爱学生成长过程中的每一次微小的进步、每一个不显眼的积极变化，爱他们的善良、纯真，等等。爱要持之以恒，也要一视同仁，面向全体学生。诚然，"白天鹅"固然美丽、可爱，但"丑小鸭"似乎更需阳光和关注，多给他们一份爱心、一声赞美、一丝微笑、一个赞许的眼神，他们将会茁壮地成长，获得一片更加美丽的蓝天。

古人云：亲其师，信其道。教师热爱学生，用真诚的爱去感染学生，对学生倾注全部的热情，当学生以其特有的敏感体验到教师润物细无声的关爱时，就必然会对教师产生敬意与信赖，从而非常乐意敞开心扉去与老师接触，认真诚恳地接受教师的教诲，努力学习、通过自己的实际行动回报教师的爱。

可见，师爱能够促使教育过程中的师生关系，由"我"与"你"的关系，变成"我们"的关系，这不但对于促进学生的发展具有重要意义，而且教师会从这种亲密无间、和谐融洽的人际关系中受到激励和鼓舞，从而更加坚定做好教育工作的信心，以更饱满的热情教书育人。

总之，教师对教育事业的热爱和学生的爱，不但是社会对教师提出的必然要求，而且是促进教师专业成长与发展、促使教师不断迈向新的成功的强烈而持久的内部动力因素。

2.强烈的自我专业发展意识

教育是一个可以促使教育者和受教育者日趋完美的职业，而且只有当教育者自觉地完善自己时，才能有利于受教育者的发展与完善。如果教师自身缺乏强烈的自我专业发展意识，没有追求自我完善、自我价值实现的需要，就不可能提高个体存在的价值，更谈不上推进人类社会的发展。

一般来说，在人的整个发展和成长过程中，自我发展意识是起着至关重要作用的一个因素。这是因为，自我发展意识不但能把个体自身与外部世界联系起来，而且能够把自身的发展当作自己认识和自觉实践的对象，建构自己的内部世界。一个人只有具备了强烈而清晰的自我发展意识，才能够在完全意义上实现自主发展与成长。

教师的自我专业发展意识是教师所特有的对自身专业发展的认知和思考等，它是自我发展意识在教师职业中的具体体现，是教师专业发展的动力源泉。教师的自我专业发展意识，包括对自己过去专业发展过程的意识，对自己现在专业发展状态、水平、所处阶段的意识以及对自己未来专业发展的规划意识等多方面的内容。它是一个多维度、多层次的心理活动系统，这个活动系统对人的心理和行为都产生巨大的制约和影响，在某种程度上决定着教师个体的行事风格，对教师的发展起着至关重要的作用，它不但像桥梁一样连接着教师自身和外界环境，而且能帮助教师把自身的认识、自身的情感、自身的行为当作认识和实践的对象，不断构建自身的主观内部世界，从而使自身的发展成为可能。当教师在自我专业发展意识支配下成为具有自我专业发展需要的教师，才可能有意识地寻找学习机会，才可能明确自己到底需要什么，今后朝什么方向发展以及如何发展等，才可能成为一个自我引导学习者。

众所周知，教师所进行的教育教学工作是一项极为复杂的活动，不但需要长期的专业学习过程，而且需要有丰富的教育教学实践，这种长期的学习和实践过程，必然需要一种发自内心的专业自觉以及持之以恒才能完成。显然，在这个过程中，教师主动、自觉的专业发展意识就显得尤为重要。只有具备自我专业发展意识的教师，才会产生内在的强大的专业发展动力，才能努力学习和获取更多的专业知识，不断追求进步，才能真正提升自我、发展自我、完善自我，激活和升华自己的生命活力，在工作中表现出更强的创新力和竞争力。相反，如果教师缺乏自我专业发展意识，过着"当一天和尚撞一天钟"的日子，那么，他就不可能很好地实现自身的价值。

毋庸置疑，教师的自我专业发展意识是教师真正实现自主发展的基础和前提，它有助于强烈而持久地保持教师对自身工作的责任感和信念，使教师能够及时地了解专业发展的最新动向，对自身教育教学实践进行客观的分析和反思，并进行不断的学习，弥补自己在专业知识结构和能力方面的不足，明确今后发展的方向和目标，真正成为一个持续发展、永不止步的优秀教师。

（二）教师职业发展的外部动机

在教师的发展与成长过程中，内部动机无疑是起着主导作用的，但是，教师职业发展的外部动机的作用是不容忽视的，它会对教师的行为起到激励和制约等作用。尤其是在教师职业发展的初期，一些教师由于存在较多的不适和矛盾，往往比较急切地希望证明自己的实力，使自己能够尽快得到外界的认可，特别是学校和家长的认可。于是，学校领导的欣赏、学生的喜爱、家长的认同、荣誉的获得等，都有可能成为教师在这一阶段职业发展的外部动机。

当然，在上述外部动机的激发下，很多教师会付出辛勤努力，去丰富自身的知识储备，促进自身的专业成长，会认真地对待教育教学工作，争取出色的工作业绩。但当教师经历了初期阶段，其工作能力和业绩等相应地都已经获得了一定的社会认可，到了专业成长的中期和后期，外部动机对于教师专业成长和发展所起的作用，相对而言就会有所削弱。这时，他们就需要更多的内部动力，来激励自己不断地创造更好的成绩，取得更大的成就。

其实，任何一个人受到外部动机的作用，都不可能像受到内部动机的作用时那样，把全部时间和精力都长期地、持续地放在某一件事情上。当一个人仅仅依靠外部动机来维持和推进其行动时，一旦失去了某些外部诱因，行动就不再能够持续下去。有的人只要一有机会，就有可能会放弃行动，如果出现什么干扰，就会把它当作借口而停止行动。从这个意义而言，教师职业发展的外部动机应该在适当的时候，及时转化为内部动机，这样才能更加有利于教师的专业成长与发展。

三、学习和认知能力

教学活动是一项复杂程度很高、兼具科学性与艺术性特征的活动。在教学活动中，教师对教学目标的确立、教学内容的设计、教学方法及策略的选择，教学进程的安排及调控以及在课堂教学过程中表现出的机智，无不依赖于教师的学习和认知能力。这里所说的学习能力，是指教师在一定学习环境下，根据已有的教育教学知识，运用观察力、注意力、记忆力、思维力和想象力等，来获取新知识的一种能力。认知能力则主要是指教师对教与学的行为、教育活动中发生的关键性事件以及教学情境进行感知、理解、判断、决策、解决的能力。可以说，任何教育教学活动的进行，都离不开教师的学习和认知能力。

教师应该如何发展？向何处发展？如何才能达到预期的成长目标？应当如何妥善处理在成长过程中遇到的各种矛盾与困难？这些问题的有效解决，都需要教师个体具有较强的学习和认知能力。教师学习和认知能力中的某些品质，固然与教师个体的先天禀赋有着一定的关联，但可以肯定的是，教师学习和认知能力的形成与发展，更重要的是需要通过不断地钻研教育教学理论知识以及对他人教学经验的吸收与内化才能实现。

是否具备较强的学习和认知能力，是影响教师专业发展与成长的重要内部因素之一。

（一）学习和认知能力影响教育机智的形成与发展

教师的教育机智是教师在教育教学过程中的一种特殊能力，它是指教师基于对教学活动的敏感性，能够对教学过程中根据突发的、意料之外的情况，迅速、正确地做出判断，随机应变地及时采取恰当而有效的教育措施，以解决相应问题的能力。教师的教育机智是教师良好的综合素质和修养的重要的外在表现，是教师娴熟运用综合教育手段的能力。

在日常的教育教学活动中，教师面对的是一群生动活泼、充满朝气、各具独特个性的学生，这就必然导致教育情境的错综复杂和随机事件的频繁发生，教师随时面临着延续或改变当前教育活动等一系列问题。这些问题的顺利解决，都需要依赖教师的教育机智。而教师教育机智的形成与发展，依赖于其学习和认知能力。学习和认知能力不同的教师，在教育机智上亦有不同的表现。当他们面对教育过程中各种意外的、突发的事件，诸如学生在课堂上出现扰乱教学秩序的行为、学生在考试和作业中出现的个性化答案等，都会有不同的反应，做出不同的决策，采取不同的应对方式。

例如，在模范班主任毛老师的班上，举行了一次"我们是红军的新一代"诗歌朗诵比赛，一个有先天生理缺陷、吐字不清的学生小吕，在同学的带动下走上讲台，他一口气吐出"长征路上"四个字后，好不容易才把"百花开"三个字说出来。这时，毛老师发现坐在本班末排座位的一个学生努着嘴在学他，眼看他再继续朗诵下去，就会引起哄堂大笑，这样既会影响比赛的效果，又会伤害朗诵同学的自尊心。毛老师立刻用眼神示意同学们鼓掌。掌声一停，毛老师鼓励大家说："同学们，小吕同学决心学习红军不怕困难的精神，上台来朗诵，这很好！看到同学们有困难，我们应该怎么办？""帮助他！"同学们大声回答。"对！一个人有困难，大家来帮助，这才是红军的好作风。好，我们大家和他一起来朗诵。"顿时，整个教室响起响亮的朗诵声。朗诵完毕，小吕激动地走回自己的座位。

不难看出，在这个过程中，毛老师对教育过程中的突发事件做出了正确的认知、判断和决策，使问题解决在萌芽状态中，并巧妙地运用了教育机智，既保护了学生的自尊心，又保证了教育活动的顺利开展，很好地完成了教育任务。

有一位教育家曾说："不论教育者是怎样地研究教育理论，如果他没有教育机智，他就不可能成为一个优秀的教育实践者……"这句话很好地说明了一个道理：只有具备了教育机智的教师，才能对学生的活动和课堂的情境进行敏锐的观察，对各种突发事件做出准确的判断，并及时采取妥当的措施进行处理，合理地调控教育教学进程，最终顺利地实现既定的教育目标。

而教师教育机智的形成和发展，在很大程度上是与教师的学习和认知能力相联系的。教师的学习和认知能力的强弱，会直接影响其教育机智的形成及发展水平。

（二）学习和认知能力影响教师的教学效能

美国教育学者格利克曼曾指出："教师的认知水平有三个等级：低、中、高。低认知水平的教师，其思考教学问题较具体、简单，且局限于为数不多的几个方面。而高认知水平的教师则对问题进行抽象思考，着重理解问题之间的关系。因而，后者的教学常表现出这样的特征：教学方法的可变性与适应性，提供的学习情境的多样性，学生学习问题处理的有效性。"①显然，具有较高认知水平的教师相对于较低认知水平的教师，在教学活动中具有明显的优势，可以发挥更大的作用，在教学方法的灵活运用、教学情境的创设、解答学生的疑问等方面更能够得心应手，更能够从多维的、相互联系的角度去思考、理解、加工课堂教学的内容和素材。当课堂上出现问题时，那些拥有较高认知水平的教师，更善于选择新的教学策略，唤起学生的注意，给学生以积极的反馈，不但能够很好地解决课堂上出现的各种问题，而且能够充分地利用课堂上出现的问题，引发学生的积极思考。

英国学者哈尔维的研究则表明："处于高度抽象水平的教师往往更灵活应变（如在改进教材方面足智多谋），较少专制和惩罚……这样的教师所教的学生比那些处于具体思维水平上的教师教出来的学生更加专注，更加主动，更有协作精神，因而也更有成就。"②亨特和乔伊斯的研究则发现："抽象水平高的教师往往更爱思考，他们更能利用学生的参照系，来鼓励提问题和假设。"③可见，在研究者们看来，教师的认知能力、思维品质和水平，对教学活动质量与效果的影响是非常重要和显著的。认知能力强、抽象水平高的教师更善于灵活应变，在改进教学方面足智多谋，他们乐于接受挑战，善于思考，喜欢对未知事物进行大胆的想象和推测，在课堂上能够充分尊重学生的个体差异，采取更为宽容的态度对待学生的行为，能更好地培养学生的创新思维，为学生营造良好的学习氛围和广阔的发展空间。

因此，可以认为，具有高度抽象能力、较高认知水平的教师，其教学活动的效率和质量通常会更胜一筹，他们能在充分尊重和考虑学生个性差异的前提下，更好地调动学生学习的积极性，培养学生学习的兴趣，锻炼学生的创造性思维，教会学生如何学习，促进学生的全面发展。而在促进学生全面发展的同时，具有较好学习和认知能力的教师，通过与学生在教学活动中的互动，自身也可以获得更好、更快的成长与发展。

总而言之，教师的学习和认知能力关系到教师对教育目的、教学内

---

① 胡谊.专家教师的教学专长的知识观、技能观与成长观[J].华东师范大学学报（教育科学版），2000,18(2):64.

② 瞿葆奎.教育学文集:第12卷 教师[M].北京:人民教育出版社,1991:232-233.

③ 瞿葆奎.教育学文集:第12卷 教师[M].北京:人民教育出版社,1991:233.

容、教学策略、学生观等方面的深刻理解和认识，影响到教师对课堂教学的感知、理解、判断和决策，进而会影响到教学的效能以及学生的发展。应当说，教师的学习和认知能力对教师的发展起着至关重要的作用，是影响教师成长的重要内部因素之一。

四、人际交往能力

人际交往是人们社会生活的重要内容之一，自我发展、心理调适、各种不同层次需求的满足、人际关系的协调等，无一例外，都离不开人际交往。它不但是维系和发展人与人之间相互关系的纽带，而且是个体心理健康发展的基础和必要条件。马克思指出，一个人的发展取决于和他直接或间接进行交往的其他一切人的发展。教师的工作性质和职业特点，决定了其必须与学生、同事、学校领导、家长以及社会上与教育有关的其他众多人员建立起密切的人际交往关系，这自然就要求教师具有良好的人际交往能力。

教师这一具有独特性的社会个体与其他人员之间的关系能否很好地处理，在很大程度上会影响到教师对待教学工作的积极性和热情，教师教学工作的成效，教师的心理健康状况以及对自我的认同，等等，进而会影响到教师的专业成长。恰当地处理这些人际关系，能使教师保持健康的心理和乐观的精神状态，在积极愉快的心态下开展教育教学工作，可以在一定程度上缓解和消除教师的职业倦怠感。而要能够很好地处理各类人际关系，则必然要求教师具备良好的人际交往能力。

具备良好的人际交往能力，是普通教师成长为骨干教师的必备条件。如果一名教师不喜欢与他人交往，或者不善于与人交往，仅仅只是凭借自己内心世界的感觉和意识去决定"教什么"和"如何教"，去进行一切的教育教学活动，这只会使教师的教育教学脱离正常的轨道。一个自我封闭、两耳不闻窗外事，不与学生、同事、家长进行交流、沟通，只凭自己的个人认知去开展教学工作的教师，是远远不能保证高质、高效地完成教育教学任务的，也是绝无可能从一个普通教师顺利地成长为骨干教师的。

教师成长过程的顺利与否，在很大程度上取决于他们能否在教育教学的过程中与学校领导、教育同行、社会各界，特别是与学生和学生家长建立起密切的、良好的人际交往关系。成功的教师必然能够与学生、家长、领导、同事和其他社会相关的人员建立健康、积极、良好的人际关系。从这一点来看，我们甚至可以说，凡是事业成功的教师，都是人际关系方面的专家。

在教师的人际交往关系中，教师与学生、同事、领导之间的关系是教师在学校必须处理的主要人际关系，而且它们在很大的程度上直接影响和制约着教师的职业工作。因此，良好的人际交往能力，无疑是普通教师成长为优秀教师的重要影响因素之一。

（一）与学生交往的能力

在教师进行的诸多交往活动中，师生交往是最基本、最普遍、最重要也是最为活跃的人际关系之一。教师的工作对象是学生，教师的主要活动就是对学生施加一定的影响，教师的教育教学效果在很大的程度上取决于师生交往关系的状况。

师生交往中的一个核心问题，是教师要把学生看成真正意义上的"人"，教师应当意识到，师生之间只有价值的平等，而没有高低、尊卑之分。他们都是教育活动中的主体。正如后现代主义课程的代表人物之一威廉姆·多尔所说的那样，教师是"平等中的首席"。而学生作为教育活动的参与者、实践者、思考者和创造者，同样是具有人格尊严的独立主体。

教师与学生之间的关系，不但是主体间相互交往的关系，而且是一种潜在的教育力量。在学校的教育教学过程中，良好的、和谐的师生关系，可以产生巨大的教育力量。在师生交往过程中，学生会以其敏锐的感知力，察觉教师对自己的关心和爱护，也会由此对教师心生感激、崇拜和敬意，并在教育教学过程中竭力配合教师的工作，很好地完成教师布置的任务，促使教学工作顺利开展。良好的、和谐的师生交往关系，可以潜移默化地影响学生的情感、态度和价值观，在不知不觉中促进学生的发展。

当然，在教育教学过程中，学生并非良好师生关系的单方面受益者，教师同样会从这种积极的人际关系中体验到莫大的愉悦和幸福感，师生间融洽的互动关系，会极大地增强教师工作的积极性和动力，促使和激励教师更加满腔热情、专心致志地投入工作，取得更为出色的工作业绩。

当前，随着素质教育和课程改革的深入推进与发展，教师与学生在相互交往过程中的平等地位正得到越来越多的强调和重视，如何建立良好的、和谐的师生关系，受到各方面越来越多的关注。因此，在全面实施素质教育和推进课程改革的今天，教师努力提升自己与学生的交往能力，促进良好师生关系的建立，就显得尤为重要和迫切。良好的师生关系不但是保证教育教学工作顺利开展、提高教育教学质量的需要，而且是促进师生共同成长与发展的需要。

（二）与同事交往的能力

国外曾有不少研究者对中小学教师之间的关系进行了深入的分析和研究，并提出了很多重要的观点。例如，有的研究指出，在中小学教师之间，普遍地存在着多种"非正式"的人际交往规则，如"平凡的规则"、"讥讽的规则"等。所谓"平凡的规则"，主要是指同事之间彼此都期望对方在学校工作中的表现能够与自己保持步调一致，不希望对方在工作中表现得过于突出和优秀，因为这样便会使自己显得较为平庸。所谓"讥讽的规则"，则是指在教师群体中，那些对教学工作特别投入的教师，如每天到校很早、花大量时间指导学生、牺牲休息时间准备教具等，这样的教师往往会受到一些同行的冷嘲热讽。

当下，虽然素质教育和课程改革取得了一定的成效，但是由于教育资源分配不均，致使家长对优质教育资源的争夺依然激烈，分数依然是影响升学率的重要因素之一，甚至是衡量教师教学质量高低的主要标准，这些导致学校和教师面临的升学压力依然存在。在这样的背景下，教师之间不可避免地会面临竞争，甚至引发利益冲突，因而，所谓"平凡的规则"、"讥讽的规则"等多种"非正式"的人际交往规则就会存在。极个别教师之间的互不关心，缺乏理解、鼓励、交流与合作，甚至互相攻击等不友好的人际关系，无疑会给教师带来一定的心理负担和压力，引起教师不愉快的情感体验，不但不利于教师自身素养的提升，而且会使教师过早产生职业倦怠。

因此，教师为了更好地实现自身的专业成长与发展，必须学会与同事建立起积极、健康、友好、合作的人际关系，学会"走向他人"、"理解他人"，学会与具有不同价值取向的教师交流合作。在追求自身专业发展的同时，做到对他人的理解、尊重、宽容和关怀，怀着感恩的心与同事相处，把同事看作自己工作和生活中的知心朋友与伙伴。在人与人的交往中，最重要的莫过于坦诚相待，一个人如果想在交往中得到别人的尊重和信任，首先应该向别人证明自己是值得尊重和信赖的。教师与同事的交往也不例外，"以诚感人者，人亦诚而应之"。教师之间只有坦诚相待、真诚交流，才能消除彼此之间的隔阂，逐渐建构起相互信任的坚实基础，才能更好地相互支持与合作。

教师与同事的良好交往关系，不但可以培养起相互间的深厚情感和友谊，使教师在友好、愉快的人际关系中合作共事，而且可以因此而获得更为丰富的专业发展资源，从而更好地推动自身的专业成长与发展。

（三）与学校领导交往的能力

众所周知，学校这个社会组织是由众多的岗位不同、权力不同、角色各异、分工明确的成员共同组成的。教师在学校的主要人际关系，除了与学生、同事的交往之外，还必须经常与学校领导交往，与其不可避免地发生直接或间接的交往关系。教师与学校领导的交往，会对教师的成长产生巨大的影响。教师和领导都是学校组织的重要成员，都是教育者，从这个意义上来说，二者的交往应该可以归属于同事交往的范畴，所以也理应遵循教师与同事之间交往的基本行为准则。

但是，在学校领导与教师二者之间，除了同事关系之外，还存在领导与被领导、管理与被管理的特殊关系，这就决定了学校领导和教师的关系，不完全等同于一般同事之间的关系。学校领导通常是二者关系的主导方面，处于主动的地位。学校领导与教师之间关系的这种特殊性，自然要求交往双方必须遵循一些特殊的人际交往准则。

教师与学校领导之间良好的人际交往关系的建立，不但是学校发展的需要，而且是双方共同发展的需要。这是因为：其一，学校是教师和领导职业生活的共同场所，双方都希望能够在友好、愉快、和谐的气氛中工作和生活。只有双方建立良好的人际交往关系，才能保证彼此都能够更好地工作和生活。其二，从根本上说，二者的利益获得，都与学校组织目标实现的程度密切相关。因此，双方在根本利益上具有一致性。学校的组织目标是双方都必须共同努力追求的，这在一定程度上决定了两者关系的状况，为了实现彼此之间共同的利益，领导与教师之间必须要建立良好的交往关系。其三，从教师的角度来说，与学校领导建立良好的关系，意味着自己可以获得更多的发展机会、更好的工作条件和愉快的工作环境，能够从领导那里学到一些管理方面的知识，同时，更加便于向领导反馈意见，体现个人的价值。而从学校领导的角度来说，与教师之间建立起良好的关系，有助于充分调动教师工作的积极性，获得更多教师反馈的意见，便于领导者更好地进行学校管理，从而使自己的工作能力得到充分的展示。其四，作为进行塑造人格的教育活动的当事人，领导与教师之间的关系是一种重要的教育影响因素，能够为学生产生重要的示范作用，这种示范作用必然要求教师和领导者建立良好的人际交往关系。

教师在与学校领导交往的过程中，应当特别注意以下两个问题：

第一，尊重和维护学校领导权威，积极支持学校领导的工作，服从领导安排。教师与领导的关系就好像是乐队与指挥的关系。如果乐队的成员各行其是，各自为政，就奏不起动听的音乐。在学校中，如果教师目无领导，则学校的教育教学秩序就会混乱不堪，学校也无从发挥其教书育人的功能。因此，教师要从学校整体利益出发，服从领导的工作安排。在现实中，有些教师认为自己在业务水平上超过领导，因而对领导不屑一顾；有的教师在领导分配工作时挑肥拣瘦，斤斤计较，凡事以自己的私利为重，对不符合自己利益的事情，就不服从领导的安排，甚至公开与领导对抗。诸如此类的目无领导、以自我为中心的倾向，都会在教师与学生中造成不良影响，都应当努力避免。

第二，与领导建立纯洁、高尚的人际交往关系。在现实中，有些教师在与领导交往时，受庸俗的关系学的支配和影响，眼里只有领导手中的权力和自己的私利，在领导面前阿谀奉承、溜须拍马、巴结讨好，帮助领导掩饰错误，夸大领导的优点。有些教师在领导面前唯唯诺诺、没有主见、一味盲从，即使明知领导做出的某些决策是错误的，也依旧服从领导。教师的这种做法，所反映出来的都是庸俗而不正常的人际关系，都会给学生和学校发展造成不良影响。

总而言之，教师的人际交往既与一般的人际交往有着共同的规律，又因为教师的工作性质和特点而具有自身的独特性，有别于一般的人际交往。教师必须在做好教育教学工作的同时，注意锻炼和提高自己的人际交往能力，这是教师成长与发展的必然要求。

五、人格魅力

人格一词有多种含义。一般而言，人格是指一个人整体的精神面貌，是具有一定倾向性和比较稳定的心理特征的总和，涉及人的性格、气质、能力等多个方面的总体特征。

一个人的人格是在遗传、环境、教育等因素的交互作用下形成的。不同的遗传、生存及教育环境条件，会形成人们各自不同的独特的人格特点。人与人没有完全一样的人格特点。所谓"人心不同，各有其面"，指的就是人格的独特性。但是，人格的独特性并不意味着人与人之间的个性毫无相同之处。在人格的形成与发展中，既有生物因素的制约作用，又有社会因素的作用。人格作为一个人的整体特质，既包括每个人与其他人不同的心理特点，又包括人与人之间在心理等方面的相同之处，如每个民族、阶级和集团的人们，都是有着一些共同的人格特点的。人格是共同性与差别性的统一，是生物性与社会性的统一。

个体在行为过程中偶然表现出来的心理倾向和心理特征并不能表征他的人格。俗话说，"江山易改，禀性难移"，这句话说的是人格具有稳定性特征。当然，强调人格的稳定性并不意味着它在人的一生中是一成不变的，它同时具有可塑性的一面。随着生理的成熟和环境的变化，人格也有可能发生或多或少的变化。正因为人格具有可塑性，才能培养和发展人格。

人格魅力则是指一个人在性格、气质、能力、道德品质等方面具有的对他人的一种吸引的力量。如果一个人能受到别人的欢迎、接纳，那么他实际上就具备了一定的人格魅力。在当今社会中，为人处世的基本要点之一，就是要具备较强的人格魅力。

教师的人格就是教师个体在性格、气质、能力等方面的心理特征的总和。是教师在社会和教育环境的影响下，在自己的教育教学实践过程中，通过自我体验、修炼和内化所形成的独特心理品质，是教师满足生存、成长和实现自我价值的必要条件之一。教师人格赋予了教师个体生命以鲜明的本我色彩和独特风格，对于具有极大可塑性的学生来说，一方面，教师的人格魅力能够有效地感染和影响学生个性特征的形成；另一方面，教师的人格魅力有利于促进良好师生关系的建立，促进教学工作的顺利开展，进而能够促进教师的专业成长与发展。

当今社会是一个与时俱进、不断发展、富有生机与活力的社会，也是一个可以充分展示自我、张扬个性的社会。健全的人格是一个人很好地融入当今社会所必需的通行证。然而，健全的人格不是凭空拥有的，它需要在一定的教育引导和环境影响下才能形成与发展。而教师作为一种承担教书育人责任的职业，作为学生的主要教育者和交往对象，应当义不容辞地担负起塑造青少年儿童健全人格的重要使命。

教师职业是太阳底下最光辉的职业，教师是人类灵魂的工程师。对这一职业的责任和工作性质的理解，不能完全停留在传道、授业、解惑这一层面上。教育活动的"育人性"特点，决定了教育工作的性质带有强烈的示范性、引导性。对教师而言，需要明确的是，作为学生的主要教育者，教师自身的一言一行所散发出的人格魅力，都会对学生的成长和发展产生直接、重大而深远的影响。而且，这种影响会贯穿教育过程的始终，甚至贯穿学生的一生。

尼采曾说，要提高别人，自己必须是崇高的。苏霍姆林斯基也说过，形象地说，学校好比一种精致的乐器，它能奏出一种和谐的旋律，使之影响每个学生的心灵。但要奏出这样的旋律，必须把乐器的音弦调准，而这种乐器是靠教育者的人格来调音的。由此就提出了一些问题，即学生是怎样看待教师的？他们在教师身上看见和发现了什么？每一个教育者和整个教师整体在学生面前表现了人的品质的哪些方面？能够迫使每一个学生去反思自己，思考自己的行为和管住自己的那种力量，首先就是教育者的人格——他的思想信念，他的精神生活的丰富性，他的道德面貌的完美性。因此，要培养学生的健全人格，其最重要的前提之一，就是教师必须具备健全的人格，能够严以律己、宽以待人、以身作则、为人师表。只有具备人格魅力的教师，才能引导学生的人格向更好的方向发展。

俄国教育家乌申斯基说过，在教育工作中，一切都应以教师的人格为依据。因为教育力量只能从人格的活的源泉中产生出来，任何规章制度，任何人为的机关，无论设想得如何巧妙，都不能代替教育事业中教师人格的作用。事实的确如此，任何一个学校，绝不是仅仅依靠严格的纪律规定和要求，就能保证教育教学的质量。同样，任何一名教师，也绝不是仅仅依靠简单的说教和灌输，就可以达到教学的目标。在教育过程中，教师人格魅力的感染和陶冶作用，是任何时候都不能忽略的，它可以对学生健全人格的形成和身心的全面、健康发展，产生潜移默化的熏陶和影响。

青少年学生正处于迅速成长的时期，他们具有很大的可塑性，也具有很强的模仿力。在这一时期，他们需要确立自己的人生目标和发展方向。而教师的人格魅力恰恰能为学生提供效仿的典范。在学校中经常会出现这样一种情况，有一些学生因为受到教师人格魅力的感染，从此树立自己未来要当一名教师的理想。在这一过程中，教师的人格就成为学生行为的具体参照，学生会对照教师的言行举止进行自我反思，并把教师的人格特征内化为自己的行为品质，促进自身的成长。

教师乐观的情绪，顽强进取的心态和意志品质，严谨的治学态度，教学的智慧以及为教育事业无私奉献的精神等人格因素，本身就是激励学生的重要手段和动力，它能有效地激发学生身上潜在的积极因素，促使学生朝着教师期望的方向和目标发展。当教师崇高的理想、乐观的情绪和敬业精神等作用于学生，并得到学生的认同时，学生就会通过效仿和内化吸收，将其转变成为一种激扬澎湃的内驱力，驱使自身努力学习和进取、不断地完善自我。

学生大部分的时间都在直接或间接地与教师接触，学生把教师的言谈举止看在眼里、记在心里。诚如我国老教育家孙敬修先生指出的那样，老师的一言一行对孩子都是很有影响的，孩子的眼睛是"录像机"，耳朵是"录音机"，脑子是"电子计算机"，录下来的信号装在计算机里，储存起来，然后指导他们的行动。可见，教师在举手投足间所展现出来的人格魅力，是影响学生发展的重要因素。学生在学校的表现，他们在学习和生活上的追求与理想，都会在很大程度上受到教师言行的影响。因此，每一位教师每时每刻都应该注意自己的言行举止，给予学生积极的、正面的、健康的影响，引导他们健康地成长。

富有人格魅力的教师就如同一个强大的磁场，能将学生紧紧地吸引和凝聚在他的周围，使学生形成强大的向师性，虚心聆听他的教诲；富有人格魅力的教师能以其独特的教育教学风格，活跃课堂气氛，使学生在一种轻松、愉快的氛围里学习；富有人格魅力的教师善于通过特定的教育教学情境的创设，使教师与学生达到心与心的交融；富有人格魅力的教师，能使学生对教师的内积于心的情感迁移成为热爱学习、探求真理的优美情愫，推动教育教学工作的顺利开展；富有人格魅力的教师，会在学生当中形成崇高的威信，能够始终保持对学生的强大影响力，最终顺利地完成各项教育教学任务。

总而言之，作为一名教师，具有丰富的知识储备、娴熟的教学技能固然重要，但是，教师的人格魅力的作用和影响应受到足够的关注。每一名教师都必须牢记自己的使命，重视自己的一言一行，加强自身的人格修养，提升自己的人格魅力，用自己高尚的人格去感染学生，促进学生健全人格的形成与发展。

六、自我评价

自我评价是指主体对自己思想、愿望、行为和个性特点所做的判断和评价。自我评价属于人的自我概念的重要内容之一。迄今为止，它已成为哲学、心理学、社会心理学、教育学、文化学、价值学等多个学科关注的热点话题之一。自我评价不但具有促进自我发展、自我完善、自我实现的功能，而且具有重要的社会功能，它能够极大地影响人与人之间的交往方式，决定着一个人对待他人的态度，影响到一个人对他人的评价。

教师的自我评价，是指教师通过自我认知，进行自我分析，从而达到自我提升的过程。它首先需要教师具有一定的自我认知能力，包括对自己的工作职责和义务、专业水准、人际关系等多方面的状况有所认识，对自己的素质和能力缺陷以及工作中存在的问题的认知，等等。其次，需要教师有一定的自我分析能力，能分析和找出自己存在问题的原因。最后，要找到实现自我提高的途径。

对教师来说，自我评价就是教师不断进行自我认知、自我诊断、自我预测、自我反思、自我教育、自我调节、自我完善的过程，它是一种教师自主发展的机制，贯穿于教师职业生涯的始终。当然，它也在自始至终地影响着教师的教育教学工作，影响着教师专业发展的进程。

自我评价对教师专业发展的影响及意义和价值，主要表现在以下几个方面。

（一）促进教师的角色内化

如前所述，教师的自我评价离不开教师的自我认知和了解。而在教师的自我认知和了解中，教师对自身所扮演的角色的认知和了解，则是其中重要的组成部分。

"角色"一词最初源自戏剧表演，后来，在社会学研究中引入了这一概念。社会学研究中的角色概念，是指个体在特定的社会关系中的身份及由此而规定的行为规范和行为模式的总和。

社会对于每一种角色都有相应的行为期待，或称角色期待。对教师这样一种特殊的社会角色，社会同样对其有一定的角色期待。而作为教师自身来说，了解这种角色期待，把这种外在的角色期待内化于心，即实现所谓的角色内化，并以此来规范自己的行为，是十分重要和必要的。

美国教育社会心理学家林格伦指出："一名教师在教室里所要了解的第一件事是了解他自己，……教师需要了解他们自己的行为正如像他们需要了解他们所教的学生那么多。"[1]这里的"了解自己"蕴含两个层面的意思：其一，了解自己的学养、能力、性格、特长、不足和缺陷等自身特质；其二，了解自己所从事的工作——教师这一职业的特性，了解教师在教育场域中所扮演的角色以及社会对这一角色的期待和要求，等等。

正确认识和了解自身所扮演的角色，并很好地实现角色的内化，是教师进行一切教育教学活动的基础，也是教师专业成长与发展的基础。教师只有深刻地、准确地理解和把握角色的期待与要求，才能够懂得如何更好

---

[1] 林格伦.课堂教育心理学[M].章志光,张世富,肖毓秀,等译.昆明:云南人民出版社,1983:659-660.

地与学生相处，如何尊重、理解学生，如何善待学生，如何站在学生的角度去分析和考虑各种问题，从而促进学生更好地发展，并与此同时，不断促进自身的发展。

从一个普通教师成长为优秀的骨干教师，是一个十分漫长而艰辛的过程，需要教师不断地将自身的行为表现与社会对教师的角色期待进行对照、比较和分析，并在此基础上形成科学的自我评价和判断。通过这种自我评价和判断，可以促使教师进一步把角色期待、职业规范等内化为自己的信念和行为准则，不断地调节和改进自己的教育教学行为，及时反思和检测自身的教学效能状况及发展目标的实现程度等，从而不断推动自身的专业发展。

（二）有利于教师的自我鞭策，为自身发展增添内部动力

教师的自我评价是主体对主体自身进行的一种评价活动。在自我评价中，教师既是评价的对象，又是评价的主体，集评价者和被评价者于一身。

与外部评价不同的是，教师的自我评价作为一种自觉的、积极主动的自我发展机制，是促进教师专业成长的重要的内部动力。教师在自我评价过程中发现的自身的差距以及由这种差距而产生的心理态势，会鞭策教师不断地奋发努力和进取。通过自我评价，教师的自觉性、积极性、主动性会不断地得到激发和提高，会从内心深处渴望学习、渴望进步、追求卓越，这就必然会促进教师的专业发展，促使自己达到预定的成长目标。

常言道，人贵有自知之明。教师只有对自己的教学实践具有深刻的了解，才能够对自己的表现和行为做出有效的评价。教师通过自我评价，对自己的教育教学工作进行诊断和反思，可以及时找到自己在教学设计、教学实施等各个环节存在的问题，了解自己在教学中的优势与不足。而为了自身的专业发展以及学生的全面发展，教师又会自觉、主动地在日后的教学中及时地吸取经验、教训，改进教学设计、教学方法以及教学的实施，以求提高教学的质量。这样，通过教学设计—教学实施—自我评价的循环，教师可以不断地改正自身的缺点和不足，实现持续的专业发展。从这个意义上说，教师自我评价的过程，就是教师不断自我鞭策、自我激励、

自我提高、自我完善的过程。

被称为美国的"思想巨匠"的史蒂芬·柯维说过：你不可能在一夜之间成为一个行动正确的人，这是持续一辈子的自我更新过程。过去错误的行动态度是"不到破损不堪，绝不轻言修补"。现在正确的行动态度则应该是："如果没有任何破损，那是因为你检查不够周全的缘故。"将柯维的这种自我评价观运用于教师的自我评价，可以认为，教师用严苛的标准来进行自我检视和自我评价，不断地进行自我否定、自我修正，是教师促进自身专业发展的有效途径之一。

（三）促进教师把握人生价值，实现自我完善

自我评价的最高境界，体现为主体对人生价值的理解。"人的价值，从根本上说，就是作为客体的人能够满足社会或他人的需要，也就是人对他人或社会的贡献，是一个人所创造的物质成果、精神成果和提供的服务对他人和社会需要的满足情况。"[1]基于此，我们可以说，人生的价值，就在于个体在满足其自身物质文化生活需要的同时，在多大程度上满足了他人和整个社会的需要。

由此推及教师的价值，可以认为，教师的价值，最终主要体现在是否促进了学生的全面发展，是否为社会培养出了优秀的人才，是否推动了教育事业的发展，是否在此过程中自身得到发展和成长，等等。

当教师在进行自我评价时，教师作为自我评价的主体，将学生的发展以及自身的成长和发展作为评价客体，教师对自我评价过程的亲身实践以及通过该实践获得的经验，对教师的成长和人生价值的选择具有十分重要的意义：首先，它必然会引起教师的教育理念和教育行为的变化，使教师对自身职业的发展充满激情，对实现自己预期的发展目标充满信心，更加热爱教育事业，热爱学生，以更加积极的姿态投身教育事业。其次，教师通过自我评价，能从中了解自我、调控自我、完善自我，更好地把握人生的价值选择，追求合理而正确的人生价值理想，使自己的工作和人生具有更大的意义和价值。

---

① 王玉梁.价值哲学[M].西安:陕西人民出版社,1989:184.

第二节 影响教师专业发展的外部环境因素

在教师专业发展的过程中，由于职业本身所具有的特殊性，自然地被赋予了有别于其他个体的独特的专业发展环境，而这也就自然地意味着，教师的成长会受到诸多特殊的外部环境因素的影响。在这些特殊的外部环境因素中，不但包括国家的教育政策、社会尊师重教的氛围等，而且涉及学校的物质资源与条件，学校管理制度，学校共同体的氛围，教师群体文化等因素。它们为教师的成长和发展提供了物质保证和精神支持，是教师专业发展的重要外部条件。

一、国家的教育政策

所谓政策，是国家政权机关、政党组织和其他社会政治集团为了实现自己所代表的阶层、群体的利益与意志，以权威形式标准化地规定在一定的历史时期内，应该达到的奋斗目标、遵循的行动原则、完成的明确任务、实行的工作方式、采取的一般步骤和具体措施等。从本质上来说，政策是一种具有权威性的社会价值分配方案，是利益分配的观念化、主体化、实践化的反映。

教育政策则是国家和政党为实现一定历史时期的教育发展目标和任务，依据国家和政党在一定历史时期的基本任务、基本方针而制定的关于教育的行动准则，是用来调整教育领域中出现的各种矛盾或者利益关系、实现教育发展目标和任务的行为准则。

以制定目的为标准，可将教育政策区分为：作为纲领性决议的教育政策，作为行动目标的教育政策，作为行动和利益规范形式的教育政策，等等。在我国，教育政策的主要表现形式包括路线、方针、法律、行政法规、规范性文件及规章等，它们可以直接指导各项教育工作的开展。

教育政策可以渗透到教育活动的各个领域，发挥广泛的作用。任何一个国家的教育政策，尤其是有关教师的政策，都是影响教师成长的宏观因素，是教师发展与成长的基本物质和精神保障。

（一）教育政策是教师基本工作和生活条件的重要保障

当今时代，越来越多的国家和政府认识到教育在促进经济和社会发展中的重要地位与作用，因此都在努力发展教育事业，大力推进教育改革。而教育改革的成败与否，关键在于教师。所以，很多国家制定了一系列与教师相关的政策，为教师成长与发展提供了相应的保障，创造了必要的条件。

在我国，为了保障教师的基本工作条件和生活待遇，国家制定了一系列相关的教育政策。例如，早在1994年1月实施的《中华人民共和国教师法》就明确规定：教师的平均工资水平应当不低于或者高于国家公务员的平均工资水平，并逐步提高。2006年9月颁布的《中华人民共和国义务教育法》指出：各级人民政府保障教师工资福利和社会保险待遇，……教师的平均工资水平应当不低于当地公务员的平均工资水平。2012年，国务院颁布的《国务院关于加强教师队伍建设的意见》指出，依法保证教师平均工资水平不低于或者高于国家公务员的平均工资水平，并逐步提高，保障教师工资按时足额发放。健全符合教师职业特点、体现岗位绩效的工资分配激励约束机制。进一步做好义务教育学校教师绩效工资实施工作，按照管理以县为主、经费省级统筹、中央适当支持的原则，确保绩效工资所需资金落实到位。对长期在农村基层和艰苦边远地区工作的教师，实行工资倾斜政策。推进非义务教育教师绩效工资实施工作。

教师的工资问题被反复提出和强调，一方面显示出国家对教师的重视和关心；另一方面，意味着这项公共教育政策由于受到多种因素的制约和影响，在落实上有困难。这不但影响了教师的家庭生活，而且在一定程度上可能会降低教师工作的积极性。

如果国家和政府的教育政策能够保证和满足教师的基本需要，维护教师体面和有尊严的生活，无疑就可以吸引大量有才华的青年人从事教育工作，同时可以为促进教师的专业发展创造必要的物质条件。事实证明，国家通过制定相关的教育政策法规，保证教师的基本工作条件和生活待遇，对于教师队伍整体素质的提升，具有十分重要的意义。

（二）教育政策可以规范、引导和激励教师的专业发展

教育政策规定了教师基本的权利和义务，明确了国家和社会对教师的基本要求。对每一位教师的专业发展具有重要的规范和引导作用。

许多国家的教育政策对各级教师的职责、任职资格等，都做出了明确、具体的规定和要求。在一些国家的教育政策中，对教师专业进行规范和引导的重要方式之一，就是实行教师资格证制度。教师资格证制度是一项针对教师行业的职业准入机制，它对于确定教师的任用标准、提高教师的专业化水平和教育质量具有重要意义。许多国家对教师资格都有十分严格的要求。在法国，教师资格考试与大学毕业考试结合起来进行，学生在通过了大学毕业考试的同时，还需通过教师资格考试，才具备当教师的资格。在日本，《教育职员许可法》明确规定，教育职员必须持有依本法颁布的许可证，方可从事教育工作。

一些国家还专门成立相应的组织，通过制定一系列规范性文件，明确教师的专业标准和职责。如美国卡内基基金会组织的"全美教师专业标准委员会"1989年编制的《教师专业标准大纲》，就是一份有史以来最明确界定教师专业化标准的规范性文件。它强调教师的第一职责是参与并帮助学生的学业与成长，强调教师的教与学的标准内容及知识基础，还特别强调教师对知识的理解和综合利用，突显了教师的"反思性实践者"的角色，等等。这些对于教师的专业发展具有很强的规范和指导意义。美国教师联合会认为，建立一种全国统一的国家证书制度，有助于提升教师的专业地位，规范和拓展教师的知识基础。同时，国家证书为拓展优秀教师在教学中的角色，提升教师的教学专业水平提供了机会。这一政策的教育理念在于，教师教学艺术的复杂性，要求采用以成就为本的评价标准和方法，只有确立这些标准，才能理性地对教师进行判断。

可以说，教育政策对教师的观念、目标和行为等，具有重要的规范和引导作用。它对促进教师的专业认同，确立教师的专业发展目标以及确定为实现这一目标所采取的具体措施和方法、途径等，都会产生重要的影响。

教育政策对教师的激励和促进作用，主要是通过教师考核制度、教师

奖励制度、教师职称评审和聘任制度来实现的。教师考核制度是在对教师专业水平、工作态度、职业道德和工作业绩等方面进行全面了解的基础上进行的评价，对教师教育教学工作取得的成绩予以肯定，并明确其努力方向。同时，考核的结果可以作为教师晋升、加薪和进修的依据，考核的结果与教师的切身利益紧紧挂钩，从而形成激励机制，有助于调动教师工作的积极性。教师奖励制度则是对于在教书育人岗位上无私奉献、取得突出成绩、具有先进事迹的教师，给予表彰、奖励和授予荣誉称号等。教师职称评定和聘任制度是一种人才评价和使用制度，其重点是考察教师已经取得的学术技术成就和工作业绩，评定教师的学术技术及业务水平等级，并做出聘任的决定。这些制度对于促进教师的专业发展，都具有一定的激励作用。

（三）教育政策可以为教师发展营造良好的社会环境

教育政策是以国家大政方针为背景制定的，是社会的主流价值取向。教育政策虽然是针对教育领域相关事宜所制定的政策，但是，它在全社会范围内同样具有不可忽视的影响。其主要表现在，通过教育政策的制定和实施，可以影响社会大众对教育的态度和看法。例如，国家推出的提高教师地位和工资待遇的政策，不但可以直接改善教师的物质生活条件，而且会间接影响人们的就业抉择，吸引优秀高中毕业生积极报考师范院校。此外，还可以促使整个社会形成尊师重教的风尚，为教师的发展创造良好的社会环境。为此，国家和政府不但要在制定相关教育和教师政策方面下工夫，而且要加强对政策的宣传力度，同时加大政策的执行力度，切实把相关政策落到实处。

二、社会尊师重教的氛围

《礼记·学记》说："人不学，不知道。是故古之王者，建国君民，教学为先。"就是说，人不经过学习，就不会明白道理。所以古代的君王，建立国家，统治人民，首先要设学施教。《礼记·学记》还说："君子如欲化民成俗，其必由学乎！"就是说，君子想要教化百姓，并形成好的风俗，就一定要重视教育。孟子也说过："善政不如善教之得民也。善政民畏之，善教民爱之。善政得民财，善教得民心。"就是说，良好的政治手段不如良好的教育手段，政治手段会让民众畏惧，教育手段则可以得到民心。

重教与尊师是不可分割的。我国古代的很多思想家非常重视教师的作用，因此赋予了教师崇高的地位。中国古代一直是"君"、"师"并重，将"师"看作"君"教化于世的代理人，而且认为君主自身的品德修养也离不开"师"的训诫。

尊师是中华民族的传统美德，我国历史上有许多脍炙人口的尊师佳话。如《文苑英华》记载的汉朝苏章"负笈求师，不远千里"，《后汉书·李固传》记载的"李固少好学，常步行寻师，不远千里"，南宋的杨时为求教于理学大师程颐而"程门立雪"，等等。自从孔子在山东曲阜创办第一家私学，尊师之风日益兴起，"一日为师，终身为父"的古训一直流传至今。

我们在继承尊师重教优良传统的同时，应对传统的尊师观有所发展：我们不但要尊重教师个人，而且要尊重教育这个行业；不但要尊重自己的老师，而且要尊重那些没有师承关系的老师。此外，既要尊重那些为教育事业做出杰出贡献、取得突出工作业绩的教师，又要尊重那些平平凡凡、兢兢业业、默默无闻地长期奋斗在教育一线的教师。邓小平同志在《在全国教育工作会议上的讲话》中说："我们要提高人民教师的政治地位和社会地位。不但学生应该尊重教师，整个社会都应该尊重教师。"这种全社会对教师的尊重，将会大大激发每一位教师的自豪感，提升每一位教师的职业认同感。

职业认同感是所有求职人员对拟进入的那个职业应具有的起码的心理品质，一个求职人员如果对即将进入的那个职业没有一点思想准备，他在取得职业岗位之后，很可能会处于一种茫然的状态而无法很好地开展工作。当然，尽管可以有相当一部分求职人员对未来即将从事的职业缺乏起码的思想准备，而是在进入那个职业之后再慢慢地培养，但这种培养毕竟是一个事后的补救措施。教师对自身职业具有了高度的认同感，就意味着教师对自身的职业性质、功能有清晰、深刻的认识，意味着教师把自身职业当成自我价值实现的阶梯，意味着教师的职业意志比较坚定，那么，他就会积极地对待自己的工作，对自己的工作抱有较高的期望，保持快乐的心情，减少调动工作或者离职的倾向。同时，自觉地掌握胜任工作所必需的知识、技能，提升自己的专业发展水平。

在现实社会中，每个人都希望受到他人和社会的尊重，受到尊重意味着自己得到了别人的肯定和认可。社会对教师的尊重，意味着国家、社会和公众对教师的社会价值和地位的认可。教师感受到自身的职业为社会和大众所尊重，在社会生活和交往中，就会产生强烈的满足感和自豪感，就能大大激发教师的工作热情和促进自身专业发展的动力。因此，教师的专业发展离不开社会尊师重教氛围的支持。

当然，应该看到，在过去较长的一段时间内，教师这一职业的专业性曾受到一些质疑。在一些人眼中，担任教师工作似乎并不需要具备多少专业知识和能力。造成这种质疑和误解的主要原因，一是教育的广泛性定义把任何有目的地对人施加的影响都囊括进了教育当中，似乎人人都可以为师；二是在师资力量匮乏的时期，有不合格的人员进入了教师队伍，导致教师队伍整体素质下降。所以，要更好地促进教师的专业发展与提升，除了需要提高教师职业的准入门槛外，还必须在全社会范围内继续大力营造尊师重教的良好风气和氛围，加大宣传力度，努力提高社会公众对教师职业不可替代性的认识，让教师职业的专业性深入人心。

三、学校的物质资源与条件

学校的物质条件通常指的是学校所拥有的各种硬件的状况，如校园校舍、办学经费、图书馆藏书、实验室及其仪器设备、多媒体网络等维持教师和学生基本工作和学习的硬件的状况。

教师的成长既受到教师自我提升要求的影响，又受到学校物质资源与条件等外部环境因素的制约与影响。工作环境的好坏会直接影响教师的工作满意度以及职业目标的确定。良好的工作环境，可以极大地激发教师的工作积极性，为教师制定更高的职业发展目标提供必要的基础。

丰富的学校物质资源与条件，有助于扩大教师的职业视野。教师是文化科学知识的传授者，教师的专业提升依赖于自身知识的不断更新。所以，学校有义务为教师的知识更新提供必要的条件。藏书丰富的图书馆、畅通的校园信息网络等，有助于教师不断地扩大职业视野，激发教师浓厚的学习兴趣和强烈的探索欲望，不断为其专业发展注入新的活力。在今天这个信息技术飞速发展的时代，信息资源的充分交流，可以使教师及时接触学术前沿的科研信息，提高自身的科研水平。面对不断增长的新知识和不断出现的新问题，教师需要转变观念，要从以往的被动接受式学习转变为主动探索式学习，成为自觉学习型的教师，提高终身学习的意识和能力。

丰富的物质资源与条件有助于提高教师的教学效果。教师的教学需要以一定的教学物质条件作为基础，教学物质条件包括完成教学任务所必需的各种设施和设备。丰富多样的教具、学具、标本，先进的教学设备等，有助于教师更好地传授知识，使教师在教学过程中做到融科学性、直观性、趣味性于一体，在课堂上达到事半功倍的教学效果。所以，学校必须努力增加经费投入，配备各类设施和教学设备，为教师提升工作绩效创造必要的硬件条件。如果一位教师无法从工作过程中获得较高的效能感和成就感，他就会觉得职业工作索然无趣、枯燥乏味，这就会极大地打击教师的工作积极性。学校能够为教师发展提供的物质资源，在很大程度上影响到教师自我发展目标的设定，充分的物质资源和保障是教师加快专业发展步伐，不断确立新的、更高水平的发展目标的重要条件之一。

总之，教师是依附于学校而存在的，教师任教的学校是教师专业学习和自我发展的主要场所，是教师专业素质形成和发展的重要环境，也是教师专业成长和成熟的重要基地，教师的成长和发展是一个漫长而复杂的过程，受到宏观、中观和微观等多方面因素的影响。学校不但要培育学生成人成才，而且要扩展其基本职能，为教师提供良好的专业发展环境，培育优秀的教师，让教师拥有一份专业生活的创造激情和职业生命的尊严。

四、学校管理制度

曾经有一项研究，就以下八个因素在教师心目中的地位进行调查：①学校的生活条件；②教师之间的关系；③学校的教学设备；④领导的作风好坏；⑤学生的知识基础；⑥在学生中的威信；⑦工资的高低；⑧一般人对教师职业的看法。调查结果显示，在所有调查内容中，"领导的作风好坏"在接受调查的中小学教师心目中的地位居于首位①。由此可见，一所学校管理者的工作作风和管理方式，对教师的发展和影响是何等重要。

学校管理是管理者以国家教育政策为指导，对学校系统内部人、财、物、事等进行计划、组织、协调和指挥、控制的过程。为了达到科学管理的目的，每所学校都会制定一系列的管理规章和制度，设置专门的组织机构，用以保证学校各项工作的顺利进行。但是，无论采取什么样的管理方式，学校的任何工作都离不开人的操作，所以"人的因素"是影响学校管理效果好坏的最重要的因素。怎样充分发挥人的效能，有效调动广大教师的积极性，是全面实现学校管理目标的关键所在。

效力高的学校组织与效力低的学校组织的一个关键变量是组织中的管理者。管理者的观念和行为，对于下属成员彼此之间、成员与团体之间怎样相处以及对于组织活动的最终结果，都会产生重大的影响。学校的管理制度作为学校管理者引导和影响组织及其成员实现预期组织目标所采用的方法和形式，通常也蕴含着管理者的人性假设和思维方式，渗透和体现了管理者的基本理念。

从现实的情况来看，学校的管理制度大致可分为三类。

（一）独裁的管理制度

独裁的管理制度又称专制的管理制度。在这种管理制度下，管理者为了达到预期的组织目标，在管理方式上对成员经常采用强迫、控制、威胁、惩罚等手段加以管理。采用这种管理制度的管理者的人性假设是：没有人生来就喜欢工作，员工都会尽可能地逃避工作，员工没有多少雄心壮志，宁肯被迫服从，也不愿意主动承担责任。

这种管理制度强调严格监督员工的必要性和在组织中实行层层监控的必然性，管理者的官僚主义情结严重，组织机构等级森严。伦西斯·利克特和塞基欧万尼·托马斯等人把这种管理制度的特点概括为：特别强调权威；常常运用恐吓、威胁和惩罚，偶尔使用奖励等方法来激励教师；对教师缺乏信任，往往把上级决议强加给教师，因而教师很少参与决策；领导

① 周作云,罗好裕,刘笃诚.教师心理学概论[M].成都:成都科技大学出版社,1988: 179.

与教师的交往较少，即使有交往，领导也带有优越感；教师普遍非正式地反对管理者提出的目标。不难推断，独裁的管理制度难以调动教师的工作积极性和主动性，教师被过度控制，受到严重压抑，他们在严苛的制度和规则下试图创造成果，往往只能增加挫败感和疏远感。即使是那些"天生"适合做教师的人，也只会感受到学校生活的被迫和无奈，想要跳出教学生活圈另谋出路，一些教师会加入学校中的非正式组织，或者想要进入学校的非教学阶层的权力集团，以达到在教育行业内部改变自己身份的目的。这不但会严重影响教师的专业成长，而且是非常不利于学校发展的。

在思维和行事的方式上，独裁的管理者倾向于用简单的、非黑即白的方法去思考问题，无法容忍对事情和问题的多元化观点或多种解释，习惯于将复杂问题简单化，希望找到一种绝对的解决问题的办法。为凸显自己的权威和为个体的满足而行使权力，经常拒绝接纳，甚至排斥和打压与自己意见相左的人。

独裁的管理者在对下属实行粗暴管制的同时，往往在上级面前是俯首帖耳、唯命是从、奴性十足的，这样的管理者很难获得教师发自内心的尊敬和支持。如果教师每天面对的是一位自己无法信任的上级，如果教师不能向学校的管理者表达自己的意愿和意见，他就会在日常工作中退缩不前、瞻前顾后，当然更不会为工作甘于奉献，付出忠诚、热情和努力，也无法激发其内在的职业发展动力。

（二）民主的管理制度

美国心理学家勒温和他的同事曾致力于组织氛围和领导风格的研究。他们发现，团体的领导者们并不是以同样的方式表现他们的领导角色，不同的领导者通常有不同的领导风格。这些不同的领导风格对团体内部成员的工作绩效和工作满意度，都有着不同的影响。

勒温将领导风格区分为专制型、民主型和放任型三种，这三种不同的领导风格具有不同的特征，会造成三种不同的团体氛围和工作效率。（见表1）

专制型的领导者只注重工作的目标，仅仅关心工作的任务和效率，对团队的成员不够关心，被领导者与领导者之间的社会心理距离较大，领导者对被领导者缺乏敏感性，被领导者对领导者存有戒心和敌意，群体成员容易产生挫折感和机械化的行为倾向。民主型的领导者则注重对团体成员的工作加以鼓励和协助，关心并满足团体成员的需要，营造一种民主与平等的氛围，领导者与被领导者之间的社会心理距离较近。在民主型的领导风格下，团体成员有较强的工作动机和责任心，团体成员自己决定工作的方式和进度，工作效率较高。放任型的领导者采取的则是无政府主义的领导方式，对工作和团体成员的需要都不重视，无规章、无要求、无评估，工作效率低，人际关系淡薄。

表1

领导风格	专制型	民主型	放任型
权力分配	权力集中在领导者个人手中	权力在团体之中	权力分散在每个员工手中，采取无为而治的态度
决策方式	领导者独断专行，所有的决策都由领导者自己做出，不重视下属成员的意见	让团队参与决策，所有的方针、政策由集体讨论做出，领导者对员工加以指导、鼓励和协助	团队成员具有完全的决策自由，领导者几乎不参与
对待下属的方式	领导者介入具体的工作任务中，对员工在工作中的组合加以干预，不让下属知道工作的全过程和最终目标	员工可以自由选择与谁共同工作，任务的分工由员工的团队来决定。让下属员工了解整体的目标	为员工提供必要的信息和材料，回答员工提出的问题
影响力	领导者以权力、地位等因素强制性地影响被领导者	领导者以自己的能力、个性等心理品质影响被领导者，被领导者愿意听从领导者的指挥和领导	领导者对被领导者缺乏影响力
对员工评价和反馈的方式	采取"个人化"的方式，根据个人的情感对员工的工作进行评价。采用惩罚性的反馈方式	根据客观事实对员工进行评价。将反馈作为对员工训练的机会	不对员工的工作进行评价和反馈

勒温等人尝试将不同的成年人训练成不同风格的领导者，让他们担任课外兴趣活动的管理者，分别管理不同的青少年。实验结果发现，在工作时间和工作任务相当的情况下，不同风格的领导者所带来的工作质量和绩效存在显著差异：放任型领导者所领导的群体的工作绩效低于专制型和民主型领导者所领导的群体；专制型领导者所领导的群体与民主型领导者所领导的群体工作绩效大体相当；民主型领导者所领导的群体的工作质量与工作满意度更高。

基于这一实验结果，勒温等人认为，在通常的情况下，民主型领导者以及民主管理制度在提高工作质量和工作满意度方面，可以起到更大的作用。

民主管理制度的支持者一般所依赖的人性假设是：人不是生来就厌恶工作的，人是主动的，是具备创造力和想象力的，人的行为受动机的支配，最有效的动机是自我满足和实现。在适当的条件下，人就会努力地工作，自觉履行自身各项义务，自我确定目标以取得更好的工作成绩并获得奖励。以这种人性假设为基础，管理者应当采取引导的方法，充分调动员工的工作积极性，为他们发挥自己的创造力创造条件，这样不但可以顺利达到预期的组织目标，而且可以让员工获得自我满足感，实现个人价值。因为个体满足感必须从个人完成重要工作中获得，所以管理者在管理中要将注意力集中于确定一个值得努力的目标，致力于维护互相信任、互相尊重的氛围。

塞基欧万尼·托马斯和伦西斯·利克特等人基于这种人性假设，强调在学校管理中，教师应该参与学校管理决策，通过此类参与，让教师对自己的工作产生更强的责任心，获得自我提升的动机。管理者和教师之间要有友好的相互交往，学校管理过程中要做好信息的充分沟通，管理者与教师之间要有高度的信任。对控制过程实行普遍负责制，赋予教师工作更高的自主权。

民主管理制度能够充分考虑教师参与学校的管理和决策，为每位教师才能的充分发挥营造良好的环境，可以大大提升教师工作的满意度，不断激发教师自我提升的内在动机。

在一所实施民主管理制度的学校中，校长和教师之间相互信任、相互尊重，这种相互信任和尊重，会通过学校内部的规章制度、管理措施、人际关系等各方面体现出来。当一位教师感受到自己能够参与学校管理决策，感受到自己的意见得到组织的重视并被组织所采纳，感受到自己所在的学校有一套赏罚分明的激励机制，感受到自己在教学工作中拥有更多的自由和自主权时，他的职业倦怠感就会降低很多，内心深处努力进取的动力就会被彻底激发出来。这是因为，学校组织让他相信，自己本人以及自己所做的一切，对这个组织都是不可缺少的。

（三）权变的管理制度

1976年，美国尼勃拉斯加大学教授卢桑斯出版了《管理导论：一种权变学说》，系统介绍了权变管理理论，提出用权变理论可以统一各种管理理论的观点。

权变管理理论认为，管理是由很多动态的因素组成的，在学校的管理中，没有哪一种管理制度是绝对有效的，管理制度的有效性取决于灵活的管理方法。在一种情境里，某种管理制度是有效的，而在另一种情境里则是无效的，有经验的管理者的行为，在很大程度上是随着情境的特征而变化的。有效的管理通常能让职位权力与团体认可的权威结合起来，让被管理者主动去做管理者所要求的事情。管理权威的维持需要被管理者心甘情愿地服从，而不是采用强迫之类的粗暴方式获得屈从。从本质上说，管理者和被管理者的关系，是在追求共同目标的过程中，或者至少是参与制定共同目标的过程中，使具有不同动机和不同潜力的人相互作用。所以，管理可以视为一个过程——在一定的情境中通过影响被管理者达到预期目标的过程。

在权变理论看来，学校的管理者在管理过程中不但要考虑学校的需要，而且要关心教师个人的需要，并以此为基础，决定采取何种管理制度。实际上，要更好地实现组织的目标，必须适当地将学校和教师个人的需要结合起来。虽然学校拥有许多监督和控制教师的方法，例如减薪、纪律处分、辞退、晋升、加薪等等，可以将教师的需要并入学校的需要之中，但是要想强制性地将教师的需要同学校的需要真正结合起来，则是不可能实现的。学校目标的实现，不但要靠组织的力量，而且要依靠每位教师的努力，关键是要依靠教师们的合作精神和凝聚力。所以，在实现学校目标的时候，必须考虑教师个人的需要和目标。

一般说来，在工作中有两种因素可以影响人的行为动机：一种是维持因素，如工作条件、工资福利待遇、人际关系等；另一种是激励因素，如工作的成就、工作的满意度、责任的大小、职位的提升等。当工作缺乏维持因素或处于否定状态时，教师会产生不满意感，但如果仅仅满足于维持因素，并不能保证教师工作的持久努力。只有当激励因素存在，并且在工作情境中处于被肯定状态时，教师才会产生满意感，才会更加努力。

所以，管理者的行为是否有效，在大多数情况下，不但取决于管理者自身的管理方式，而且会受到被管理者和周边环境的影响。换言之，如果学校回报教师的工作仅仅出于一种维持的层次，是无法激发教师的工作热情的，也是无法满足教师更高层次的需要的。在学校管理制度制定的过程中，采用何种管理制度才能最有效地促进学校工作的顺利进行，不但与学校的管理者的个人特征及领导方式息息相关，还与学校组织内部的教师密不可分。所以，作为学校管理者，应当充分了解教师的需要状况，针对教师的需要和实际发展状况，采取最合理的管理方式和管理制度，充分调动每位教师的积极性，最大限度地发挥其聪明才智，为教师创造良好的成长环境，促使每一位普通教师都能通过专业提升，成为优秀的骨干教师。

五、学校共同体的氛围

德国社会学家腾尼斯在其《共同体与社会》一书中，提出了共同体的概念。滕尼斯使用"共同体"这一概念的目的，在于强调人与人之间的紧密关系、共同的精神意识、对团体的共同归属感和认同感。滕尼斯认为，从发生的角度来看，共同体可以分为血缘共同体、地域共同体和精神共同体等。他认为，精神共同体是一种最高形式的共同体。

共同体作为一个生机勃勃的社会有机体，一般至少具有以下两个特征：

第一，共同体是一个温暖而舒适的场所，它就像一个能够遮风避雨的家。在共同体中，成员之间相互了解。成员之间即使偶尔会有争吵，争吵双方的目的也是为了共同体变得更加美好，成员之间从来都不希望对方遭遇厄运。

第二，在共同体中，成员可以互相依靠。如果有人跌倒了，其他人会帮助他重新站起来，而不是抛弃他。如果成员犯了错误，他会真诚地坦白并道歉，人们会满怀同情地原谅他。当成员面临困境的时候，其他人会伸出援助之手帮助他摆脱困境，并且不会寻求回报。对于学校内部的成员来说，学校就是一个共同体，在成员与成员之间，成员与学校之间都有着千丝万缕的联系。学校是社会大系统中的一个子系统，创造并维持着一定的环境，在这个子系统中，人们相互影响，相互作用，从而形成学校共同体的特定氛围，即学校氛围。

学校氛围是指在一所学校内部形成的，笼罩在学校整体环境中，体现学校所推崇的价值观念、传统习惯及行为方式的精神格调。学校氛围作为一种无形的心理和精神因素，虽然无法直接看得见、摸得着，但是，学校内部的成员可以深切地感受到它的存在，它对于内部成员的思想境界、精神追求、态度和行为等，都能够产生重要的潜移默化的影响。对教师而言，学校氛围无疑是教师成长和发展的重要的外在影响力量。

良好的学校氛围一般具有以下的特点：

第一，学校内部各个部门、各个岗位之间分工明确，部门之间、上下级之间、教师之间能够相互协调、相互支持、有效沟通，进而产生合力，达成组织目标。不会发生相互推诿、相互排斥等情况。

第二，学校组织具有强大的凝聚力，每个成员都被组织所吸引，热爱组织并希望留在组织中，且以高昂的士气、高涨的热情，为实现学校组织目标而努力工作。

第三，学校能够有效利用人力资源，使所有学校成员都感到在工作中能够实现自我价值，能够得到成长和发展，组织成员都表现出幸福感和满足感。

第四，当外部环境发生变化时，学校组织具有自主适应能力，能够及时进行调整，制定新的目标，不断创新，持续发展，与外部要求保持协调一致。

一所学校特有的氛围与学校的管理者的管理理念密切相关。具有民主管理理念的学校管理者，尊重学校组织内部成员的情感和人格，努力营造一种相互理解、相互信任、相互关心、相互支持的心理环境，使所有成员都具有一种以学校为中心的共同价值取向，从而可以有效地激发成员的主观能动性，形成巨大的集体合力。这样的学校能够赋予教师主人翁意识和强烈的责任感、使命感，让教师自觉地与学校融为一体，主动关心和维护学校的荣誉与发展。

巴克曾从"生态心理学"的角度，分析了组织环境对人的行为方式的影响，认为这种影响力可以克服组织内部成员之间复杂的个体差异，使人们表现出相互一致但又与一般人相异的行为方式，让人们一看到他们的行为，就能确认出这些人是属于哪个特定的组织。

哈尔平和克罗夫特曾运用"组织气氛的描述性问卷"来调查和研究学校氛围。他们的研究认为，在宽松、开放的学校氛围中，校长的言行对教师而言，是一种官方角色与其个性特点的一种自然而然的有机结合。在这种学校氛围中的特征是：校长工作时精力充沛，以身作则，关心教师，处处为教师着想，给教师以合理的引导，校长不需要对教师严加管束，即可做到令行禁止；教师对工作满意度极高，士气高昂，能够认真、负责地完成工作，并且非常主动地克服工作上的困难和挫折。哈尔平和克罗夫特还指出，与宽松、开放的学校氛围的特点相反，封闭性的学校氛围具有以下特征：校长和教师对工作漠不关心，教师敷衍塞责，不能团结协作做好工作；校长对人冷淡，只会一味地督促教师努力工作，漠视教师的个人福利；校长武断决策，工作无主动性，缺乏独创精神，常把学校发生的问题归咎于不可控的客观因素。在这样的氛围中，教师毫无成就感，对工作毫无满意度，最后纷纷离职而去。

学校氛围是学校内部长期形成的特性，是一所学校长期历史积淀的产物，也是学生成长和教师发展的重要生态环境。它无"形"而有"象"，弥漫于学校组织之中，像一只无形而有力的巨手，在暗中把持和操纵着学校的运行和发展。它可以被内部成员切身感受到，并对内部每一个成员的观念和行为产生重要的影响，达到对内部成员的同化和规范作用。这种氛围一经形成，就会保持相对的稳定，持续不断地对教师产生熏陶和感染作用，规范着教师的行为方式，影响着全体教师的精神状态和人格面貌，促使学校所有教师表现出某些共有的气质和风度等。

人的思想观念和行为方式是可以从人与环境的相互作用这一角度来加以解释的，对人的观念和行为的研究，离不开对其发生的环境进行研究。这是因为，人的思想观念和行为方式不但是由其个体特性引起的，而且受到个人周围环境的影响。一位新任职的教师在进入一个完全陌生的学校时，他的思想观念和行为方式可能会与学校的要求存在很大的差异，但随着时间的推移，在学校氛围的感染下，他会逐步接受学校的价值取向和行为要求，表现出与学校氛围相一致的思想观念、行为方式和工作作风等。

良好的学校氛围是一种引力场,可以凝聚人心、形成合力,可以熏陶浸染、润物无声,它是学校最宝贵的资源,更是学校的一种形象、一种气质、一种个性、一种特色、一种品牌。有着良好氛围的学校,必定高雅圣洁、魅力无限、独秀群芳、成就卓越。

良好的学校氛围是教师成长的肥沃土壤,是教师心理上和情感上的重要支持力量。学校中和谐的人际关系,民主、开放的学术氛围,规范、严谨的教风、学风,公平、公正的竞争机制和注重发展的评价机制等,既有利于学校工作的推进与革新,直接影响着学校的发展方向和速度,又能不断激励教师持续成长和发展,为教师提供富有挑战的工作机会,提高教师的向心力、凝聚力,减少教师的疏离感。毫无疑问,良好的学校氛围是促进教师专业发展的重要微观环境条件。

六、教师群体文化

文化是一个非常广泛的概念,如果想给它下一个严格和精确的定义,是一件非常困难的事情。不少哲学家、社会学家、人类学家、历史学家和语言学家,一直努力试图从各自学科的角度来界定文化的概念。然而,由于他们理解文化的角度不同,所下的定义也不尽相同。据统计,有关文化的各种不同的定义至少有两百多种。可以说,迄今为止,文化仍没有获得一个公认的、令人满意的定义。

文化是一种社会现象,是人们长期创造形成的产物。同时又是一种历史现象,是社会历史的积淀物。在人类社会中,文化是一个无孔不入、无处不在、无时不有的极其复杂、庞大的综合体系。学术界一般把文化区分为广义和狭义两种。广义的文化一般指人类在长期的社会实践中所创造的物质财富和精神财富的总和。狭义文化主要是指社会的精神文化,即社会的意识形态,如科学、哲学、道德、法律、文学、艺术、宗教、传统习俗、思维方式等。物质文化是以其物质存在的方式(实体性、可视性、触摸性)而表达的人类作为。精神文化则是以精神"存在"的方式(虚构性、看不见、摸不着)而表达的人类作为。

在文化这一概念之下,还可以区分出多种不同的亚文化。亚文化又称小文化、群体文化或副文化等，是一种与主文化相对的局部的文化现象，是在主文化或综合文化的背景下，属于某一区域或某个群体所特有的价值观念、行为方式和生活习惯等。一种亚文化中，不但包含着与主文化相通的价值观念与行为方式，而且有属于自己的某些独特的价值观念与行为方式。

亚文化有着多种不同的类型。罗伯逊曾将亚文化分为人种的亚文化、年龄的亚文化、生态学的亚文化等。如年龄的亚文化可分为青年文化、老年文化；生态学的亚文化可分为城市文化、郊区文化和乡村文化等。此外，在亚文化中，还可以区分出不同的职业群体的亚文化，如教师亚文化、医生亚文化、工人亚文化、农民亚文化等。由于亚文化是直接作用或影响人们生存的社会心理环境，其影响力往往比主文化更大，它能赋予人们一种可以用来辨别身份和所属群体的特殊的精神风貌和气质。

教师亚文化又称教师群体文化，是教师这一特殊的职业群体在长期的教育实践过程中形成的、代表教师职业群体共性的价值取向和行为特征。从理念层面来看，教师亚文化是教师职业群体在学校环境中逐渐形成的对教育的信念、价值观和教师的专业精神等，这种信念、价值观和专业精神是一种重要的精神导向，虽然教师对此可能没有明显的察觉，但它时时刻刻都在对教师的教学行为产生着深刻的影响。从实践层面来看，教师亚文化主要是指教师在一定信念、价值观和专业精神指导下形成的行为方式与习惯。

教师亚文化既与社会的整体文化有着密切的联系，又体现了教师群体独特的价值取向、审美意识、社会行为、角色扮演等方面的个性特征。它的形成和发展一方面受到社会整体文化的影响，另一方面是教师群体进行文化选择的结果。

教师亚文化与其他职业群体的亚文化相比，既有其积极、值得肯定的一面，又有其消极、封闭、保守的一面。就教师亚文化的封闭性和保守性来说，有研究指出，教师们一般都不欢迎他人介入自己的课堂教学，同事之间也往往不愿意去干预他人的课堂，他们相互之间恪守着"互不干涉"的原则。显然，这种封闭性的教师文化潜在地排斥开放与合作，使教师的教学趋于彼此孤立的状态。同时，由于传统的教师工作在很大程度上依赖的是经验的积累，而不是专业智能的提升，因此教师们普遍不希望自己多年积累的丰富经验受到挑战和冲击，于是并不主动追求革新，这就使得教师文化呈现出一定的保守色彩，也因此而使得教育教学的改革经常难以在教师身上得到最终的落实。

哈格里夫斯曾经对一些学校中存在的保守的教师文化进行过深刻的揭露和批评。他指出，在一些学校中，教师为了躲避长期的计划，拒绝与同事合作，拒绝参与学校的决策，以便在时间和资源上获得"边际改进"，使他们自己的个人课堂教学更容易些。这使得课堂日复一日地孤立起来，学校被分割成一个个孤立的课堂，教师彼此互不干涉，导致教师之间的比较和合作举步维艰。

利伯曼等人对教师工作的调查结果显示：很多教师是以孤立的方式进行工作的，教学实际上是一项孤立的事业。在教学中，如此多的人在如此狭小的空间和紧凑的时间内完成如此一致的使命，但它是在自我迫使和职业认同的孤立之中进行的，这可能是个最大的讽刺——同时也是教学的最大悲剧。对于那些封闭、孤立地工作的教师来说，虽然他们几乎天天见面、彼此交流，但是他们很少运用交流的机制来创建合作的教师文化。

麦克弗森的研究显示，大部分教师彼此之间的交流，通常很少涉及教学事务，他们一般对教学实践问题避而不谈，所讨论的话题主要围绕政治、家庭生活、个别学生的行为等，而不是围绕课程、教学内容或教学方法。之所以会造成这种状况，也许是因为学校文化反对教师谈论教学的失败，某个教师提出问题就有可能被他人看作寻求帮助，而教师寻求帮助则意味着公开承认自己无能或教学水平低，甚至表明自己教学的失败。这种风气严重阻碍了教师的开拓与探索精神，泯灭了教师试图提出批判性问题的任何冲动。对于正处在建立专业自信过程中的教师而言，由于他们担心请求帮助会被解释为"专业能力不足"，所以他们只能在封闭的环境中自我摸索或者保持现状，这是非常不利于教育教学的改革与创新的，这既阻碍了教师之间的正常交流，又让教师难以体验彼此的激励、支持和赞赏，严重影响了教师的进步和发展。

约翰·古德莱德通过对教师孤立的工作状态的调查发现，造成教师孤立工作状态的原因，在于大多数学校的校长只待在自己的办公室里，极少为教师提供教学上或道义上的支持，而教师们总是各自待在各自的阵地，担心侵害了其他教师的尊严。他认为，教师不但因为和学生一起在课堂的斗室之中陷于孤立，而且他们不能得到一些了解他们工作的人的支持，同情他们的工作，愿意帮助并确实给予帮助[①]。长期在孤立、封闭的状态中工作的教师，专业发展会停滞不前，甚至产生职业倦怠等严重后果。

虽然教师的教学工作在孤立的状态中可以完成，但是，从教师专业发展的角度来看，教师的专业提升完全依靠自身的努力是不够的，任何一名教师都很难在孤立的环境中大幅度地、快速地提高自己的教学能力和水平，教师的发展离不开同事的帮助，他们要在专业发展上不断追求卓越，就必须要向别人学习和借鉴，需要得到其他教师的有力支持。

教师文化是教师成长的土壤。对于教师而言，合作共享的教师文化是自身发展的有力助推器，它能在深层次上对教师的成长道路产生持续的重要影响。这种合作、共享的教师文化，基于教师之间的互信与支持。许多专家型教师或优秀教师集中的学校，就具备了这种合作、共享的教师文化。在这种合作、共享的教师文化中，经验丰富的专家型教师，乐意把自己的教学专长奉献出来，供其他教师观摩和分享，同时，年轻教师也能获得表达和展现自己的充足机会，教师之间能够充分地交流彼此的知识、信息、思想和经验，在思想、信念、态度等方面相互影响和促进，从而为每一名教师的专业发展和教学水平的提高创造有利的条件。

要建设合作共享的教师群体文化，离不开学校的有效支持。因此，学校应该为教师群体文化的健康发展，提供物质的、精神的和制度上的保障，为教师一起学习、探究问题、共同认识和解决问题、开发新的课程资源等创造机会。值得强调的是，在创建合作、共享的教师群体文化过程中，学校还要注意避免采取自上而下的简单行政命令方式，强迫教师进行合作，哈格里夫斯曾将这种强迫的合作称为"硬造的合作"。它很容易成为只打着合作的幌子，而无合作的实质，甚至会侵蚀真正的合作，这种"硬造的合作"将对教师工作的积极性和学校长远发展产生极大的负面影响。

---

① 理查德·D·范斯科德,理查德·J·克拉夫特,约翰·D·哈斯.美国教育基础——社会展望[M].北京师范大学外国教育研究所,译.北京:教育科学出版社,1984:331.

第三章　教师专业发展的基本过程

教师专业发展是教师个体在其职业岗位上，基于自身专业实践和经验，依据专业发展规律，逐步形成合理的专业知识结构、增进专业技能和能力、提升专业道德水准的过程，是从一名不成熟、欠成熟的新手型教师向优秀的专家型教师持续演进的过程。这一过程是一个长期的、动态的、伴随整个职业生涯始终的过程。这一过程在本质上是没有终点的，它是一个永不停息地致力于成长、改变、发展、进步与完善的过程。

教师的专业发展过程并非无规律可循，而是有其内在的特点和规律的。一般而言，在教师职业生涯中，都要经历从站上讲台到站稳讲台、从站稳讲台到站高讲台、再从站高讲台到高站讲台的过程，经历从稚嫩走向成熟、再从成熟走向成功的过程。如果对教师的专业发展过程进行纵向的分析和考察，就可以发现，这一过程通常不可避免地都需要经历若干发展阶段。

关于教师专业发展过程的阶段划分与研究，最早始于美国学者费朗斯·富勒所进行的教师关注研究。富勒通过研究指出，教师在其专业成长过程中，所关注的事物是依据一定的顺序更迭的，即由关注自身到关注教学任务，再到关注学生的学习及关注对学生的影响，是按照这样的发展顺序逐渐递进的。基于对教师关注的分析和探讨，富勒提出了教师专业成长的"四阶段论"，认为教师专业成长过程包括了任教前关注阶段、早期求生存阶段、关注教学情境阶段、关注学生阶段四个阶段。

在富勒之后，卡茨、费斯勒、伯顿、司德菲等许多学者相继提出不同的教师职业生涯阶段理论。卡茨运用访问与调查问卷法，针对学前教师的训练需求与专业发展目标，把教师的发展划分为求生存时期、巩固时期、更新时期、成熟时期四个阶段。费斯勒根据教师职业生命的自然展开过程，分析和考察教师的专业发展阶段，认为教师发展经历职前教育阶段、入职阶段、能力形成阶段、热心和成长阶段、职业受挫阶段、稳定和停滞阶段、职业低落阶段、职业退出阶段等。伯顿则提出了教师发展的三阶段说，将教师职业生涯划分为求生存阶段、调整阶段、成熟阶段。司德菲将教师职业生涯划分为预备阶段、专家阶段、退缩阶段、更新阶段、退出阶段等。

本书关于教师专业发展过程的阶段划分，主要是以教师职业生涯不同时期面临的主要发展任务及教师的发展状态为依据的。按照这一依据和标准，将入职后教师的专业发展过程划分为内化适应阶段、稳定成熟阶段和外化创造阶段三个阶段。

第一节　内化适应阶段

人类个体的认知结构是一个能动的、变化的系统，有着自我调节和自我完善的能力，它可以在不断接触新事物、接纳新观念、解决新问题的过程中，不断内化和吸收各种知识和信息，逐步地实现自身的"升级"并与时俱进，从而使个体能够较好地适应持续变化的新的环境，达到与外部世界的平衡。

在教师的专业发展过程中，一般来说，初入职场的新手型教师，面对新的环境、新的工作和新的要求，其第一阶段的主要任务，就是通过多种途径和渠道，吸收和学习与教师本职工作相关的各种知识、信息和观念等，将相关的教育价值观、教育信念和思维方式等，内化成自己稳定的人格特质和行为方式。同时，结合教育教学实践，逐步积累和丰富从教经验，不断"升级"自身的"心智模型"，以达到对教师工作的初步适应。

可以说，内化适应阶段是每个教师在其专业发展旅途中都会必然经历的一个阶段。对于新手型教师来说，成为一名优秀教师并不是一蹴而就的事情，需要经过长期的逐渐积累，才能达到质的变化。在今天这个知识大爆炸的时代，知识的传播速度已超出人们的想象。作为知识的传播者——教师，必须紧跟时代前进的步伐，学习新知识、掌握新技能，才能永远立于不败之地。教师要时刻提醒自己：自己在学生时代学到的知识，远远不能满足教学的实际需要。在每天看似平凡、单调、重复的教育和教学工作中，就蕴藏着一些重要的教育现象和教育规律，如果善于观察，善于积累，及时反思，就能成为工作创新之源泉，成为教师专业发展的推动力量。

苏霍姆林斯基说，如果一名教师在他刚参加工作的头几年里所具备的知识，与他要教给儿童的最低限度知识的比例为10：1，那么，到他有了15至20年教龄的时候，这个比例就会变为20：1、30：1、50：1。这就意味着，教师在踏上职业岗位后，必须持续不断地吸收知识，不断完善自身素质，才能成为一个成熟的教师。当然，教师需要吸收的知识，既包括学科专业知识，又包括与教学有关的其他知识。教师学习的方式也可以是多种多样的，如培训学习、网络学习、参加学术会议与研讨、聆听专题报告等，这些都是教师自我积累、自我提高、实现自我发展的有效途径与方法。

荀子曾说："积土成山，风雨兴焉；积水成渊，蛟龙生焉；积善成德，而神明自得，圣心备焉。故不积跬步，无以至千里；不积小流，无以成江海。骐骥一跃，不能十步；驽马十驾，功在不舍。锲而舍之，朽木不折；锲而不舍，金石可镂。"说的就是人只有通过锲而不舍的努力，最后才能获得成功。

新手型教师在走出师范院校大门之后踏上讲台，可以说是从理论学习进入实践操作的开始。理论学习固然重要，然而，实践经验对一名教师来说才是更重要的。一名普通教师必须要有"滴水穿石"、持之以恒的毅力，经历长时间教学实践的洗礼，才能真正成为一名合格的教师。所谓"积之十年，总可成学"，就是这个道理。

一、内化适应阶段的基本特征

教师在早期的内化适应阶段，其最主要的任务，就是树立专业思想意识，尽快掌握一般的教学方法和手段，熟悉教育教学环境和学校工作程序，适应教学岗位的基本要求。同时，学会与同事交往共处、合作共事，以使自己成为一名学生喜爱、家长认可、学校满意的合格教师。

这一阶段通常具有以下一些特征：

（一）专业知识水平有待提升

"要给学生一杯水，自己就要有一桶水。"这句话说的就是教师拥有的知识水平应达到的标准。而"学高为师，身正为范"这句话同样也意味着，教师必须要有高深的知识和学问，才能胜任教育教学任务，才能避免误人子弟。

没有高素质的教师队伍，就不可能有好的教育。特别是在现阶段，我国已普及了九年义务教育，要实现教育事业全面、协调、可持续发展，培养高素质的人才，关键是要建立一支高素质的专业化教师队伍。而对于这种高素质的专业化的教师队伍的一项重要要求，就是必须具有较高的专业知识水平。教师专业知识水平的高低，在很大程度上决定了教师今后发展的高度。

教师在内化适应阶段所具备的专业知识水平，大多停留在读大学时所掌握的知识上，他们在专业知识的深度和广度上以及对现实课程内容的理解和把握上有待提高；在将所学的理论知识运用于实际教育和教学工作方面，不够娴熟和自如。有些教师甚至从来不去阅读教育教学杂志，更不用说专门的教育教学专著，这就导致他们思想僵化、思想贫乏、观念落后、知识老化。

因此，作为一名新手型教师，要想尽快适应教育教学岗位的要求，加快向骨干教师的目标迈进，进而达到一名优秀骨干教师所需的知识水平，必须在多方面做出努力。

第一，要广泛深入地阅读大量的专业理论书籍。苏霍姆林斯基说过：读书，读书，再读书——教师的教育素养就取决于此。教师要把读书当作自己的第一需要，当作饥饿者的食物。处在积累适应阶段的教师，要充分利用自己在时间、精力等方面的优势，多读书，读好书，丰富自己的专业知识，对自己所任教学科的理论著作，要能够多多涉猎，使自己尽快成为所任教学科领域的专家。

第二，必须认真学习、钻研课标、教材内容和教学参考资料。普通教师若想提高自己的专业知识水平，就要在充分学习和理解课程标准的基础上，对教材内容进行深入学习和钻研，深入理解、认真消化教材内容的每一个细节，揣摩教材作者的编写意图，广泛收集各类参考资料，等等。这些对于每一个普通教师来说，都是一个丰富自身、提升自我的过程，是一个持续不断的充电过程。通过这一过程，新手型教师既能够巩固自己的专业知识，又能够为以后的专业发展打下坚实的基础。

第三，作为一名新手型教师，必须积极参加各类培训和专家学术讲座，接触前沿的专业理论，丰富自己的理论涵养，以更快捷的方式提升自己的专业知识水平。

下面的这段谈话摘自中学特级教师李晓风的访谈录，从访谈中，可以看出作为一名教师注重专业知识学习的重要意义所在。

案例3-1

特级教师李晓风访谈录[①]

记者：一名教师的成功涉及个人修养、生源质量等诸多复杂因素。作为名师，您认为在"素质"与"应试"两方面的双赢经验是否可以复制？

李晓风：专家们对于中学历史教师现在的专业知识水平有一个评价，比较尖锐。比如，《历史教学》总编任先生说："考试等各种制度的束缚，使中学教师视课本为雷池，不敢越出半步。久之成习，中学教师多数不关心学术发展"，"即使自己常教的内容，研究方面有何变化也不问不理，史学研究的成果不能及时反映到历史教育中，那些失真的历史和偏颇的结论，仍作为知识继续向青少年灌输，这不能不说是一种悲哀"。任先生这几句话极具震撼力，我完全同意。中学历史教师的知识水平、专业水平确实不容乐观，亟待提高。我们特别希望能改变这种现状。我认为，培养青年教师的根本在于提高他们的专业知识。这是练内功，内功不行，各种招数使出来都只是花拳绣腿。

从教以来，我用了许多时间和精力从事专业性的阅读和某些方面

---

① 杜悦.专业知识水平决定教学的高度——中国人民大学附属中学特级历史教师李晓风访谈录[N].中国教育报,2012-04-26(07).

的学术思考，并以此为基础从事教学研究。事实证明，对历史理论问题的思考和相对丰富的历史学科专业知识，能够极大地促进教学研究的深入。

新课程比原来使用的教材难度大了。可能旧教材我们能教下来，如果不加强自己的知识储备的话，新课程要教下来还真是很难。我曾给一些青年历史教师开过专业书目，在我看来，历史学科教师提高专业素养的途径，读书是最关键的，这也是由学科特点所决定的。

一位优秀的中学历史教师，应该是一位学识丰富和具有研究能力的人。优秀历史教师的专业知识水准，应该在很大程度上超越历史教师平均的专业知识水平，应该具有追踪历史学科学术动态的能力，具有一定的学术研究兴趣。因为只有这样，才能保证他的课具有独创性，能够起到启迪学生智慧和发展学生才识的作用，能够保证授课时逻辑清晰、严谨，能够吸引学生和得到普遍的好评。除了作为首要因素的专业水平以外，一个次要的方面，组织和表达教学内容的能力，对一位教师是否能够顺利地成长为优秀历史教师，也是具有一定程度的影响的。

多年来，我接触和指导了许多青年教师。我发现，大部分青年教师成长过程中的最大问题，是在大学毕业以后，就中断了系统的专业学习和知识更新，随着教学年头的增长，知识日益陈旧，知识面日益狭窄，只剩下与中学教材相关的知识。这种情况严重地制约了中学历史教学的水平，制约了素质教育目标的落实。比较理想的培养青年教师的方式，是促进他们有计划地进行一些专业知识的学习和研究。比如，与该教师的任教课程相对应，制订出相应学年的读书计划。在一学年中系统地读上10本专业性的著作，这应该是最低标准。

新手型教师要想提高自身的专业理论知识水平，并不能仅仅关注大学阶段教科书中所涉及的内容，还需要极大地拓展自己的专业学习范围和领域，对那些能够帮助自己打好专业基础的书籍和知识，一定要精学、深学、细学，除此之外，对那些与自己教授的课程内容有密切关联的知识，要认真学习和研究。例如，你是一名小学数学教师，你最好能研读和掌握初中、高中的数学知识。这样，不但能在学习和研读过程中不断地提升自己的专业素养，还能在教学过程中经常帮助学生展望未来将要学习的知识，帮助他们形成系统的知识链条。此外，这有助于你根据学生的年龄特点和发展水平，选择适合具体教学对象的教学方法与手段，提升教学活动的质量与水平。只有如此，新手型教师才能在日积月累的进步和发展中，不断缩小自己与骨干教师之间的差距。

（二）教育教学能力和水平较为欠缺

作为一名教师，要能够顺利完成教育教学任务，必须具备当教师所必需的一些基本素养，如具备丰富、扎实的专业知识，具备良好的品质，较强的教学能力。此外，还要具备勤奋好学、擅长表达、勇于创新以及积极的心理倾向、坚强的意志品质等。

一般来说，教师的教育教学能力在其职业生涯的早期，通常处于较低的水平，尤其是一些刚刚踏出大学校门的毕业生，他们对教学的认识和理解尚处于简单模仿的阶段，无论是在心理上还是教学行为上，他们都远未达到成熟的程度。教育教学能力较弱、水平较低，是他们的普遍特征。因此，在初入教学岗位时，他们在教学过程中表现较为稚嫩，失误频发，是很正常的事情。从学习他人、积累经验到内化和充实自我，他们还有很长的一段路要走。

在实践中可以发现，尽管有少数教师在进入工作岗位后能勃然而发，在从教的早期就表现得游刃有余，但是，应当看到，绝大部分教师的教育教学能力，都是在后来长期的教学实践中逐渐提高和发展起来的。

教育教学能力是教师成长的核心内容。它是教师在教书育人过程中所必须具备的基本能力，这种能力会随着教龄增长而发生质的变化。教育教学能力包括教师的组织教学能力、教学监控能力、语言表达能力、板书能力、观察能力以及运用现代化教学手段的能力[①]。其中，组织教学能力和教学监控能力则是教育教学能力的核心部分。

组织教学能力是教师在课堂上运用一定的教学方法和手段，有效创设教学情境，使教学活动能够得以顺利开展和实施，并最终达到预期教学效

---

① 付淑梅.如何提高小学语文教师新课改下的教学能力[J].才智,2011(27):197.

果和目标的能力。它是教师能力的综合体现。所谓"台上一分钟，台下十年功"，教师组织教学能力的发展是一个长期修炼、逐步提升的过程，不会一蹴而就。而适应积累阶段则是教师组织教学能力发展的关键阶段。在适应积累阶段，普通教师必须通过不断深化专业理论学习、丰富实际教学经验、摸索教育教学方法，其组织教学能力才能逐步得到提高，自身的各种教学技能才可逐渐丰富，并可以为执教能力和水平在未来的进一步提升，为自己职业生涯的后续发展打下坚实的基础。

教学监控能力是教师在教学过程中将教学活动本身作为意识的对象，并能及时进行课堂反馈与评价、控制与调节的能力，它充分体现了教师的教学机智。教学监控包括对学生听课状况的监控、对教师自身的监控、对环境的监控、对课堂纪律的监控、对课堂突发事件的监控、对教学进程的监控等[1]。普通教师在初为教师的适应积累阶段，一般并不具备较强的教学监控能力。这一时期的教师，一般比较年轻，有着青年人的共同特点：他们往往并不能够有效地运用在大学课堂上学到的知识，由于缺乏实践经验，对课堂教学活动的调节和掌控能力普遍较弱，在课堂教学过程中，他们关注得最多的，就是授课的内容，普遍无暇顾及学生的听课情绪、状态和行为等。一旦在课堂上遇到某些突发的事件和状况，往往会束手无策，惊慌失措。

教师的教学监控能力同样必须在实际的教学活动中，经过较长时间的打磨和历练，才能逐渐达到较为成熟的状态。而适应积累阶段同样是教师教学监控能力发展的重要阶段。因此，在适应积累阶段，教师必然通过教学实践活动，不断将相关知识转化为能力，转化为自身教学过程中的一种自觉能动的反应，从而达到有效驾驭课堂环境、熟练展开教学活动、实现最佳教学效果的目标，最终才能最大限度地促进学生的全面发展。

以下是某小学的沈老师对一些年轻教师课堂教学状况的描述，从中可以看出，不少年轻教师的教育教学能力有待提升。

---

[1] 付淑梅.如何提高小学语文教师新课改下的教学能力[J].才智,2011(27):197.

案例3-2

沈老师说，在日常听课时，经常听到一些教师，特别是一些青年教师这样鼓励学生回答问题："同学们不用举手，想说就说。"诚然，其目的是为了"体现和尊重学生的主体地位"。表面上看，"不用举手"似乎可以给每一个学生更多的发言机会，可以激发他们的求知欲、上进心和荣誉感，使学生的思维更活跃、使课堂成果更丰富，这样的出发点本无可厚非。但是，在实际教学中，"不用举手，想说就说"真的能够取得预期的良好效果吗？我们会发现，课堂上教师"不用举手"的话音刚落，班内就喊声四起。有的学生根本不去思考答案合适与否，想到什么就说什么；有的学生更像是在"凑热闹"，说了些什么自己也不清楚。教师满耳朵都是学生的声音，细听却连一个准确的信息也难以获得。"乱糟糟"之后马上就是"静悄悄"，教师还要再次请学生"举手回答问题"，这时的"举手"情况，已不像刚才那样乐观。显然，并非每个学生都对自己的思考有信心。

沈老师说，由于学生的知识基础各不相同，课堂上的反应时间或长或短，这一过程需要一定的时间来保证。"抢答式"的一窝蜂地回答，不利于学生良好思维习惯的培养，更会使学生形成一种不负责任的学习态度。而教师让学生逐个举手回答问题，则可以了解学生对知识的掌握情况，从而及时地调整教学内容和方法，有的放矢地安排教学活动。

沈老师还说，在课堂上经常听到一些青年教师这样的课堂用语："猜一猜，大胆说"，"可能会出现什么样的结果，大家猜一猜"，"这个问题的答案是什么？大胆地猜一猜"。据说，这样设计的目的是为了"培养学生的猜想能力"。诚然，猜想能力是未来人才很重要的科学素养之一，在教学工作中教师应该有意识地进行培养。然而，是不是所有的"猜一猜"都能实现初衷呢？我们看到，在课堂上经常会出现这种情景："猜"的时候，学生们个个兴奋异常、积极踊跃，在他们的意识里，既然是"猜"，就可以上下五千年，纵横几万里。然而，如果教师在学生的猜想后再问一句："你这样猜想的依据是什么？"很多学生则变得哑口无言。在他们的眼里，"猜"难道还需要理由吗？这样的认识显然是错误的。诚然，科学探索的过程总是不乏猜想，在每一个研究阶段、每一个研究领域，都有很多的科学猜想，吸引无数的科学家为了验证它而不懈努力，从而推动科学不断进步。但是，这些"猜想"不是"空穴来风"，也不是"一时兴起"，而是建立在科学家广博的知识、深厚的理论、科学的分析方法之上的。沈老师说，我们培养学生的猜想能力指的是让学生在自身认知的基础上进行"有理有据"的猜想，至少能够自圆其说。这种猜想需要学生综合运用掌握的知识，在一定程度内"合理"推想，这是思维的一种高级形式。

一些教师，特别是一些处于专业发展过程早期阶段的青年教师，他们的教育教学能力和水平远未达到成熟的状态。为了使自己具备熟练驾驭教学工作的能力，他们必须尽快掌握一系列规范化的教学技能，从如何备课、讲课、批改作业，到如何组织课堂教学，再到如何辅导学生、组织班级活动等等，这一系列的活动和环节，都必须加强学习，学会熟练和从容地加以应对。

同时，在实际教学过程中，还应注意考虑课堂环境、教学对象、教学内容的具体情况，根据学生的年龄特点、发展水平和每一节课的具体目标等，选择恰当的教学策略与方法，以提升教学活动的质量与水平。

此外，处于内化适应阶段的教师，还要多与其他教师进行交流和讨论，学习别人的经验和长处，不断激发和刺激自己的思维灵感，不断探索新的教学方式和方法，改进和完善自己的教学工作。只有如此，教师才能在日积月累的进步和发展中，不断地缩小自己与优秀骨干教师之间的差距。

（三）普遍存在着机械模仿的行为

刚刚步入教学工作岗位、处在内化适应阶段的教师，其职业认知、从教能力等都还远未达到成熟的程度，他们对专业知识的研究还不够深入，对各种教育教学方法和策略的优劣还缺乏判断力。因此，在这一发展阶段，普遍存在着简单、机械、被动地模仿其他教师的教学行为，创新意识和创新能力较弱、自身的教学个性特征不够鲜明和突出等现象和问题。

对于那些接受过师范教育的教师来说，他们在大学阶段虽然参与过一些教育和教学实践，但是在时间和内容等方面都是非常有限的。这些师范生在踏足教师岗位后，对于教学内容的处置和安排，对于教学方法的选择和运用，对于教学情境的创设以及课堂秩序的管理，往往都难得心应手地熟练驾驭，而只能从简单模仿其他教师的教学行为开始。

对于那些未曾接受过师范教育的教师来说，他们的专业成长可谓"先天不足"。由于这些教师没有经历过完整的职前培训环节，他们在走上教师岗位时，对教师这一职业的认知和了解更为有限。"先天"的专业性缺失和不足，导致这些教师在进入岗位后的很长一段时间内显得力不从心，无法有效应对，在实际的教育和教学活动中，只能被动而机械地照搬其他老师的做法。

虽然通过模仿和学习，对于教师的专业成长具有一定的意义和价值，但是教师的专业发展显然不能总是停留在简单模仿和机械地照搬他人经验的状态，教师要想不负社会的期望，圆满地完成教育教学的任务，最大程度上促进学生的发展，必须要不断地提升自己的专业素养，促进自身的发展和完善。而教师实现自身发展和完善最重要的衡量标准之一，就是教师鲜明的个性化教学风格的形成[①]。

教学风格是指教师教学活动的特色，是教师的教育思想、个性特征、教育技巧在教学过程中独特的、和谐的结合和经常性的表现。教学风格形成的显著特点之一，是教学的独特性和教学个性在教学过程的各个环节、各个方面都具有科学而稳定的表现，教学活动中处处闪烁着创造性的火花和浓厚的个性色彩。教学风格的形成是一名教师在专业成长和教学艺术上趋于成熟的基本标志。

教师要形成自身的鲜明的个性化教学风格，一般需要从模仿其他教师的教学行为和教学艺术开始。模仿是形成教师自身教学风格的第一步，但是模仿的目的不是为了简单照搬他人的做法，而是为了熟悉他人的教学艺术，是为了对其他教师的教学风格有所了解和熟悉，分析和感受其他教师教学风格或特色的本质特点，而且在模仿的过程中要切忌"东施效颦"，避

---

① 郑佳佳.投桃报李——谈平等互信的师生关系在班级管理中的作用[J].安徽文学，2011(12):265.

免盲目模仿而弄巧成拙。在熟悉其他教师的教学风格后，应当通过精心选择、博采众长，将他人之长融入自己的教学之中，并根据个人自身的特点和具体情况，如个人自身的兴趣爱好，优势特长，心理、生理条件，等等，去确定适合自己个性发展的模式，对自己的教学风格的发展方向做出初步设计，在此基础上，再通过不断的教学实践和努力，逐渐培育自己的教学个性，发展自己的教学特色，最终创造和形成具有自身特色的个性化教学风格。

（四）职业认同感低

教师的职业认同感主要是指教师对自己从事的职业所产生的完全认可的情绪体验或心理感受，它通常会受到多种外部和内部因素的影响。

教师职业的认同感在很大程度上依赖教师职业幸福感的形成和产生。所谓教师的职业幸福感，就是教师在从事教育教学工作的时候感受到这个职业可以满足自己的需要，能够实现自身的价值，并且能够产生愉悦的体验和感受。职业幸福感是教师做好教育工作的重要前提，是事业有成的坚实基础，是教师专业发展的内在动力。

每个行业的人都有自己的职业幸福感，农民以获得丰收为幸福，工人以生产出有价值的东西为幸福，医生以医治好病人为幸福。作为教师，有属于自己的幸福。教师作为一种培养人的特殊职业，它的幸福感相比于其他职业，有着自己的独特特点。这主要表现在：其一，教师职业幸福感的源泉来自学生所取得的成就和成功。教师职业作为一个以别人的成功为自己成就的职业，其工作的成败是以学生成人成才的情况来衡量的，没有哪一位老师不以自己曾经教过一些在学业和事业上取得成功的学生而感到自豪和骄傲。作为一名教师，能深刻体会到，学生取得成绩之日就是老师幸福之时。而且，学生的成就越大，老师的幸福感就越强。正如陶行知先生所言：教师工作的最大幸福就在于培养能够超过自己的学生。徐特立先生说过：教书是一种很愉快的事业，你越教就越热爱自己的事业。当你看到教出来的学生一批批走向生活，为社会做出贡献时，你会多么高兴啊！教师为人类社会播撒着希望的种子，当学生学业取得进步、道德得以成长、个性得到发展以及今后为社会做出贡献时，教师就会体验到本职工作带来的莫大幸福。其二，教师的职业幸福感来自学生对教师的敬重和爱戴之情。教师职业是一个时时存在真情的职业。作为一名教师，面对的是天真无邪的学生，只要你拿出真心对待他们，他们就会认为你是一个好老师，就会发自内心地敬重和爱戴你。学生的爱与成人的爱相比，更加真挚和纯洁，更接近爱的本质。学生对教师的爱是促进教师职业幸福感形成的重要途径之一。

有了职业幸福感，教师的人生态度会发生极大的转变，它会促使教师以更加乐观、积极、进取、热情、愉悦、乐于奉献的态度对待工作，会促使教师在教学活动中始终保持一种高昂的精神面貌和状态，把满腔的热情和真挚的关爱无私奉献给学生，将他们送到理想的彼岸。而且，教师的职业幸福感的形成和产生，必然会有效地提升教师对自己从事的职业产生肯定的、认可的情绪体验和心理感受，即提升自己对教师职业的认同[①]。

在现实中，初任教师的职业认同感较低是普遍存在的不争事实，其原因是多方面的，既包括多种外部原因，如教师社会地位不高、福利待遇有待改善、职业压力较大等，又包括多种自身的内部原因，如自身素质和要求尚难很好地满足工作需要等，这些都会影响到教师对自身职业的认同。

作为一名教师，如果缺乏对教师这一职业的高度的认同感，缺乏为了这一职业甘于奉献的牺牲精神，那么，要想成为教师同行中的骨干分子和佼佼者，成为教师行业的引导者，是很难的。

在初任教师群体中，极个别教师由于职业认同感低，对教育和教学工作经常抱着懒散或冷漠的态度，认为上好课的标准，就是按照既定的教学计划和进度，把大纲规定的、教材上有的内容、自己知道的内容该讲的都讲了，该练习的都练习了，就完成教学任务了。还有一些人虽初为教师，但对教师角色的新鲜感早已全无，繁重的工作不断地改变着教师的价值观。若在此时教师体会不到自己的工作关系到每个学生的人生理想和家长的寄托与期望，就会对工作产生厌烦，难以形成或保持对工作的那份责任感和使命感。

还有极个别教师，在自我发展的积累适应时期，就对自己的职业形成

---

① 赵立影.专家型职业学校教师的特征及其发展机制[J].职业技术教育,2010,31(31):60.

厌烦心理，在他们看来，教师仅仅是一个职业而已，是一种谋生的手段，只要每天上课、下课、备课、批改作业，就能从初级职称混到中级职称，再从中级职称混到高级职称。这样就很难继续发展下去，甚至出现发展停滞现象[①]。这样的教师，就应该认真思考自身到底能不能够胜任或者适不适合教师这一职业。

诚然，我们不能否认，教师是一种职业，是社会上众多职业中的一种。但是，我们同样不能否认的是，在当下就业日益激烈的情况下，教师职业与其他众多职业相比，仍然是很多人十分向往、受到他人尊重的一种职业。有人说，当上教师就意味着捧上"铁饭碗"了，这种说法有一定的道理，因为教师职业相对而言具有较强的稳定性。既然如此，作为一名教师，就不应该只想着自己手里捧着"铁饭碗"，而应该多考虑怎样更好地发挥"铁饭碗"的作用，多做一些对自我发展和社会进步有意义的事情。具体来说，就应该以饱满的热情、积极的心态，投身自己所从事的教育工作。对于那些处于入职初期、专业发展尚处在内化适应阶段的教师而言，更应该以只争朝夕的精神，千方百计地加快自己的专业发展步伐，尽快实现从初任教师向合格教师乃至优秀骨干教师的转变。

案例3-3

青年教师王松涛自述成长故事

心态决定一切，有了积极的心态，就是成功的一半！这是我走上教师工作岗位之后最大的感触和收获。2005年从学校毕业后，我走进了国际中学，开始了自己的教师生涯。几年中，我经历了一个不同寻常的成长历程。在成长的过程中我获得了许多，最重要的是学会了积极地去面对困难。

刚开始上课的时候，课堂管理有问题，学生们特别活跃，上课听课不认真，在下面说小话，根本不买我这个老师的账。习题讲解自己感觉讲得挺好的，可学生们还是不懂。再讲一遍结果还是一样。我印

---

① 唐建君.克服职业倦怠,建立阳光心态[J].基础教育研究,2012(5):54.

象最深的是讲一节关于"时钟角度"的课。上课前，我把这节课仔仔细细地备了一遍，上课时我把时钟拿到讲台上当作参照物，扭动指针演示给学生们看，不断地分析度数的关系，时针一格是30度，分针一格是6度，我自己觉得讲得挺好，可是学生们在下面却是一脸迷茫——听不懂，不理解我讲的内容。这节课对我打击太大了。我本来觉得自己还行，此时此刻却发觉自己很幼稚，觉得自己需要学习的地方太多了，需要提升的地方也太多了。看到周围优秀的老教师工作起来那么游刃有余，自己真的自叹不如。着急、上火、心态失衡，巴不得自己明天就能优秀起来。结果自己大病一场，嗓子哑得连课也上不了了。我开始困惑，怀疑自己的能力。

好在国际中学非常重视我们青年教师的成长，给我们青年教师提供了很多学习的机会，包括讲座、师徒配对、听优质课、评优质课、上汇报课等等，同时，从来都没有忘记对我们进行心理教育。学校的于主任给我们上的一节心理课，我至今难忘。他告诉我们："不积跬步，无以至千里；不积小流，无以成江海。海不择细流，故能成其大；山不拒细壤，方能就其高。我们有许多人做事一心追求结果，忽视做事的过程，忽视做事的细节，结果，一心渴望伟大、追求伟大，伟大却了无踪影；而甘于平淡，认真做好每个细节，伟大却不期而至。其实，我们的工作中，更多的是平平常常的小事，我们一生的经历中，更多的也只是平平常常的琐碎小事。如果真的是轰轰烈烈的大事不断，即使我们有超凡的能力，或许也招架不住，接受不了。所以，把每一件简单的事做好，就是不简单；把每一件平凡的事做好，就是不平凡。俗话说，于细微处见精神，就是这个道理。做事应着眼于细节，把事情想细，凡做事之前，必先仔细进行计划，要想把事情做成、做好，计划必须详细、周全。"听了这节课后，我茅塞顿开，觉得不是自己不行，而是自己没有注意细节，所以才出现之前的情况。只要我用积极的心态去做，我肯定能行。

我再回头认真想一想，自己以往在上课前是不是已经把课本的知识点一遍一遍过得没有漏洞了？课堂上可能出现的情况是不是都想周全了？

为了上好课，我开始钻研业务，不懂的、不理解的，就向教师请教，多听老教师的课，勤思考、勤积累、勤反思。果然，后来学生说听不懂的少了，学生听课的注意力也比以前集中了。

虽然我上课比以前有了不小的进步，但是，每次上课时总还是会有一些意想不到的地方处理得不是很好。我原以为，这是因为钻研、挖掘教材的能力不够，缺乏创新思想。可是我在这方面有所加强后，依然有一些地方处理得不尽如人意。正好学校开展了"同上一节课"活动，我们组内发挥集体智慧，全体教师共同准备一节课。先由一人执教，组内其他教师听课、评课；根据课堂反馈，再修订，再由一人执教；然后，再听、再评、再反馈……让每个人都来执教同一节课，同时加强听课、评课，观察学生的不同反应，分析原因，找出差距。这样，可以使我们相互之间有一个横向比较，互相学习，取长补短，提升课堂教学水平。在听、评别人课的时候，我们可以发现他人的长处，找到自身在课堂上的不足。特别是在每节课的每个教学环节之间如何自然地转换与连接，如何组织学生进行操作和交流，如何通过活动培养学生的自主探究能力，如何将生活数学、活动数学以及情感渗透融为一体，如何引导学生在获得知识的同时，情感态度和价值观都得到有效发展等方面，我们都有了很多新的体会和感受。

看到自己的不足后，我在上课时就会在这些方面多注意一点。现在，我的课堂教学比以前有了很大的进步。通过"同上一节课"的活动，我真的学到了好多东西。我真是好高兴啊！

现在，每节课我都有自己明确的努力方向，每节课我都以积极的心态认真准备，帮助学生制定一个个切实可行的小目标，引导他们高高兴兴地去掌握新知识。

我还年轻，没有太多的经验，理论上也欠缺，但是，我每天都投入地工作、认真地学习、努力地反思，用积极的心态去克服前进道路上的每一个困难。我正在快乐地成长着！

曾经有一位优秀教师说过：在每个教师的职业生涯中，都要始终记住两件事：一件事，是要在内心经常不断地告诫自己，要把教育工作当作一项事业来看待，而不只是作为一种职业来看待；另一件事，是要不断地创造条件，不断地完善自己，使自己能够始终伴随着教育事业的发展、伴随着学生的发展而发展。曾有一位优秀教师深有感触地说："我所做的工作，不是为了领导，不是为了评职称，也不是为了荣誉，只是为了学生的发展。而学生的发展，就是我终身为之奋斗的事业，这也是我人生的最大乐趣所在。"这两位优秀教师对教师职业的认知和态度，对初任教师者，应该具有深刻的启迪。对于初任教师而言，只有牢牢树立对教师职业的高度认同，将教书育人当作自己的事业来不懈追求，当作自己的兴趣爱好来培养，由从业到敬业，再到乐业，从追求教学技能到追求教学创新，从追求教学模式到形成自己特有的教学风格，才能最终成为这一行业的引领者和骨干力量。

二、内化适应阶段应注意的问题

教师发展不但涉及教师个体的成长，而且是学校发展的一部分。任何一所学校都希望每个教师能够履行自己的基本职责，成为一个合格和称职的教师。而对那些具有远大的教育目标和强烈的教育理想的学校来说，对教师的要求自然会上升到更高的层次，具有更高的尺度和标准。当然，学校对教师的高标准和严要求，所反映的也是社会对教师角色的期待，它与社会对教师的要求是一致的。

面对学校和社会向教师提出的高标准和严要求，每一名教师都必须用自己的努力和行动做出回应。对于教师而言，特别是对于那些在思想和业务等方面尚未达到成熟状态的初任教师而言，必须具备强烈的、自觉的专业发展意识，必须实现从"要我发展"到"我要发展"的转变，使自己的每一个行为，都能成为促进自身专业发展的行为；每走一步，都能成为迈向优秀骨干教师的一步。

对于处在内化适应阶段的教师来说，要从一名普通教师成长为学生敬爱、家长放心、学校和社会满意的教师，更好地实现人生价值，则必须从多方面做出努力。

（一）实现两个转变

1.由过去的学生角色尽快实现向教师角色的转变

我们知道，在一定社会中，每一种社会角色都代表着一整套的社会行为模式，而每一个具体的社会行为，又是特定的社会角色的体现。角色是由人们的社会地位和身份决定的，角色的行为既反映着个体在社会生活体系中所处的位置，又反映着社会的期待和要求。

教师作为众多社会角色中的一种特殊的社会角色，理所应当地具有自身的一整套的行为模式，也就是说，教师的一言一行、一举一动，都应当与其"扮演"和承担的角色相称。

但是，在现实中，很多师范院校毕业生在刚刚走上教师工作岗位、初为人师时，其角色行为与社会期待之间，存在着较大的差距，也就是说，他们尚不能较好地"扮演"一个合格教师的角色。究其原因，主要有以下几个方面：

第一，很多高师院校毕业生虽然手中握有教师资格证，但是，由于在校学习期间没有扎实地掌握专业基础理论知识和基本技能，并未很好地具备教师的基本素养和条件，因而难以较好地"扮演"教师的角色。

第二，由于高师院校毕业生过去在学校里所学的书本知识与鲜活的一线教育教学实践在一定程度上是相互脱节的，这导致他们在走上教师工作岗位后，难以适应教学的实际需要，不能较好地"扮演"教师的角色。

第三，中小学内部的各项管理制度及考核规定，对于刚刚步入教师工作岗位的高校毕业生来说，会成为他们必须面对的新的挑战。面对这些全新的要求，很多新手型教师难免出现不适应的状况，甚至会成为他们重要的职业压力源，这一点是有别于"熟手型"教师及专家型教师的。

因此，对于入职初期的每位教师来说，必须尽快地实现由过去的学生角色向教师角色的转变，向知识的传授者和教学活动的设计者和组织者、学生学习的引导者和促进者、学生行为规范的示范者、学生心理的辅导者、班集体的有效领导者等角色转变。而实现这种转变的最快速、最有效的方式主要有两种：一种方式是加强现代教育理论知识的学习，用现代教育理论武装自己；另一种方式是通过教学实践和与学生的交往，使自己融入学生的学习生活中去，在与学生的深度互动和交流中，深刻体悟和理解学生的心理和需要，获取"学生需要和欢迎什么样的教育"，"学生需要和欢迎什么样的教师"这类信息，强化自己的教师角色意识，形成教师的角色行为模式。

2.实现由理论知识向实际教学能力的转变

古人云："师者，传道授业解惑也。"教书育人是教师的天职，对于刚刚步入教师工作岗位的高校毕业生来说，要能够很好地胜任教育教学工作，仅仅具备理论知识，具备对课本知识和内容的了解、掌握是远远不够的，还必须具备能够将知识升华为实际教学工作的能力。

一名教师是否能够成为被学生接受和认可的好教师，教学能力是最关键的因素之一。在很多学生眼里，优秀教师的重要品质包括：尊重学生，对学生能够一视同仁；教学能力强，讲课时能够运用有效的方法，将课程内容以生动、活泼的形式传授给学生；富有激情，风趣幽默，具有人格魅力。实践证明，最不受学生欢迎的教师，不外乎是那些教学能力较差，上课没有激情，课堂气氛沉闷以及不尊重学生的人格，漠视学生需要的教师。

可见，教学能力对于教师而言，可谓立足之本。教师能够清晰、准确地把握课堂教学脉络，以生动、有趣的方式呈现教学内容，而不只是简单地充当一个课程内容的"贩运者"和"传声筒"，这是检验一名教师是否合格和称职的一个极其重要的指标。

教师教学能力的提高，离不开对丰富的专业理论知识的掌握，丰富的专业理论知识是教师教学能力提升的基础和必要条件。但是，专业理论知识与教师的教学能力之间，并不能够简单地画上一个等号。教师只有在教育教学活动中不断地把所学的专业理论知识应用于工作实际，即用理论知识来分析和解决现实的教育教学问题，在此过程中，多尝试、多思考、多分析、多比较，多用心体会，及时、认真地总结经验和心得，才能将理论知识逐步转化为实际的教学能力。

教学实践是实现专业理论知识向教学能力转化的基本途径。教学能力是在实践中锻炼出来的，根据心理学的相关研究，作为能力的重要构成要素的智力技能和操作技能，在获得的途径上是一致的，两者都必须依靠个体反复、多次的实践和练习才能形成。这就意味着，只有通过教师持之以恒的实践和不断体验，才能实现自身教学能力的不断增强和提高，才能适应教育教学工作的实际需要。

可以说，将理论知识转化为实际教学能力，是每一位普通教师尤其是入职初期教师的一门必修课。如果教师无法将理论知识有效转化为实际教学能力，拥有再多的理论知识也是徒劳无益的。处在内化适应阶段的教师，只有在教育教学活动中不断进行实践和探索，积极、主动听取学生的意见和建议，不断寻找适合自己和学生的教学方法和教学策略，才能有效地驾驭课堂、站稳讲台，成为一名受学生欢迎的教师。

（二）要具备主动学习的精神

教师首先应当是学习者。教育教学活动的实施过程，应该是每一名教师不断学习、不断进步的过程。在当今的知识爆炸时代，人类的知识总量几乎是以几何级数在迅速增长，更新周期越来越短，这就必然要求教师必须不断汲取新的知识，拓展自己的视野，更新自己的知识结构，不断提升自身的专业素养，从而能够跟上时代前进的步伐。

但是，我们发现，在当前的教师队伍中，有些教师的知识结构严重老化，难以适应教育改革和发展的需要。据"21世纪教师教育对策研究"课题组对上海市中小学教师进行的抽样调查分析显示，相当一部分教师缺乏先进的教育理念和教育理论知识，他们的计算机能力、外语能力、运用现代化教学手段的能力较差，综合素质欠缺，跟不上教育改革和发展的步伐。由此可见，教师的再学习是多么重要。

著名教育家陶行知先生在总结当时教师的教学实践时曾发现，有些教师教了几年就厌倦了，他指出，虽然原因很多，但其中一个重要的原因，就是这些教师不好学、不思进取，教学没有新意，他们的教学变成了枯燥的重复劳动。如此，当然会越教越厌倦。相反，如果老师能够锐意进取，则必然"越教越要学，越学越快乐"。他恳切地告诫教师们：我们做教师的人，必须天天学习，天天进行再教育，才能有教学之乐而无教学之苦。

作为刚刚步入教学工作岗位、处在内化适应阶段的教师，要想成为学识渊博、涵养丰富和文化底蕴深厚的教师，成为教师队伍中的优秀分子，就必须既要充分相信自己的实力，具有成为优秀骨干教师的信心和决心，又要具有主动学习、虚心学习的精神和态度。要强化学习意识，珍惜和利用每一分、每一秒的宝贵时间，多读书、多看报、勤阅览、多思考，多向不同领域、不同类型的人学习，要以开放的心态与别人交流，以谦虚的态度向有识之士讨教，尤其是要注意主动向有经验的优秀同行请教，同时要注意经常与学生交流，听取学生的意见和建议。在这种交流、讨教中不断汲取自身发展所需要的营养，检视和修正自己的思维方式，改正自己的缺点和不足。通过向书本学习、向同行学习、向学生学习，不断提升自己的修养和水平，丰富和发展自己，使自己尽快进入优秀骨干教师的行列。

20世纪80年代，美国麻省理工学院的彼得·圣吉正式提出了学习型组织的理念，他将学习型组织描述为一个不断创新、进步的组织。在这个组织中，大家共同学习，不断突破自己的能力上限，创造真心向往的结果，不断培养全新、前瞻而开阔的思维方式，全力实现共同的愿景和抱负。在当今很多学校都在努力建设学习型学校组织的背景下，每一名教师，尤其是入职初期的每个教师都应自觉地投身于学习型学校组织建设的潮流之中，自觉地成为学习型学校组织的成员——学习型教师，主动学习，不断进取创新，才能最终实现自我超越。活到老、学到老，这句话就是对学习型教师的最好诠释。

我的初中英语老师M，对英语非常热爱和执着。他的这份对英语的情感，支撑着他在遇到困难的时候坚持学习，并取得了成功。他曾说："从一开始接触英语的时候，我就迷上了英语，每天都想读英语。虽然我的第一位英语教师是其他学科转岗来的，英语水平不是很高，但我还是学得很认真，所以每次考试成绩都不错。"后来他做了教师，随着对英语专业知识水平的要求越来越高，M老师走上了自学英语之路。通过自学，他顺利地考入一所师范大学，攻读在职研究生，这对一名初中英语老师来说，算是难得的了。但是，M老师并没有为此感到满足，而是继续痴迷于对英语的学习和研究。坚持不懈的学习和孜孜以求的努力，为他日后成为一名优秀的英语教师打下了坚实的专业基础，也使他获得了丰厚的回报。他所任教的班级学生的英语成绩连续4年遥遥领先于其他班级，他本人也因为突出的工作业绩，而被所在市评为"教坛新秀"。

从M老师的专业成长经历可见，学习、学习、再学习，通过学习不断丰富自己、提升自己，是成为优秀骨干教师的必由之路。

（三）摒弃应试教育的行为

应试教育是在教育实践中客观存在的偏离受教育者群体和社会发展的实际需要，单纯为应付考试、争取高分和片面追求升学率的一种教育思想和教育行为，它偏重于通过考试尤其是甄别性考试来鉴别人才，以考试分数作为衡量学生发展水平的标准，以把少数人从多数人中选拔出来进入高一级学校作为教育目的。应试教育把应试作为唯一或主要的教育目标，阻碍学生个性发展，扼杀学生的创造力，是一种十分狭隘的畸形的教育模式，其弊端显而易见。实现应试教育向素质教育的转变，是当前基础教育改革与发展的必然要求和重要内容。

作为一名教师，在职业生涯的初期，难免会受到升学率、学生平均分等"指挥棒"的压力和影响。在应试教育的要求下，一些教师片面强调书本知识传授，强调学生对知识的熟练掌握，学生被动学习，死抠书本，脱离社会和生活实际，把学习活动完全局限于教材和书本的范围，致使学生无暇参与课堂外各种有益的活动，从而造成学生知识面狭窄、高分低能。

为了满足学校的考评要求，有些教师在教学中经常会超"纲"授课，采用"过度学习，强化训练"等做法，增加作业量，下发大量复习资料，频繁组织考试，由此造成学生课业负担过重，学生不可或缺的课外活动时间和体育锻炼时间得不到保障，严重影响了青少年身心的全面、健康发展。

在教师专业发展的内化适应阶段，要避免受到应试教育的误导，杜绝应试教育的行为，具有十分重要的意义。这是因为，一旦这种行为变成了教师的一种习惯或思维定式，不但会严重影响学生的健康成长，而且会严重限制和影响教师整个职业生涯的专业发展。

因此，在这一阶段，教师应该通过对现代教育理论的学习和钻研，充分认清应试教育的危害，端正教育思想，全面践行素质教育，严格按教育教学规律办事，坚决摒弃重书本、轻实践，重灌输、轻启发，重记忆、轻思考，重传授、轻自学，重接受、轻创造，重课堂、轻课外，重视"尖子"学生而忽视一般学生的观念和行为，树立面向全体学生与因材施教相统一，教书与育人相统一，传授知识与发展能力相统一，理论与实践相统一，教师主导作用与学生主体地位相统一，课内与课外相统一以及注重培养学生自学能力和创造精神的现代教学观，成为一名具有先进教育理念，能够有效促进学生主动、全面、和谐发展的富有责任心的合格教师。

第二节 成熟稳定阶段

教师的发展是伴随着教师职业生涯展开的。每位有责任心、有理想的教师都想成为一名优秀的骨干教师，而普通教师要想成为一名优秀的骨干教师，必须要经历一番历练，这一过程对教师来说是一笔重要的人生财富。一名普通教师只有在与教育环境互动的过程中，不断优化、调整自己的专业知识结构，提高自己的教学技能，才能逐渐成长为一名优秀的骨干教师。普通教师积累几年的经验后，在教学方法的运用和课程知识内容的解读上会有质的提高，在发展过程中逐渐走向成熟和稳定。成熟稳定阶段的基本特征是工作的熟练化、素质的全面化。

一、工作的熟练化

在经过了教师专业发展的第一阶段——内化适应阶段的学习、实践和总结之后，初任教师已基本了解和熟悉了学校的教育教学环境和工作环境，基本完成了角色转换，形成了较稳定而熟练的教育教学技能，在各项工作中逐步进入熟练化的状态。这种熟练化状态表现在很多方面。

（一）工作的熟练化表现在教学能力上

教学能力是教师的立身之本，是教师素质高低的重要体现之一。教学能力的核心，主要是各科教师有效运用教学方法，顺利实施教学活动，完成教学任务的能力，它涉及教师对教学内容的正确处理，对教学方法、手段的合理选择和运用，对教学节奏和进程的有效控制，对教学评价活动的正确、有效实施，等等。

经过前一阶段较长时间的学习和摸索之后，一般来说，多数教师的教学能力都有了较大幅度的提升，初步具备了熟练从事教学活动的基本技能和技巧。他们普遍都能从教学任务和学生需要出发，熟练设计课堂教学活动的基本流程，能够较好地处理课堂教学过程中面临的一些基本矛盾和冲突，如课程内容较多与单元课堂教学时间有限之间的矛盾与冲突，轻松、活泼的课堂氛围的创造与严肃、认真的课堂纪律的要求之间的矛盾与冲突，等等。同时，能够较为娴熟地在多种教学方法和手段之间做出合理的取舍，能够较好地调动学生课堂学习的积极性，使其积极主动地参与教学进程，最终达到较好的教学效果。

当然，教师教学能力的初步提升，教学基本技能和技巧的初步掌握，教学工作达到熟练化状态，显然还并不意味着教师的专业发展已经达到很高的水平，其专业发展尚有进一步提升的空间，还需要继续努力。

一是要继续多观摩、多听课，虚心向优秀同行学习。很多教师在谈到自己的专业成长经历和体验时都认为，教师要提升自己的教学水平，观摩他人的课堂教学，从其他教师成功的课堂上汲取营养，是促使自己走向成功的一条捷径。在观摩、听课的过程中，教师可以看到他人的长处，体悟自己的不足，找到提升自己的路向。即使是听了他人的一节效果不够理想、甚至是失败的一堂课，也可以从中吸取教训，有所收获，可以警醒自己在今后的教学中避免重复他人所犯的错误。因此，作为一名普通教师，要珍惜每次观摩、听课、向他人学习的宝贵机会。只有多聆听不同教师的不同类型的课，才能够不断积累经验、博采众长，提高自己驾驭课堂的能力。

二是要多虚心听取别人对自身课堂教学的意见和建议，以此不断改进和完善自己的教学工作。要经常邀请同行，特别是优秀的同行来听自己的课，并请他们通过多种途径提供反馈信息，以诚恳的态度要求他们多找不足，多发现问题，虚心接受他们提出的批评意见。还要经常总结自己对于教学过程的体悟，并将自身的教学体验向其他老师汇报，从其他老师的反馈中获得有价值的信息。还可以采取与已经毕业的学生进行交流等办法，从他们的反馈信息中了解自己教学的优劣，这也是一种很好的方式。

三是要有执着探索的精神，寻找和发现进一步提升自己的新路径。曾有一位优秀的英语教师在谈到他职业生涯早期的成长经历时说，在走上教师工作岗位几年后，他在教授3个班级信息技术课以及担任学校网络管理员工作的基础上，又接受了教授1个班英语课的任务。他在教学中发现，学生学习外语的积极性普遍不高，英语成绩总体不理想。为什么看上去健康、正常、聪明的孩子们却学不好英语呢？带着这样一个问题，他开始在自己的课堂教学上寻找原因，通过认真的思考和总结，他逐渐意识到，英语教师不能仅仅停留在认真负责、花大力气讲清英语的词汇、语法及知识点上，应该努力摸索出一套适合小学生学英语的教学方法，让英语课上得富有趣味，让所有的学生在课堂上能够活跃起来，积极地参与，快乐地学习。于是，他在课堂教学中经常采用任务驱动法、角色扮演法、小组竞赛法、单元奖励法等进行教学，这些方法寓教于乐，极大地调动了学生的学习积极性，使学生在快乐中不知不觉地完成了教学目标。天道酬勤，他的努力有了丰厚的回报，全班学生的学习成绩很快有了大幅度的提高。

当一位普通教师逐渐地觉得教学不再是一件望而生畏的事情，而是一件非常轻松、愉快的事情，自己不再是惧怕上课，而是渴望上课，对整个课堂都能自如地驾轻就熟，这就意味着他的教学达到了较为成熟的程度。

（二）工作的熟练化表现在班主任工作能力上

在教师职业生涯中，担任班主任一般是必不可少的工作经历之一。班主任是全班学生的组织者、教育者和指导者，是学校对学生进行素质教育的重要力量，是联系各任课教师的纽带，也是学校与学生家长沟通的桥梁。做好班主任工作，管理好班级和学生，是教师工作能力的一个重要体现。

班主任每天面对的是一群朝气蓬勃、正在成长和发展中的青少年，每天要与几十个思维活跃，各具特点的学生打交道。一个团结向上、积极进取的班集体，必然要有一个能够善于组织，开展多种丰富多彩的班级活动，丰富学生课余生活，有效进行班级管理的班主任。

一个不搞活动的班集体必然死气沉沉，必然阻碍其成员的身心健康发展；一个不引导和组织学生搞任何活动的班主任，绝不会是受学生欢迎的好班主任。作为班主任，必须能够组织、带领班级学生积极开展各项活动，如文艺体育活动、知识和智力竞赛活动、书画比赛活动、小组辩论活动、劳动实践活动等等，使学生的各方面能力在活动中得到锻炼和发展，在活动中不断增强班集体的凝聚力和向心力。

对学生的管理是班主任工作的重要内容之一。在班级学生管理中，班主任需要根据学生的生理和心理发展水平，采取有效的管理方法，如针对学生在学习、生活中出现的一些疑问和烦恼，班主任需要有针对性地做深入、细致的思想工作。特别是对于一些问题学生，应当专门为他们制订一些相对宽松的管理办法，对他们身上一点一滴的闪光点，都要适时、适度地予以肯定、赞扬和鼓励，让他们真正感受到班主任对他们的重视和理解，从而不断增强他们的上进心，令他们反思和改进自己的不足。

班主任还要经常向各科教师介绍学生的情况，协调和融洽科任教师与学生之间的关系，使科任教师的教学工作更加有的放矢。协调好科任教师与学生之间的关系，有助于减轻学生的思想压力，营造轻松、愉快的心理氛围，创造出更加健康、高效的学习环境。班主任还要重视利用召开家长会和家访的机会，引导家长以平和的心态，实事求是地评价孩子，对孩子寄予适度的期望，并与孩子保持有效的沟通，从而达到家校之间目标一致、步调一致，形成教育的合力。

很多初任教师在刚开始担任班主任工作的时候，往往觉得班主任事务千头万绪，不知从何下手。尽管他们也花费了大量时间，泡在学生堆里，整天忙忙碌碌，但班级工作成效却不尽如人意。在经过适应积累阶段较长时间的锻炼和学习，以及担任班主任工作的实践历练之后，很多教师逐步对班主任的职责范围、工作内容和重点等，有了较为深入、全面的了解，也熟悉了班主任工作的一整套程序和方法。同时，基本掌握和具备了从事班主任工作所需的各项能力，如创设班级教学环境的能力，合理任用班级干部的能力，组织开展班级各项活动的能力，等等，对学生的思想状况、班风班纪状况、班级成员特长等情况也熟稔于心。于是，他们不再感到班主任工作是比较困难的事情，而是得心应手，游刃有余，这是教师专业发展积累到一定程度、进入内化成熟阶段的一种表现。

（三）工作的熟练化表现在对于师生关系的处理上

苏霍姆林斯基曾说过，在每个孩子的心中最隐秘的一角，都会有一根根独特的琴弦，拨动它就会发出特有的音响，要使孩子的心同教师讲的话发生共鸣，教师自身就需要同孩子的心弦调准音调。这充分说明了教师正确处理与学生关系的重要性和必要性。

良好的师生关系是教师的教育教学取得成功的关键。而要建立良好的师生关系，其前提是要充分地了解学生。将了解学生作为一项重要的工作，要探索出多种了解学生的途径，如在课堂上了解学生，在活动中了解学生，在家访中了解学生，等等。多途径地深入了解学生，对教育教学产生积极的促进作用。

在充分了解学生的同时，要能够平等对待、尊重、信任学生，这就需要教师俯下身子，而不是以高高在上的眼光和态度来看学生，要营造一种平等的氛围，与学生进行心与心的沟通。教师不能仅凭自己的主观好恶来评判学生的对与错、优与劣，不能简单、粗暴地对学生发号施令，更不能责备、讽刺、挖苦学生。信任学生是对学生的一种特殊尊重，信任是催人向上的力量，是教育学生的一种特殊手段，它有着特殊的教育功能。教师对于学生的一个信任的表情、一个肯定的眼神、一个赞许的动作，都能使学生产生很好的心理效应[①]。

在处理师生关系上，教师要注意根据学生的个性差异，寻找和发现他们的兴趣爱好，注重因材施教，使学生的某些优势和特长得到充分发展。而对待一些后进生，教师更应视他们为迟开的花朵，需要加倍细心地培育，要以满腔的热情，帮助后进生摆脱不良心态的困扰，化解他们的消极情绪，让他们从"山穷水尽"的苦闷中解脱出来，使他们体验到"柳暗花明"的喜悦。只有通过合理的方法，与学生真诚沟通，从单纯的说教转化为真情的感染，让情感与认识相互作用，才能促进学生的健康发展[②]。

当教师的工作经验积累到一定程度，其专业发展进入成熟稳定阶段时，在处理师生关系上，才能够逐渐做到见微知著、洞察秋毫、因势利导、因材施教。既能在"面"上把握整个班级的班风、学貌，又能在"点"上深入细致地了解个别学生的思想、学习等情况；既能贴近学生的实际，缩小与学生之间的心理距离，又能在学生中树立起较高威信；既能及时发现学生身上的闪光点，又能使学生意识到自身的不足与差距；既能培

---

① 唐爱华.尊重学生,用爱交流,建立良好的师生关系[J].现代交际,2011(296):94.

② 唐爱华.尊重学生,用爱交流,建立良好的师生关系[J].现代交际,2011(296):94.

养学生独立自主的能力，又能培养学生融入班级的情感；既能扬其所长，又能补其所短。

以下所述的某初级中学的邓老师在教育过程中处理相关问题的做法，就显示出了一位成熟稳定阶段教师的特征。

案例3-4

邓老师是某校一位有着5年教龄的语文老师，同时兼任班主任工作。针对学生在思想、情感、学习和生活中经常出现的一些疑问和烦恼，急需得到帮助和解答，但又不愿与别人交流的情况，邓老师在班里为学生设立了"烦恼倾诉箱"，并鼓励学生将自己的各种困扰和烦恼通过"烦恼倾诉箱"向老师倾诉。邓老师根据每个学生在倾诉信中所反映的内容，采取不同的方式、方法予以解决。邓老师对一些带有共性的问题，就请同学们共同探讨，而对于一些特殊情况，则予以特殊处理。通过这座倾诉"桥梁"，学生们既可以把困惑、烦恼一吐为快，又可以借助老师的力量，找到解决问题的方法，使自己的不良情绪得以有效化解。

邓老师还善于利用一些教育教学过程中的偶发事件，引导学生提高自控意识。偶发事件是引导学生提高自控意识与能力的好机会。在邓老师的班上，曾有一位性格急躁的同学在上课时被科任老师误会，于是当堂顶撞老师，让老师很是难堪和尴尬。当怒目圆睁的他被带到班主任邓老师那里时，邓老师等其情绪稍稍稳定后，亲切地对他说："当老师冤枉你的时候，你有什么感觉？"他说："很气愤，也很没面子，所以才和老师顶撞起来。"邓老师接着说："你顶撞老师，老师有面子吗？上课时老师的精力完全放在课堂上，很可能因为情况了解得不够而冤枉学生。但是，作为学生，你要注意学会换位思考，学会控制自己的情绪。师生之间应当相互理解啊！"邓老师一番诚恳的开导，使这位学生激动的情绪立即缓和了下来，并主动向科任老师表示了歉意，而科任老师也就自己对学生的误解表示了歉意。于是，师生关系重归于好。

工作的熟练化，反映了普通教师工作能力的不断提高。这里再以某初级中学李老师的专业发展过程为例，看一看李老师是如何走向工作熟练化、规范化的。

案例3-5

李老师小时候经常是"孩子王"，也是教师眼中的"刺儿头"，在学校里曾经受到多位老师的批评。这一经历使他对教师职业缺乏好感，也不愿意将当教师作为自己未来的职业选择。然而，高考填报志愿时，由于一些原因，加之家长的要求，他不得已填报了一所师范院校，毕业后走上了教师的工作岗位。工作过程中，在周围可爱的孩子们的感染下，在一些优秀教师的帮助和带动下，李老师感觉自己渐渐开始喜欢上了教师这个职业。如果说刚开始走上教师工作岗位，对李老师来说是一种无奈的选择，那么，在教师岗位工作几年以后，李老师逐渐体验到了当教师的快乐，这也是李老师后来一直坚持当教师的最主要的原因。李老师说，这些快乐体现在各个方面：如看到学生进步，和学生分享快乐，教学上的成功，科研上的进步，信心的提升，成果的积累，做教师有一种满足感，能够把个性发挥出来，工作比较顺利，等等。对于这样的经历，李老师描述为，初为教师不懂的地方很多，没有经验，不能像其他有经验的教师那样熟练地驾驭课堂。但随着自己的成长，看到学生的进步和成绩，感受到自己在课堂上的表现所获得的荣誉，李老师感到非常有成就感，这种成就感源于自己不断成熟的教学经验，对各种教学手段的熟练运用，这是一些初为教师的人所体验不到的快乐。

二、素质的全面化

教师是教育活动的主导者和具体实施者，其自身具备优良的素质，是顺利完成教学任务、培养合格人才所必需的基本保障条件，高素质的教师对提高教育教学的质量具有决定性的意义和作用。

教师工作的专业性、艺术性、复杂性、示范性和创造性等特点，决定了教师素质的特殊性。一名合格的教师，不但要做到向学生生动地传授基本知识和技能，而且要能够在生活中积极引导学生，用正确的世界观、人生观、价值观影响和教育学生。这就需要教师必须具有全面的个人素质。

一名普通教师在其成长过程中，在向骨干教师迈进的过程中，个人素质会随着自身的学习、实践以及经验的不断积累和丰富而得到不断提升。在教师发展进入成熟稳定阶段后，多数教师基本上具备了胜任教育教学工作所需的各种素养，实现了自身素质的全面化。

在成熟稳定阶段，教师素质的全面化，主要表现在以下几个方面：

其一，教师的师德水平得到进一步发展和提升。师德是教师和一切教育工作者从事教育活动必须遵守的道德规范和行为准则。在内化适应阶段，很多教师对师德的理解尚停留在对教师道德规范和行为准则的简单认知和被动遵从上。一些教师虽然对教师的职业道德规范有所了解，但并不能够将这种外在的要求内化为个体自身的内在品质，并自觉地将教师的职业道德规范作为自身行为的准则和尺度，一些教师甚至在实际教育和教学中，经常出现言行不一的现象。

而到了成熟稳定阶段，在经历了前一时期的内化适应后，教师通过对职业道德理论的系统学习、通过对自身职业工作的反复体验，加之周围那些优秀教师的榜样示范和影响作用等，对师德的理解和遵守，逐步上升到了一个新的高度，即能够很好地将职业道德规范内化成个人的人格品质和精神涵养，并在日常教育教学和生活过程中自觉地予以践行和遵守。

成熟稳定阶段的教师职业道德水平和面貌，经常会通过其一言一行、一举一动生动、直观地显现出来，并成为影响社会、影响他人的重要力量，尤其是成为青少年学生道德人格发展的榜样和楷模。教师在道德行为上的"以身作则"，对学生的道德成长、行为发展起着不可替代的示范和引导作用。

案例3-6

折翅雄鹰"双翼"护佑学生

　　张米亚，男，29岁，四川省汶川县映秀中心小学数学老师。2008年5月12日，汶川发生特大地震时，他双手死死护住两名学生，自己却不幸遇难。特大地震只用了短短12秒时间，就无情地摧毁了映秀中心小学，在12秒后，幸存者们依靠着原始的工具，在被夷为平地的校园里救出了许多被埋学生。

　　当大家搬开垮塌的教学楼的一角时，都被眼前的一幕惊呆了：数学老师张米亚跪扑在废墟中，双臂紧紧地搂着两个孩子，像一只展翅欲飞的雄鹰。由于紧抱孩子的手臂已经僵硬，救援人员不得不含泪锯掉他僵硬的手臂，以救出两个孩子。两个孩子还有生命体征，而"雄鹰"已经气绝。

　　张米亚老师是一个性格开朗、外向、爱唱歌、爱打篮球的年轻人，1米72的个子，学校很多老师都夸他是学校最标致的小伙子。然而就是这样一个年轻的老师，在危急关头，却选择了摘下自己的"翅膀"，让学生飞得更高。其高尚的道德人格必将永远被人们铭记，得到人们的颂扬。

　　其二，教师文化知识水平得到进一步提高。在经历了前一时期的内化适应后，多数教师通过不断读书、学习和参与教学实践等，知识储备日益丰富，从教技能逐渐成熟，当教师发展进入成熟稳定阶段时，普遍具备了胜任教育教学工作所需的丰富的文化知识，并且能够在教学实践中对各学科知识融会贯通地加以运用。

　　例如，高中语文文言文特殊句式的教学，是令很多新手型教师感到头疼的问题。不少初任教师反映，给学生讲解文言文特殊句式时，学生常常摸不到"火门"，教师讲得烦躁，学生听得也烦躁。面对这种现象，如果一个语文教师的文化知识非常丰富，并且能够融会贯通地运用于教学活动中，他就可以从某些独特的角度切入，而不是孤立地从文字到文字进行讲解。例如，一位有着8年教龄的高中语文教师在讲《爱莲说》时，讲道："予谓菊，花之隐逸者也；牡丹，花之富贵者也；莲，花之君子者也。"对这个以"之"字为定语的后置句，他打了个比方，"大家学过分数吧？'4/5'的意思就是'5个当中的4个'。那么我们这句话中的'之'字就好像是那条分数线，'之'前面的'花'就是分母，'之'后面的'隐逸者'就是分子，这样理解的话，就是'花当中的隐逸者'。同理，我们可以这样来理解后面这句'牡丹，花之富贵也'……"教师这么一分析，学生马上就能够既非常轻松地理解和把握"之"字定语后置句的用法和含义，又能够牢牢地记住这个特殊句式。

上述高中语文教师的教学案例说明，教师只要具备了丰富的文化知识，能够对各学科知识融会贯通地加以运用，能够把所教学科知识与其他学科知识有机地结合起来，就能够极大地提高课堂教学活动的效率和效果。

当然，在成熟稳定阶段，虽然很多教师已经具备了较为丰富的文化知识，但是，知识的学习是没有止境的，教师依然要继续成为学习的先行者，勤于学习，充实自己，不断丰富自己的头脑，不断更新和完善自己的知识结构。

著名学者安德森·莱维特从教育人类学的视角研究了教师的文化知识及其与教学的关系。她将教师的文化知识定义为教师所具有的知识、信念、态度以及教师用以完成教学任务的实践知识等。它既包括教师从教育学院和实际工作中获得的专业知识，又包含对课堂、儿童和教学的常识性理解的知识等。她运用人类学的田野研究方法，总结出教师文化知识的五个类别：安排学年课程的知识，组织教学活动的知识，评价学生学习的知识，解释并补救学业失败的知识，实践中的知识。

美国著名教育家柯南特说过，未来教师的教育，应该是一种基于广博的文理科目知识之上的教育。

应该说，安德森·莱维特所提出的关于教师的文化知识的观点以及柯南特关于教师教育的论述，为教师的知识学习，提供和指明了较为明确的范围和方向。教师只有具备了广博的文化知识，才能够使自己的课堂教学建立在丰富的文化知识基础之上，才能够满足每一个学生的探究兴趣和多方面发展的需要，才能够帮助自己更好地理解所教学科的知识，也才能够有效提高自己在学生和家长心目中的地位和威信。

成熟稳定阶段的教师有多种途径继续学习。例如，既可以从书籍和报纸、杂志中学习，又可以从网络中学习；既可以向同行学习，也可以向学生学习；等等。在阅读书籍和报纸、杂志时，作为教师，需要特别关注那些与教育教学相关的著作、论文。对于好的书籍和论文，要做一些必要的记录和批注，写一些读书笔记，还可以把一些优秀的文章、经典的教学案例、精彩的教学图片等裁剪下来，做成剪报收藏好，平常有空时可以经常翻出来看看，以使自己受到激励和启迪。

网络也是当今时代教师学习的一条非常重要的途径。对于一些不知、不懂、不会的东西，上网搜索一下，就会有大量的有价值的信息进入我们的视野。当然，需要指出的是，在获取和利用网络知识和信息时，我们需要注意鉴别众多网络信息的真伪，并做出正确的取舍。

继续向同行学习，向不同学科的优秀教师学习，是成熟稳定阶段教师继续学习的一条重要途径。如同蜜蜂需要广采花粉才能酿制出甜美的蜂蜜一样，教师只有博采众长，充分地从优秀同行身上不断地汲取自身成长所需的营养，才能够使自己不断成长。

三、成熟稳定阶段应注意的问题

（一）避免社会技能的缺失

这里所说的社会技能，主要是指人际交往能力。人际交往是社会上个人与个人、个人与群体、群体与群体之间通过信息的传播而发生的具有相互依赖性的社会互动过程，是人们互通信息和情资、交流思想和情感的过程。

教师所从事的是以人为对象的工作，教育活动的过程就是一个人际交往的过程。正是在与他人的交往中，教师逐步建立和形成了一定的同事关系、师生关系等社会人际关系。而这些重要的社会人际关系，对于教师自身的专业发展，对于教师顺利完成教育教学任务，具有重要的影响。

教师的人际交往包括多种类型，例如，根据交往主体的状况，可以分为教师与学校同事及领导的交往，教师与学生家长的交往，教师与学生的交往，等等。

对教师而言，与学生的交往是其中最经常、最普遍，也是最为重要的一种人际交往。教师与学生的交往即师生交往，它可以分为多种类型，如教师与学生个体的交往，教师与学生群体的交往，等等。前者可以称之为"师个交往"，后者可以称之为"师群交往"。"师群交往"可以进一步分为师班交往、师组交往。师班交往是指教师与全班学生的交往，"师组交往"则是指教师与班级内的学生小组的交往。

具有较强的人际交往能力，是教师从事职业工作的必备条件，是教师职业素养的一个极其重要的组成部分①。不懂得人际交往的教师和没有良好人际关系的教师，要想提高教育质量、完成教育任务是不可能的。

作为正处在专业发展的关键阶段——成熟稳定阶段的教师来说，理所当然地应当学习和掌握人际交往的技能，较好地处理与同事、与学生及家长的关系等各种人际关系。他们虽不应当刻意去研究"关系学"，但应当能从良好的人际关系中获得工作的助力，获得促进自身发展与进步的机会，不为人际关系中的矛盾所困扰。

就教师与同事的关系而言，要建立起与同事间的平等、互助、合作的人际关系，使同事交往得到良性发展，必须注意以下几点：

第一，以真诚的态度待人。对待同事要敞开胸襟，坦诚相对，相互沟通，相互扶持，以心换心，不虚假，不矫饰，不自我封闭，不孤芳自赏，不损人利己。

第二，豁达大度，开阔心胸，宽以待人，严以待己。在与同事的交往中，要能多一点积极态度，如尊重、羡慕、信任、赞美等，少一点消极态度，如多疑、嫉妒、憎恶等。要相互理解、相互接纳、相互信任，要"学人之长，补己之短，念人之功，容人之过"，避免"文人相轻"、"同行是冤家"、"各人留一手"。不为一时一地的利益得失、矛盾纷争所困扰，努力淡化功利，不斤斤计较，不陷入自私、狭隘、庸俗的泥潭。要多换位思考，少以自我为中心，设身处地为别人着想，体会别人的心理。即使在批评同事时，也要从善意出发，不使用过激的语言，不伤害对方的自尊心。

---

① 唐爱华.尊重学生,用爱交流,建立良好的师生关系[J].现代交际,2011(296):94.

第三，学会调整心态，排除心理障碍。要建立合理的、客观的自我期望值，制定的个人奋斗目标要合理。在对待学历、职称、职务方面的问题时，应注重努力的过程，而淡化最终的结果。要承认人与人之间是有个体差异的，允许自己不如别人。要正确认知工作压力，知道自己所遇到的困难、问题和挫折，别人同样也会遇到，只是时间早晚而已。当遇到不公平、不愉快的事情或不友好的人时，要能以超脱的态度泰然处之。

如前所述，师生交往是教师人际交往中最经常、最普遍、最重要的一种交往。师生交往对于师生相互间融洽关系的形成，对于教育教学任务的顺利完成，对于学生的成长和社会化的发展，都具有重要的意义和影响。

师生关系是教育大厦的基石，它不但是教育活动有效实施的背景条件，而且其本身是一种潜在的教育因素。师生间和谐、融洽的交流和互动，带来的是高质量、有活力的教育，而师生间的疏离、隔膜乃至对立和对抗，则无疑是教育活动取得成功的一大障碍。恶劣的师生关系不但会使教师的教学效果大打折扣，而且会使学生人格的成长受到严重的消极影响。因此，教师必须把学会与学生交往、努力营造有利于教育工作开展和学生成长的良好师生关系，作为自身工作的一个重要内容和组成部分。

要想建立起与学生和谐、融洽的人际交往关系，教师必须具备很强的亲和力和凝聚力，成为学生可亲、可敬、可信的朋友。在师生交往过程中，要与学生真诚相见，尊重学生的人格、兴趣、爱好等。发现学生有缺点、错误时，要不讥笑、不讽刺、不挖苦，用自己的真诚感染和影响学生。

在师生交往中，倾听是教师最为经常和普遍地采用的交往方式之一。因此，教师应学会善于倾听的社会技能，学会与学生进行深入、细致的交流和沟通，并通过这种深入交流和沟通，了解学生思想和心理上的现实和潜在的问题，洞察学生真实的内心世界。当然，倾听的技能并非一朝一夕就能练成，它既需要教师具有深厚的社会文化素养，又需要教师的爱心、责任心以及耐心和细心。一些以自我为中心或者自以为是的教师，往往缺乏倾听学生的心声。而这一点是一些教师在内化成熟阶段容易忽视的问题。

在师生交往中，肢体语言的运用是教师应当注意的一个重要问题。人的肢体语言往往蕴含着非常丰富的含义。教师在与学生的交往中，应该能够恰当地运用自己的肢体语言，增强对学生的感染力和影响力。例如，在肢体语言中，视线接触的作用是巨大而又强烈的。在课堂上，教师亲切、和蔼、关爱、期许的目光，可以使学生从中领略到老师的鼓励、赞赏、期待等正面的信息。师生之间这样的目光交流，可以激发学生以更加高涨的热情投入学习。而与此相反的是，教师呆滞、游离的目光，则很难达到使师生心心相通、实现信息交流的目标，轻则可以说是教师的教态不够自然，重则应该说是教师缺少肢体语言交流的社会技能。当然，教师还应注意，在与学生的交往中，有时是需要对自己的表情和行为加以适当控制的，如当自己在工作和生活中遇到一些不顺心甚至一些不幸的事时，不能将自己内心的不悦、愤怒、悲伤等情绪在脸面上和肢体动作上显露出来，更不能够把自己的消极情绪随意地转嫁到学生身上①。

教师的仪表、形象和穿戴等，是在与学生交往中必须注意的问题。一个人的仪表、形象和穿戴，不但与其个人性格有关，而且与他的职业身份和职业行为有关。教师作为一种教书育人的职业，在与学生的交往中，其仪表、形象和穿戴应该做到庄重而又不失平和，严肃而又蕴蓄热情。学生通常可以通过一名教师的仪表、形象和穿戴等外表状况，判断出教师的个性风格和涵养状况。而且，教师的仪表、形象和穿戴，又能够对学生产生一定的影响，教师良好的仪表形象，能够拉近师生的心理距离，并对学生具有榜样、示范的作用。现实中有一些教师，他们不考虑自身职业的特点，在仪表、形象和穿戴方面，一味地标新立异，如喜欢穿奇装异服等，其个人仪表、穿戴与教师职业身份严重不符，这就向学生传达了某种不良的信息，也是教师缺少社会交往技能的一种表现。对于一个处在成熟稳定阶段的教师来说，这是应当予以避免的。

在师生交往中，善于对学生进行积极评价，是教师应当掌握的一项社会技能。教师应当认识到，对学生进行评价，其目的是为了促使他们进步和产生继续努力的动机，而不是为了使学生泄气和受到打击，是为了在了解学生的基础上，为他们提供有针对性的教育，而不是为了比谁好谁差、谁强谁弱。教师应当鼓舞和激励学生，坚持积极评价，慎用甚至避免采用消极评价。首先，教师应当把握好评价的着眼点。即要更多地关注学生学习活动的过程，而不是只关注学习活动的结果；要更多地关注学生在学习

---

① 唐爱华.尊重学生,用爱交流,建立良好的师生关系[J].现代交际,2011(296):94.

过程中做出的努力，而不是只关注学生的最终分数和名次；要更多地关注学生的进步，对他进行纵向比较，而不只是将他与其他学生进行横向比较，更不要用某个学生的短处与其他学生的长处做比较。其次，教师要考虑每个学生的具体特点和实际情况，不可对学生抱有不切实际的过高期望，以免由于达不到预期要求而对其做出消极评价，从而极大地挫伤学生的自尊心和自信心，使其对学习活动失去兴趣，造成其各方面发展的滑坡。最后，教师应当用全面和发展的眼光来看待学生。要注意到学生发展的各个方面，而不是只关注某一点，特别是不能只看到学生的短处和不足，而看不到他们的优点和长处。教师要有意识地去寻找和发现每个学生身上的闪光点，要相信每个学生都有可能发展得更好，而不要轻易地给学生定性，为其贴上"后进生"的标签。只有这样，学生才会更有自信心，才会发展得更好。也只有这样，师生之间才能建立起和谐、融洽的人际交往关系。

（二）注意经常性的反思和反省

美国著名教育家杜威指出，反思是思维的一种形式，是个体对于任何信念或假设，及其所依据的基础和进一步推导出的结论，进行的主动、反复、持久和周密的思考。反思活动不但存在于人们一般的思维和实践活动过程之中，而且存在于教师的教育教学过程之中。

美国著名教育心理学家波斯纳提出了教师成长的经典公式：成长=经验+反思。国内著名教育学者叶澜说过，一名教师只是写一辈子教案，是难以成为名师的，但是，如果能写三年的教学反思，则有可能成为一个名师。可见，在学者们看来，教育教学反思对于一名教师的专业成长具有重要的意义。

作为一名教师，应该通过经常性的反思和反省，不断审视和改进自己的教育教学观念及行为，使自己的教育教学活动充满智慧与创新，使自己的教学质量不断得到提升。古人云："学而不思则罔。"学生的学习活动如此，教师的教育教学活动何尝不是如此？教师注重对自己的教育教学理念、行为及其效果进行反思，是十分必要和重要的。

反思是加快普通教师专业成长的最为有效的途径之一。虽然教师在其职业生涯的每一个阶段，都离不开对专业的反思，但对处在内化成熟阶段的教师来说，反思的意义尤为重要。通过教育教学反思，进行自我检讨和总结，可以使这一阶段的教师及时调整自己的教育教学方式和方法，使自身各方面的能力得到磨炼，在教育教学中尽快达到熟练化的状态。

教育教学反思对于教师专业成长的意义主要表现在以下几个方面：

第一，通过教育教学反思，可以不断总结自己教育教学过程中的优势和不足，扬长避短，为后续教育教学活动选择合理的方式和策略。

一个优秀的教师必须在教学过程中不断自我学习、完善，不断更新自己的知识体系和教学方法，才能适应不断发展的社会，才能更好地带领学生向更高的目标迈进。而教学反思的过程就是自我完善、自我发展的过程，通过教学反思，可以有效促进普通教师教育教学能力与水平的提高。

教师的反思，无论是对自身教育教学理念的反思，还是对自身教育教学活动和行为的反思；无论是对于学习过程、教学过程的反思，还是对教学评价活动的反思，都能有效地帮助自己及时发现自身存在的问题和症结，找出根源所在，进而升华自己的认识，探索和寻找解决问题的方法，不断提高自己的执教水平。

第二，通过教育教学反思，可以帮助自己博采众长，逐步形成自身独特的教学风格和特征。教学有法，但无定法。当前，在推进素质教育实施的过程中，广大教师的创造精神得到充分发挥。在教学实践中，各种新的教学模式和方法、教学设计等层出不穷，可谓"百花齐放"。作为一名教师，除了必须多多研读教育理论著作，从中汲取知识营养外，还应该不断地博采众长，经常向一些优秀同行学习，借鉴他们的先进教育教学经验，并以他人的成功经验来观照和反思自己的教育实践活动。在此基础上，完善自己的教育教学活动。

例如，有些年轻教师将自己过去在读书期间形成的一些研究与反思习惯，带到教育和教学工作中，每听过其他教师的一节课，他们总是习惯性地将其他老师上课过程中的每一处得与失、优与劣，进行认真、细致的记录和分析，并参考其他老师的做法，对自身的课堂教学实践，尤其是自身的不足和欠缺之处，进行深刻的反思与反省。这一良好习惯，极大地促进了他们教学水平的迅速提高，并有助于他们逐渐形成自己独特的教学风格。

第三，通过教育教学反思，可以有效提升教师的科研能力，促进教师的专业成长。普通教师要想具备良好的教学素质，就要积极参加教学改革和教学研究活动，把教学过程中的主体、环境、手段、目的、效果等作为研究对象，自觉地进行反思，从而发现问题、研究问题、解决问题。可以说，良好的教学反思习惯，能够在潜移默化中使教师的科研能力得到培养和锻炼，能够加速普通教师向优秀骨干教师迈进的步伐。

在教学过程中，很多教师在经过了几轮教学，熟悉了教材和授课内容之后，往往很容易陷入机械、重复的教学实践工作中，有的会产生教学惰性。而通过教学反思，可以大大激发教师自我学习、自我完善的热情，可以让教师不断地进行自我审视、自我批判，从而促使他们不断地进行深入的思考和探索，不断去追求认识和实践的更高境界。在这个过程中，他们对教育教学规律的理性认识，对各种教育教学问题的研究意识和能力，自然会得到较大的提升和发展。

成熟稳定期教师的教学反思，应当主要从以下方面入手：

其一，反思教学过程。教学过程的反思不是简单的回忆教学过程，而是不断寻找教学过程中的亮点和闪光点，同时不断寻找教学过程中不合理的思维方式和行为，对于存在的问题，通过重新设计教学方案加以解决。在教学过程中，若有所收获和成就，应及时抓住亮点进行反思；若有所顿悟，应及时抓住重难点进行反思；若手足无措、感到迷茫，应及时抓住盲点进行反思；若感到疑惑不解，应及时抓住疑点进行教学反思。

其二，反思师生交往的方式。教师取得成功的重要秘诀之一，就是与学生之间能够相处融洽。教师应该明确，良好的师生关系是产生较高教育效能的关键。学生只有"亲其师"，才会"信其道"。在师生交往过程中，如果教师伤害了学生的自尊心或感情，那么，教师无论怎样良苦用心，学生也不会接受，而且会从内心深处对教师产生抵触情绪。因此，教师应当用满腔的热情去关爱学生，用伯乐的眼光去发现学生的优点和闪光点，而不是放大学生的缺点。作为教师，要经常反思自己与学生沟通的方法和技巧，反思课堂教学过程中是否调动和激发了学生学习的积极性、主动性和创造性。

其三，反思教学效果。在对教学效果进行反思时，要注意充分了解学生已有的知识与技能和能力水平，分析学生是否通过教学活动有所进步以及在哪些方面取得了进步，包括是否养成了良好的学习习惯，是否掌握了正确的学习方法与策略，是否在思维能力、创新能力以及情感、态度、价值观方面得到了发展，等等。作为一名教师，需要明确的是，教学过程中向学生传授知识不是教学的唯一目标，在传授知识的同时，应当把培养学生的能力放在重要的突出的地位。所谓"授人以鱼，不如授人以渔"，说的就是这个道理。为了能够及时了解和反思自己的教学效果，教师应当通过课堂观察、个别访谈、调查问卷等多种方式，获取相关素材，总结自己的经验和教训。

撰写教学反思笔记是教师进行教学反思的一种重要手段。作为一名教师，在成熟内化阶段进行教学反思时，做得最多的事情，应当就是撰写教学反思笔记。

所谓教学反思笔记，就是教师及时地对教学工作中出现的事件和行为，以撰写笔记的形式进行反思和总结。教学反思笔记没有固定的写作格式和内容，在撰写教学反思时，教师可以将教学过程中的成功与不足，尤其是对教学过程中的失误之处、漏洞之处，详尽地记录下来，并进行深刻的反思和分析，寻找切实有效的解决办法。根据反思的情况，及时进行教学的"再设计"，教学"再设计"应注意扬长避短，精益求精，这样才能把教学水平提高到一个新的高度。

教学反思笔记应注重有感而记、有感而发。在教学过程中，教师往往会因为一些偶发事件而产生瞬间的灵感，智慧火花会突然闪现，若不能及时对其加以捕捉，便会因时过境迁而烟消云散。教师若能将这些灵感和火花及时记录下来，同时融入自己的领悟、思考，对于自己的专业发展来说，将是一笔笔珍贵的财富。

同时，反思笔记可以记录学生的一些创新点和智慧火花。教师将学生提出的一些独特见解进行记录和整理，借此可以不断拓宽自己的教学思路，寻求教学的突破口。

教师的教学反思除了自我反思之外，还可以采取通过与同事集体反思，获得教学经验和灵感。"当局者迷，旁观者清"，教师以旁人的眼光来审视自己的教学实践，能够使自己对问题有更加明确的认识，并获得解决问题的更多途径。自己的同事或听课专家的意见，往往会让自己有醍醐灌顶的顿悟。同行教师间的集体反思，能够有效弥补教师个人反思的不足。利用他人和集体的力量，激活他人和集体的教学智慧，集思广益，可以在思维和灵感的相互交流和碰撞中，达到相互启迪、共同提高、共同发展的目的。

教师之间还可以通过相互观摩学习进行自我反思。"以人为镜，可以明得失"，教师之间相互听课和观摩，是"以人为镜"、"观照自身"的一种最有效、最直接的方法。教师进行经常性的学习听课，特别是听一些优秀老师的课，可以使自己有意识地与他人的教学进行比较和对照，从中发现自己的差距和不足，再通过课后积极与优秀教师进行交流和研讨，无疑有助于取人之长补己之短，不断提高自己的教学水平。

总之，作为一名处在成熟稳定阶段的教师，必须通过加强教学反思，在反思中不断成长和发展，才能更好、更快地向一名优秀骨干教师的目标迈进。

四、有效防止和应对职业倦怠

职业倦怠是指个体伴随着长期职业工作的压力体验而产生的一种情感、态度、行为的疲惫和衰竭状态。它是个体不能顺利应对工作压力时产生的一种极端的、消极的反应，主要表现为工作的乏味感、事业的失望感、认知的冲突感、精神的疲惫感等。

教师职业倦怠则是指教师在长期职业压力情境下，由于持续的工作疲劳以及人际关系中的各种矛盾冲突而引起的，在情绪、认知、行为等方面表现出的精力枯竭、精神疲惫、挫折感加剧、失望、无助等一系列心理状态。教师职业倦怠一般主要包括以下几个方面：

(一) 情绪衰竭

情绪衰竭指工作热情基本或完全丧失，没有活力，感到自己的情绪、情感处于极度疲劳的状态。它是教师职业倦怠的最核心的内容和表现，并具有最明显的症状表现。

情绪衰竭具体表现为：常常有疲劳感和沉重感，性急易怒，时常由于工作的原因无法控制自己的情绪；因缺乏热情而对自己没有信心，有强烈的自卑感；对学生家长缺少耐心，产生强烈的厌倦感；对同事缺少热情，具有不满情绪或排斥感；在与其他充满活力的人交往时，常有一种无力感、无助感等。

（二）去人格化

所谓去人格化，是指在面对工作时，刻意在自身和工作对象之间保持距离，对工作对象和环境采取冷漠、忽视的态度，对组织提出的任务和要求，缺少积极的支持态度。对自身工作敷衍了事，表现出来的不是充满激情，而是冷漠和悲观。甚至会出现一系列的不良行为，如自我封闭，喜欢独来独往，脾气暴躁，举止怪癖等。

（三）低个人成就感

低个人成就感主要指个体倾向于消极地评价自身的职业和工作，并伴有工作能力体验和成就体验的下降，感觉自己所从事的职业毫无意义，认为教师工作不能发挥自身的才能，而且枯燥乏味。他们看不到自己以及自身所从事工作的价值所在，认为自己即使努力做了，也无法给学生带来更大的变化，于是变得心灰意冷，在失望中颓废，萎靡不振，惰于思考，不接受新知，无创新智慧，顽固保守，缺少积极向上的心态，彻底丧失远大的职业抱负，个人发展停滞不前，对工作完全失去了兴趣与热情，工作进度缓慢拖拉，效率低下。当这种较低的个人成就感与情绪衰竭交织在一起时，就会大大降低教师工作的积极性，导致教师缺乏社会使命感、职业责任感、职业幸福感和归属感。

教师职业倦怠的产生，与教师职业工作的压力有着非常密切的关系。教师的工作压力、心理压力如果得不到缓解，就难以避免职业倦怠的产生。事实上，教师所承担的角色是相当复杂的，他们不但是知识的传授者，而且是学生人格品质的塑造者，是学生人际关系的协调者以及心理问题的辅导者；他们不但要做好学生成长的引路人，而且要成为学生的知心朋友，在必要时甚至要担当起学生"父母"的角色。角色的多重性和社会对教师角色的过高期待，教师专业成长之苦，日常工作之劳顿，很容易使教师产生沉重的职业压力，并对教师的身心健康产生严重影响，还会严重影响学校的工作和发展。

教师职业倦怠的产生，与教师职业的社会地位有着较为紧密的关联。有关研究表明，经济待遇在很大程度上决定了个体或者一个群体的社会地位。尽管教师职业工作的重要性妇孺皆知，但是，教师的社会地位，尤其是教师职业的经济地位，一直不高甚至较低，却是一个不争的事实。有数据显示，我国教师的平均工资收入不但远远低于世界上各发达国家教师的平均工资水平，也低于不少发展中国家教师的平均工资水平。中华英才网公布的全国各行业薪酬调查情况显示：2004年，我国教育行业的平均年薪仅为26661元，在被调查的30多个行业中倒数第三，仅相当于电信行业平均工资的46%。近年来，政府虽然为改善教师待遇做出了一些努力，但教师劳动的复杂程度和紧张程度与其所处的社会经济地位并不相符合。长期以来，无论是社会舆论还是教育管理机构，仍然习惯用传统的教师道德规范来要求教师，较多地强调教师的无私奉献和付出，却对教师的社会经济地位及其面临的实际困难关注较少。在极个别的学校，侵犯教师权益、拖欠教师工资的现象仍然存在。这些因素都在一定程度上影响了教师的生活质量和工作满意度，诱发了教师职业倦怠的产生。

教师职业倦怠的产生，与学校内部管理及相关规章制度的要求有着一定的关系。教师的工作是一项复杂而艰苦的脑力劳动，学校中各种各样涉及教师的规章制度、工作业绩考核指标、评比方式以及对教师教学过程的监控手段等，在一定程度上增加了教师的心理压力。有些教师因为繁重的教学与科研压力而感到心力交瘁，他们的健康状况也受到明显的影响。

当前，各校对教师工作业绩的考核一般包括教学任务、科研课题、学生成绩、教研成果等。这些项目不但是教师在年度考评、职称晋升、评优评先时的硬性指标，而且是教师日常工作的主要内容。而在上述考核中，教师大多处于被动的地位，在评价方法的科学性、评价过程的合理性以及评价结果的客观性等方面，基本上没有多少发言权，加上评价主体本身的资质与能力水平的限制，评价的结果可能缺乏有效性。这些都会在一定程度上增加教师的心理压力，使教师产生职业倦怠。

此外，教师个人的知识和能力水平、家庭生活和婚姻状况、同事间的人际关系状况以及个人的性格等因素，都会成为诱发职业倦怠的原因。具备了较高知识水平和良好职业素养的教师，会比那些知识水平较低和能力素养不足的教师更能自如地处理好教育教学过程中遇到的问题，这在一定程度上可以防止职业倦怠的产生。至于婚姻状况与职业倦怠的关系，有研究表明，已婚教师往往较未婚教师更容易产生职业倦怠。究其原因，主要是已婚教师所承受的角色更为复杂，他们中的一些人因为处理不好家庭生活与工作之间的矛盾，更易产生挫败感，从而产生职业倦怠。

教师职业倦怠因教师的职业工作而产生，然后直接影响和反作用于教师的职业工作，导致教师工作状态恶化，而工作状态恶化又会进一步加深教师职业倦怠。也就是说，教师职业倦怠是一种会导致恶性循环的、对教育工作具有极大破坏力的影响因素。因此，有效地消除教师职业倦怠，对于稳定教师队伍、提高教师工作绩效有着十分重要的意义。

一名普通教师要想成为优秀骨干教师，就必须认识到自身职业的特殊性，积极地将社会和学校的期望和要求，转化为自身工作的动力。同时，要清醒地认识到，每个人自身的能力都是有限的，要以积极的态度面对教师职业生涯中遇到的各种问题和压力，不断提高专业水平和工作能力，不断增强职业自信心，不断提高自我调节能力，以开放的态度学习新知识，掌握新方法。还应尝试改变已有的思维模式，正确处理好投入与回报的关系，最大限度地改善不适心理，调整心态，积极培养自己广泛的兴趣和爱好，主动打破封闭、自守的工作方式，充实和丰富自己的业余生活，在不同时期、不同阶段及时调整和完善自己的职业发展规划，增强自我效能感。

教师职业倦怠作为一种客观存在，已经成为许多教师积极行为的严重障碍。如何防止教师职业倦怠的产生，以及怎样让一部分已经产生职业倦怠的教师从倦怠的阴影中走出来，向职业倦怠告别，这是学校和教师必须面对的一个现实问题。

一般认为，解决教师职业倦怠问题，可以从以下两方面进行尝试。

第一，要有效缓解职业压力源。有关教师职业压力源及教师痛苦指数的一些调查研究表明，"上级对我不够重视和信任"、"学校提出的工作要求难以完成"，在教师职业的压力源中是位居前列的。因此，要很好地解决教师职业倦怠问题，作为学校管理者，应当坚持实行"人性化"管理，真正体现"以人为本"的管理理念，而不是一味地向教师施压。要努力营造宽松的工作氛围，为教师创造和谐的人际交往环境，使他们的郁闷和疑惑得到及时的排解。要建立科学、合理的教师评价体系，完善竞争机制，满足大多数教师的成就需要。这些做法可在一定程度上缓解教师的心理压力，减少他们的职业倦怠。

第二，教师要不断提高自身的心理素质，并能够科学运用心理策略调节自身的情绪和心态，这是防止和告别职业倦怠的根本所在。有了良好的心理素质，才能正视外在的压力情境，勇于面对周围环境中的一切困难和问题，才能有针对性地对自己进行心理控制，并能够与周围环境保持积极的平衡，避免外在的压力情境给自己带来生理和心理上的损伤。有了良好的心理素质，就可以使自己无论是在顺境还是在逆境中，都能始终保持乐观向上的心态，成为一个热爱生活、善待生命、对生活充满激情的人，能够积极、愉快、主动地迎接工作和生活的各种挑战。

正确地运用一定的心理策略，调整自身的心理状态，是减少教师职业倦怠产生的有效方法之一。例如，在寻求对环境挑战或问题处理的积极的应对方式时，教师可以通过运用心理暗示的策略，调节自身的情绪和心态。暗示指的是在无对抗态度的条件下，用含蓄、间接的方式对人的心理和行为施加影响。积极的暗示可以帮助被暗示者稳定情绪，树立起战胜困难和挫折的勇气及信心。因此，每个教师都应当学会通过自我暗示来应对困难和压力的策略。比如，当工作千头万绪、不知所措时，不要一味地抱怨、退缩、自怨自艾，否则就很容易陷入职业倦怠而不能自拔。这时，就要用言语反复提醒自己："一次一件事，我一定能做完所有的事"，"走过去就海阔天空"，"工作着就快乐着"，"与其痛苦地做，不如快乐地做"，"因为我觉得快乐，所以我快乐"……当面对孤独、寂寞、缺乏成就感的工作环境和任务时，要学会欣赏自己、奖励自己、为自己喝彩，哪怕是一丁点的进步，都不要忘记对自己说一声："哦，我做得真不错，明天继续努力哦!"在这样经常的自我心理暗示下，个体就会由急躁、泄气、灰心变为情绪稳定、有条不紊、信心十足，从而快乐、自信地面对工作和生活。

第三节 外化创造阶段

一、外化创造阶段的基本特征

外化创造，即将头脑中的设想或模型转化成外在的、看得见摸得着的、实实在在的行为和成果。教师的外化创造阶段，可称之为专家型教师阶段。这一阶段教师的素质，与此前的适应积累阶段和内化成熟阶段相比，有着显著的不同。他们的专业理论知识、从教能力和水平以及对教育教学规律的认知程度，都达到了一个新的高度。

何谓专家型教师？所谓专家，一般是指在某个领域有专长的人，或指对某种学术、技能有特长、有专门研究的人。由此出发，我们可以将专家型教师理解为在教学领域有专长的教师。

国内外已有很多学者对专家型教师进行过专门的研究。美国当代著名教育心理学家斯滕伯格以专家型教师群体的相似性特征为原型，建立了专家型教师的模型。斯滕伯格提出，专家型教师的原型特征有三个：一是专家型教师能够将更多的知识运用于专业范围内的问题解决中；二是专家型教师依靠广泛的经验，能够更为迅速地完成多项活动，解决教学问题的效率高；三是专家型教师富有很强的洞察力，能够鉴定出有助于问题解决的信息，对教学问题取得新颖而恰当的解答。

因此，斯滕伯格认为，既可以将那些显示出具有丰富的高度组织化的知识的教师视为教学领域的专家，又可以将那些对课堂问题做出明智解决的教师视为教学领域的专家。可见，斯滕伯格的所谓专家型教师，就是指那些具有良好的知识结构，即在教学领域具有丰富的和组织化了的专门知识，能够高效率地解决教学中的各种问题，在教学中富有创见，具有敏锐的洞察力和创造力，能够根据课堂情境的变化及时采取有效措施，从而保证教学活动顺利开展的教师。

波林纳则将教师职业发展区分为新手型、熟练新手型、胜任型、业务精干型和专家型五个阶段。在他看来，专家型教师的标准主要包括：对教学情境的观察和判断是直觉的，不需要进行仔细的分析和思考，凭借经验就能准确地发现问题，并采取适当的解决方法。对教学情境中的问题的解决不但达到了快捷、流畅和灵活的程度，而且达到了自动化的水平，在没有意外发生的情况下，不需要有意识的努力，就可以很好地处理遇到的各种教学问题。

司德菲根据人文心理学派的自我实现理论，建立了教师生涯发展模式，他将教师职业发展划分为预备生涯、专家生涯、退缩生涯、更新生涯和退出生涯五个阶段。他认为专家生涯阶段教师的标准是：具有高水平的教学能力与技巧，同时拥有多方面的信息来源，能进行有效的班级经营和时间管理，对学生抱有高度的期望，在工作中能激发自我潜能，达到自我实现的目的。同时，具有一种内在的透视力，可以随时掌握学生的一举一动。

在上述学者关于教师专业发展相关阶段及其特征的分析和阐述中，可以看出，专家型教师是具有丰富的知识、出色的教学能力和创造性见解的高层次、高素质的教师，处于教师专业发展过程中的高级阶段，在整个教师的生涯中有着重要的、特殊的地位。

这一阶段的教师，正在由过去较为熟练的工作状态进入外化创造的状态，他们中的很多人经过自己多年的努力和奋斗，在自己的工作岗位上创造出了不平凡的业绩，很多人已经成为拥有特级教师、学科带头人等荣誉称号的优秀教师。

具体来说，处于外化创造阶段的专家型教师，通常具有以下主要特征：

（一）丰富的知识储备和良好的知识结构

与普通教师相比，处于外化创造阶段的专家型教师，具有丰富的知识储备和良好的知识结构。

曾经有一个经典的心理学实验，考察了专家棋手与新手棋手对国际象棋棋局的记忆是否有差别。研究者向专家组和新手组呈现各种不同的棋局，然后评估两组被试的记忆成绩。结果和预期的一样，专家棋手对棋局的记忆成绩更好，但是这种情况仅仅是当棋局是有意义的时候（即棋局合乎实战时的真实变化）。而当随机组合棋局中的棋子时，专家组和新手组的成绩则没有区别。这个发现意味着什么？它表明专家与新手相比，他们对棋局的记忆优势在于拥有更多的知识，他们的头脑中存储了上千个有意义的棋局，这种已有的知识，使得他们更容易回忆起棋子的组合，与新手相比，表现出明显的优势。因此，他们真正的优势在于有关国际象棋的知识而不是其记忆力。这类实验还在其他领域开展过，也得到了与上述实验相同的结果，即专家在自己所擅长的领域和特定的情境中比新手表现得更为优秀。而专家具备这种优势的主要原因，在于专家与新手相比，他们掌握了更多、更丰富的特定领域中的知识和技巧[①]。

现代认知心理学将知识划分为陈述性知识、程序性知识和策略性知识三大类。陈述性知识指个人具有的有关世界是什么的知识，主要是指言语、信息方面的知识，用于回答"是什么"的问题，如"第二次世界大战爆发的原因是什么"，"中国的地形特征是什么"，等等。程序性知识是有关"怎么办"的知识，主要涉及概念和规则的应用。这类知识与人们经常使用的"技能"概念在内涵与外延上基本一致。在认知心理学中，一般又将程序性知识区分为用于对外办事的智力技能和用于对内调控的认知策略。策略性知识在本质上也是程序性知识，但有其自身的特殊规定性。它一般是指用以提高效率与效果，直接作用于主体认知过程或信息加工过程的程序性知识。

有关研究表明，专家型教师和新手型教师的知识结构在这三种成分上都表现出了明显的差异。

在陈述性知识方面，专家型教师和新手型教师拥有的陈述性知识不但在数量上有差异，而且在知识的组织方式上，专家型教师的知识是以结构和图式的形式出现的，比新手型教师的知识组合得更好、更完整，因而在解决问题时就能够及时、有效地提取出来。

在程序性知识方面，专家型教师具有一整套管理课堂、掌握教学节奏、使师生活动从一个环节自然过渡到下一个环节的熟练技能。这些技能经过反复练习，其执行程序已达到自动化程度，很少或不需要意识控制。由于专家型教师能够使常规课堂活动自动化，这就使他们能够节约大量的

---

① 王艳玲.教师的文化知识：创造教学的当下意义及其改进的无限可能——密西根大学 Kathryn.Anderson-Levitt 教授访谈[J].全球教育展望,2011,40(10):4.

认知和心理资源，把精力和能量主要集中在教学领域更复杂的高水平问题的推理和解决上，应用于富有创造性的教学活动中，从而表现出对学生的需要更敏感，更能满足学生的个别需要，能时刻紧扣课堂教学的主要目标，采用灵活而适当的教学方法，帮助学生克服学习和理解中的难点，顺利达到教学的目标。而新手型教师由于缺乏足够的程序性知识，只能将有限的认知和心理资源用于解决一些常规的教学问题。

在策略性知识方面，专家型教师比新手型教师占有明显优势，新手型教师一般缺乏或不善于运用这类知识。例如，在允许学生提问乃至由提问导致讨论的情况下，专家型教师大多能使教学活动顺利进行，并实现预定的教学目标。而新手型教师则相反，当学生提出他们事先没有考虑到的一些问题时，他们不但回答的内容缺乏内在联系，而且往往无法使课堂教学活动顺利地按原计划进行。

专家型教师与新手型教师在知识储备和知识结构方面的差异，会导致二者在教学能力方面存在显著差异。国外大量的研究指出，专家型教师与新手型教师在课时计划、课堂教学的实施、课堂教学的监控与调节、课后评价等方面都有着明显的不同。

对课时计划的分析表明，专家型教师的课时计划简洁、灵活，突出学生中心并具有预见性，它包含了课的主要步骤和教学内容。在备课时，专家型教师会在头脑中形成包括教学目标在内的课堂教学表象和心理表征，表现出一定的灵活性和预见性。而新手型教师则比较关注课时计划的细节，关心如何完成课时计划，很少考虑课堂情境的变化和学生的需要，这样的课时计划是一种比较简单、孤立的课时计划。

在课堂教学实施过程中，专家型教师能够明确地制定和执行课堂教学规则，有一套有效地吸引学生注意力的方法，能够灵活地运用多种教学策略，善于创造性地解决问题，往往能够产生既恰当又新颖的、独创的、有洞察力的解决方法。而新手型教师确定的课堂教学规则一般较为含糊且不能坚持执行下去，常常缺乏或者不会运用教学策略，解决问题的方法也缺乏创造性。

在对课堂教学的监控与调节方面，专家型教师在关注教学目标达成度的同时，能不断地对教学进行积极的检查、控制和调节，执行课堂计划有序而灵活，教学内容、学生行为、课堂气氛等诸因素都是他们思维活动关注的对象。他们不但能够制订较为完善的课堂计划，而且在实际执行中善于观察，善于监控认知执行过程，他们对学生的需要较为敏感，并能予以积极关注和回应，可以根据学生的实际反应，对课堂计划灵活地加以调整。而新手型教师则更多地把精力集中在学科内容上，关注自己能否顺利完成任务，他们很少兼顾学生的反馈信息，很少会对教学过程进行主动、积极的反思。

在课后评价上，专家型教师关心学生对新材料的理解情况以及他认为课堂中值得注意的活动，而新手型教师则更多地关注课堂中的细节，关心自己的课堂表现和教学是否成功。

（二）较强的个人教学效能感

在心理学研究中，把人对自己从事某一项活动的能力以及从事该活动能够产生的效果所做出的主观判断称为效能感，效能感的高低往往会影响一个人的情绪和行为等。教师在进行教学活动时，通常具有一定的效能感。教师的教学效能感指的是教师对自己从事教学活动的能力和效果所做出的主观判断。这种判断不但会影响教师对教学工作的态度，而且会影响教师的教学行为。

从理论上说，教师教学效能感的概念最早来自美国心理学家班杜拉的自我效能理论。班杜拉认为，人的动机受自我效能感的影响。所谓自我效能感，是指人对自己能否成功地完成某种活动所做的主观推测和判断，它包括两个部分，即结果预期和效能预期。结果预期是指个体在特定情境中对特定行为的可能后果的判断，如学生在考试中对顺利答完试卷可能产生的结果的推测。而效能预期是指个体对自己是否有能力去成功地完成某种有意义的活动所做的判断。如学生对自己是否有能力顺利答完试卷所做的主观判断。人的行为主要受人的效能预期的控制，个体对某种活动的效能预期，不但影响着个体处理困难时所采取的行为，而且影响着他的努力程度和情绪体验。人的效能预期越强烈，行为就越主动，同时情绪愈加积极。

根据班杜拉的自我效能感理论，可以把教师的教学效能感区分为一般教学效能感和个人教学效能感两个方面。一般教学效能感指的是教师对教学活动在学生发展中的作用等问题的一般看法与判断，即教师是否相信通过教学活动，能够克服社会、家庭及学生本身素质等对学生的消极影响，有效地促进学生的发展。这与班杜拉理论中的结果预期一致。教师的个人教学效能感指的是教师对自己是否能够成功地影响学生的学习行为和学习成绩、是否具有教好学生的能力、是否能够有效地指导学生等所持的认识和评价。这与班杜拉理论中的效能预期相一致。

教师的教学效能感，尤其是个人教学效能感是解释教师教学动机的关键因素。它影响着教师对教学工作的积极性和努力程度以及在遇到困难时自身行为能够坚持的程度等。

较强的个人教学效能感是成为专家型教师的一个必要条件和重要特征。具有较强个人教学效能感的教师，未必能够成为专家型教师，但是，专家型教师则必定具有较强的个人教学效能感。

研究表明，教师的个人教学效能感有随教龄增加而上升的趋势。新手型教师由于缺乏教学经验和专业技能训练，对教学中出现的问题常常感到手足无措，惶恐不安，自信心不强。因此，他们的个人教学效能感较低是常见的事情。而对于处在外化创造阶段的专家型教师来说，在经历了较长时间的积累适应和内化成熟之后，随着教学实践经验的丰富、教学能力的提升以及同行教师对其教学风格与业绩的认可，其角色形象已日益完善，他们的自信心不断增强，对自己所从事的工作充满了自豪感，个人的教学效能感也就显示出提高和增强的态势。

专家型教师较强的个人教学效能感，主要表现在以下几个方面：

第一，专家型教师普遍坚信通过自己的教学活动，能够对学生产生积极的影响，有助于学生成才，因而专家型教师会投入很大的精力来努力工作。即使在教学过程中遇到困难，也能够坚持不懈，勇于向困难挑战。而其他教师则可能认为家庭和社会对学生的影响巨大，自己的影响很小，不管如何努力，收效也不会大，因而常放弃自己的努力。

第二，专家型教师为了提高自己的教学效果，会注意吸取各方面的经验，不断学习有关的知识，完善自己的教学能力。而其他教师则可能由于对自己在工作中能取得的成就缺乏信心，便难以做到在教学过程中不断地学习、总结和提高，他们过分地依赖自己过去的经验，不求新的拓展，习惯用自己熟悉的老一套办法来对待新的学生、新的课程、新的教材和新的思想等，以不变应万变，因而制约自己的能力向更高层次发展。

第三，专家型教师在工作时信心十足、精神饱满、心情愉快，表现出极大的工作热情，因此往往取得很好的教学效果。而其他教师则可能在工作中感到焦虑和恐惧，常常处于烦恼之中，以致不能很好地完成工作。阿什顿等人的相关研究表明，专家型教师通常对学生寄予较高的期望，认为自己对学生的成长负有责任，并相信自己能教好所有的学生。在课堂教学中，专家型教师注意对全班学生的指导，不断探索新的教学方法。在对学生进行指导时，表现得比较民主，经常鼓励学生自由地探索解决问题的方法，而不是用批评等外部强化手段控制学生。当学生失败时，专家型教师也表现得很有耐心，他们会通过重复问题、给予提示等方法促进学生对知识的理解。

（三）崇尚创新和研究，勇于质疑和批判

传统教育重在传道、解惑、授业，其前提是教师即是真理、知识和专业技能的化身，教师要做的仅仅是将已有的知识和技能传授给学生。但是，在21世纪这个以知识的创新和应用为重要特征的知识经济时代，随着科学技术的迅猛发展，社会越来越需要大量的高素质的创新人才，这就必然要求当今时代的教育把培养学生的创新素质放在突出的重要地位。而学生创新素质的培养与教师有着最为直接的关系。要培养学生的创新素质，其首要的条件，就是教师必须具备创新素质。教师的创新素质包括创新意识、创新精神、创新能力等多方面要素。创新意识是一种积极发现问题、主动研究和探求的心理取向，创新精神主要是指敏锐地把握机会，敢于付之于探索行动的勇气和胆略，创新能力则是在敏锐的观察力、深刻的认知力、严密的思维力、丰富的想象力基础之上，不断产生有价值的新思想、新理论、新观点、新方法的能力。

崇尚创新和研究，具备较高的创新素质，勇于质疑和批判，是处于外化创造阶段的专家型教师的重要标志之一。

相对于一般的普通教师来说，专家型教师能够有意识地针对学生的认知规律和心理特点，对教学内容进行科学和艺术的处理，对课程教材进行

创造性的加工和改造。他们能够根据教学的实际需要，积极开发、选择和利用各种有价值的课程教学资源，能够保持对新思想、新知识、新观点、新事物的浓厚兴趣和热情，善于吸收最新研究成果，善于及时捕捉新鲜素材，并将其引入教学过程之中。

专家型教师不但能通透地掌握任教学科的专业知识，而且具备了丰富的教学实践经验，拥有高超的教学技艺，能够创造性地、灵活地把握和运用多种教学策略，把各种新方法、新手段运用于教育教学实践之中，高效率地解决复杂的教学问题，从而可以更好地调动学生学习的积极性，培养学生良好的智力品质和非智力品质，使学生爱学、会学、活学，实现教学活动"低耗高效"、"适耗优效"、"轻负高质"的目标。

与一般的教师相比，专家型教师不满足于知识的传授，不做知识的传声筒，不把学生视为知识的接收器，而是将学生视为具有独立意志的与教师平等的创造主体。他们反对强迫的机械灌输，注重发扬教学民主，鼓励学生质疑问难，鼓励学生向权威挑战，支持学生大胆发表自己的意见和见解，提出富有创造性的观点和方法，在平等、互动的教学过程中，培养和形成学生的批判意识、批判精神和批判能力，促进学生的全面发展和实现个人的自我价值。在这样的教学活动中，课堂不再仅仅是知识传授的场所，更是各种不同思想和观点碰撞、交流的场所。在这里，学生可以"肆无忌惮"地对老师的观点提出质疑甚至否定。同样，老师也可以对学生的质疑"毫不客气"地进行反驳，一切都是那么自然，那么顺理成章。

与一般的教师相比，专家型教师具有更为强烈的大无畏的批判精神，具有对他人和自己的教育观念与行为进行分析、批判的能力。他们一般会以审慎的态度，对待各种现存的所谓主流的观点、理论和要求，不会轻易地接受任何信念或武断的结论，对于各种教育假设、教育实践以及教育事件，都能够自觉地进行理性的审视和批判性的思考，深入地探究其背后潜在的不合理因素，并在自己力所能及的范围内加以改善和修正。他们勇于打破认知领域的各种束缚，摆脱自己的习惯和经验的捆绑。他们不一味顺从，不迷信权威，不人云亦云，不随波逐流，不墨守成规，不因循守旧，不听任别人的任意摆布。他们既敢于追求真理，又敢于否定错误，敢于对各种习以为常的教育现象以及前人和自己的已成定论的知识予以质疑甚至否定，在看似没有问题的地方找出问题。

相对于一般的教师来说，专家型教师不但教学成绩突出，而且还普遍具有较高的科研素养。由于受传统观念和习惯的影响，一般的教师往往只重教学，不重科研，满足于做一辈子的"教书匠"。他们缺乏教育科研的意识和能力，在碰到问题时往往既不能承受判断时的困惑，又不愿深入研究和探索。由于忽略科研工作，缺乏科研的意识和能力，他们对很多教育和教学问题的认知与理解长期停留在较低的层次，这就导致他们的教学活动始终在低水平徘徊，极大地降低了课堂教学的效能。而专家型教师则普遍拥有发现问题的敏锐眼光，具有较强的教育科研意识和教育科研能力，掌握一定的从事科学研究的知识和方法，他们深知科研素质是优秀教师的必备支撑力，对"教而不研则浅，研而不教则空"有深刻的理解和体悟。因此，他们总是在从事教学工作的同时，积极参与教育科研的实践当中，善于在教学过程中、在师生交往中、在学校的各种活动中寻找和发现有价值的研究课题，并通过自己的研究和探索，找到解决问题的答案和方法，有很多人还取得了丰硕的研究成果，实现了以研促教、研教相长。

以上所述的是专家型教师共同的特征，而现实生活中的专家型教师则并不是完全统一的一种模式，不同年龄、性格、兴趣和能力的专家型教师，可能有着相当不同的教学风格、教学方法和态度，表现出迥异的个性特点。因此，专家型教师可以说是一个"类"的概念，上述的专家型教师的共同的特征，也可以说是一种"类"特征。就个体而言，专家型教师常常会因人、因地、因时而不同，呈现出多样性和差异性。任何教师不论其年龄、性别、性格，只要从自身特点和优势出发，善于学习和反思，不断进行研究和探索，最终都有可能成为专家型教师。

二、外化创造阶段应注意的问题

（一）正确应对职业生涯中的"高原现象"

"高原现象"本是教育心理学中的一个概念，指的是人类在学习过程中的一种规律性的现象，即在学习的一定阶段，往往会出现进步的暂时停顿或者下降的现象。在曲线上表现为保持一定的水平而不上升，甚至有所下降，但在"高原现象"之后，又可以看到曲线的继续上升。1977年，美国职业心理学家弗伦斯最早提出了"职业高原期"概念。他认为，"职业高原期"是指个体在其职业生涯的某一阶段，获得进一步晋升的可能性很小，在这一阶段中，个体的职业生涯步入了一个在相当长时期内无法进一步提升的相对静止的状态。

个体一旦进入专业发展停滞不前的"职业高原期"，就很容易失去专业发展的信心和继续前进的动力。在向上发展相对终止、提升无望、反思自我价值时，往往就会产生消极、悲观的情绪，认为自己无论怎样努力，也很难再迈上一个更高的台阶，于是，对于曾经高度兴奋和专注的职业工作再也提不起兴趣。

对那些已经步入或者将要步入"职业高原期"的教师来说，如果不能正确认识产生"高原现象"的原因，不能采取有效应对措施，就会对自身的专业成长以及工作和学习造成较大的消极影响，其进一步发展将受到严重的限制。因此，正确认识"职业高原期"现象，努力避免或者尽快突破"职业高原期"，克服"高原现象"带来的不良后果，对教师的专业发展具有十分重要的意义。

案例3-7

徘徊在十字路口的王老师

王老师，36岁，大学本科毕业后在一所高中从事教学工作。善于钻研的他，很快就在学校里崭露头角——参加市级教学竞赛连连获奖，35岁时就顺利地获得高级职称，并且被评为市级骨干教师。学校提拔他担任学校的办公室副主任。王老师想把特级教师作为自己的奋斗目标，可是打听了一下，知道自己所在的学校名额很少，他所教的地理这种小学科就更难评上了，而且教研组里论起资历，排在他前头的还有好几位。他知道特级教师评比要求很高，觉得自己希望不大。好学上进的他报考了教育硕士，准备读了硕士学位后，看看是否有机会。

在谈到自己的教学工作时，王老师说："刚开始工作的时候，我感到教学很有意思，我每天花大量的时间备课，想方设法培养学生的兴趣。可是我们这个学科"运气"不好，20世纪90年代中期高考时还被停考过，对高中地理教师来说，那无疑是最沉重的打击。后来高考又恢复考地理了，可是要学生选课，也是很不容易的。现在上课和考试好像完全不是一回事，公开课是一个要求，考试又是另一回事，平时还是为考而教得多。我觉得工作没太大的意义，教师和学生都成了应付考试的机器。学生选地理的也不是都对地理感兴趣，不知道他们整天都在想什么。我继续读教育硕士的一个重要原因，是可以有一年脱产。我希望自己有一些时间，摆脱索然无味的教学工作，顺便考虑一下自己今后的发展方向。我现在还没想清楚，将来是从事行政工作还是继续做教学工作。"[1]

案例3-8

身心疲惫的何老师

何老师，44岁，中学语文老师，性格比较内向。大学毕业后回到家乡，在家乡的一所乡中学任教，由于工作认真负责，三年后调到县中，很快成为学校的教学骨干，并且在全市有一定的知名度。市区的一所重点高中想调他过去，他觉得市里的工作、生活环境比较好，机会也会多一些，加上为了孩子的未来着想，于是他欣然前往。可到了市里以后，由于初来乍到，他与同事比较陌生，加上他来自农村，同事中难免有人对他冷眼相对，这使他的自尊心受到了很大伤害。虽然随着时间的推移，大家对他教学能力的评价有了较大的改变，但他依然感到有些失落。整天忙于工作，很少有空闲的时候，看看周围的同龄人，大都在为房子、孩子忙碌着，他也就随了大流，对工作的热情慢慢消减。

---

[1] 顾伟清.教育案例新透视[M].南京：南京大学出版社，2017：145.

在一次体检中，他被查出患有较严重的高血压。他感慨地说："我感觉现在的工作平淡无味，整天机械地忙碌着，没有时间停下来思考，学校搞应试越来越厉害，我从早到晚都在学校，花了那么多时间，也没见有什么效果，觉得工作上已经没有什么大的奔头，别说学生厌学，我都感到厌教了，这就是现实。我们做教师工作的，只要对得起自己的良心就行了，不必太认真、太卖力。现在自己的身体弄成这个样子，觉得有些不值得。"①

"职业高原期"可能出现在教师职业生涯的不同阶段。有研究表明，在我国，教师专业发展的高原平台期常对应的年龄大约在35至45岁，也就是说，这一年龄段是教师职业"高原现象"相对更为多发的一个年龄段。

35至45岁年龄段的中年教师之所以会成为教师"职业高原期"相对更为多发的一个年龄段，其原因是多方面的。

第一，体能有所下降。从年龄上看，教师"职业高原期"的开始，多数是在步入中年以后。这一时期人的体能开始明显下降。容易出现诸如饮食不香、睡眠不好等症状，身体呈现亚健康状态等，所谓"四十岁之前睡不够，四十岁之后睡不着"。面对繁重的工作任务，一些教师明显感到体力不支，力不从心，进而产生精神疲惫和焦虑，导致不思进取，得过且过。

第二，成就动机减弱。步入中年期的相对资深的教师，有的已经取得了高级职称和一定的名望，经过多年的工作实践，其业务水平、教学效果都有了很大提升，工作上进入了比较从容的时期。随着业务水平和外部评价的不断提高，其紧迫感和动机水平逐渐下降，开始滋生了职业的自满情绪，同时自感上升的空间较小，觉得自己已经"船到码头"、"车到站"，于是职业激情逐渐消退，失去了专业发展的热情。有的虽然对未来有所期许，但一时未能找到下一步发展的明确方向和目标而彷徨不前；有的由于担心在新的日益加剧的竞争中失败而回避竞争，满足于小环境的功成名就，不再对专业工作用心尽力，并可能转移"兴趣"，做一些自己比较喜欢做的其他事情。

第三，压力过大，心理失衡。开始步入中年的教师，由于年龄和教龄

① 顾伟清.教育案例新透视[M].南京:南京大学出版社,2017:263.

适中，被认为经验丰富、年富力强，因而一般都被学校和社会寄予了较高的期望，他们中的许多人是学校里的教学骨干，有的长期担任毕业班的教学工作，成为毕业班的"把关"教师，有的被提拔到行政管理岗位，不少人还担任学校青年教师的"师傅"。由于长期在教学一线摸爬滚打，他们大都掌握了一整套适应现有教材的专业知识，能够熟练地把握每一节课的重难点，并形成具有一定个性的教学策略，有着丰富的经验。

学校和社会的高期望，给他们带来了高压力。这些教师往往长期处于满负荷甚至超负荷的工作状态，缺少学习和研究的时间。而且，高压力不只是局限在工作方面，年龄上步入中年的教师，往往走进了家庭生活的重负时期，上有老下有小，都需要自己去打理和照料，生活负担沉重。国事、校事、家事，事事都压在他们的肩上，自然使他们感到不堪重负。

从教师职业的社会经济地位来看，近年来，虽然国家和政府采取了一系列措施，努力提高教师的待遇，但是，教师收入与教师付出的劳动不相称。极个别开始步入中年的教师，看到自己与从事其他职业的同龄人在收入方面的较大差距，较容易产生失落感，造成心理失衡。于是他们中的有些人开始从事"有偿家教"，有些人甚至打算放弃教师这一职业，另谋出路。有关调查报告显示，教师职业是近10多年来职业稳定性下降较快的职业之一。

第四，组织环境因素的负面影响。组织环境因素主要涉及学校政策、规章制度、行政管理人员和同事等。国外的研究表明，校长的管理哲学、管理风格以及对教师的支持，对于这个阶段的教师是至关重要的。国内的一些学者认为，学校的组织文化对教师的专业发展具有相当重要的作用。在我国，大多数学校往往十分重视对青年教师的培养，学校的一些激励政策、规章制度对年轻教师的成长往往十分有利，而对于教龄相对较长，且已经获得相应职称的中年教师，一般缺乏相应的激励机制。究其原因，是学校行政管理人员和教师自身或多或少地习惯于将"评上职称"作为专业发展的重要目标，当这一目标实现时，教师一时难以找到更高层次的努力目标，管理者则赶紧把精力放在需求矛盾更加突出的青年教师身上，对中年教师或择优提拔，从事行政管理工作，或任其自由发展。

同时，在一些学校中，相关政策的不合理，如职称评定中存在论资排辈现象，学校的利益分配向行政管理人员倾斜，等等，会挫伤教师的工作积极性，使他们失去继续发展的动力，导致一些教师将工作精力分散和转移到其他方面，如家庭、社会交往等。于是，职业"高原现象"自然不期而至。

不良的人际关系也是产生职业"高原现象"的诱因之一。教师在学校里的人际关系包括师生关系，教师与教师的关系，教师与领导的关系，教师与家长的关系，等等。对于相对资深的、已步入中年的教师来说，他们大多能够较好地处理与学生及其家长的关系。但是，在处理与其他教师以及与学校领导的关系时，往往会因为某些利益关系而蒙上一层阴影，也会因为对学校情况有较为深入的了解，而对学校领导的某些不当做法看不惯、不满意，这不但影响到他们与学校领导之间的人际关系，而且影响到他们进一步发展的积极性。

教师生涯中的"职业高原"现象，无论是对教师自身的专业发展，还是对学校工作都会造成消极影响。因此，努力避免教师"职业高原"现象的出现，或者在"职业高原期"出现后，尽可能克服其带来的不良后果，使教师尽快走出裹足不前的"平台状态"，顺利突破专业发展瓶颈，对学校和教师本人都具有非常重要的意义。

而要避免和有效减少教师职业"高原现象"的负面影响，促使教师尽快走出高原期，则需要教师个人和学校组织等方面共同努力。就教师个人而言，应特别注意以下几点：

第一，要正确诊断自身产生职业"高原现象"的原因。作为教师，如果陷入了职业高原期，不必过度紧张和恐慌，要认识到它的出现是正常的和较为普遍的。每个教师出现"职业高原期"的时间和持续的长短不一样，产生"高原现象"的原因也千差万别，有的可能是因为自己已经功成名就而自我满足，有的可能是因为知识结构或能力结构方面存在着某种缺陷，限制了自己进一步发展和提升的空间，有的则可能是因为缺乏对教学实践的反思，等等。当出现了"高原现象"时，教师应该保持清醒的头脑，结合自身的实际情况，诊断和查明自己出现"高原现象"的真正原因，有的放矢地加以解决，继续推动自己的专业发展。

第二，要在自我综合评估的基础上，及时调整和重新定位自己的专业发展目标。步入职业高原期的教师，要及时进行职业生涯机会和状况的自我综合评估，进一步了解自己、认识自己。自我综合评估主要包括准确认识和把握自己的兴趣、特长、性格、学识、技能、智商、情商、思维方式、道德水准状况，充分了解自身发展的优势和劣势等。在此基础上，对自己的职业生涯进行再规划、再设计，及时确定个人新的专业发展目标，选择自身的职业生涯发展路线。

个人新的专业发展目标的设定，对于教师尽快走出"职业高原期"尤为重要。一个人事业的最终成败，很大程度上取决于他能否在人生的不同阶段和时期，及时地为自己确立新的、正确、适当的目标。成功的教师知道自己从何而来，将往哪儿去，总是能够不断地激起自我发展的需求。当教师实现了自己的一个目标后，就应把眼光再抬高一点、望远一点，为自己设定一个更高的目标，并脚踏实地为实现这个目标而努力奋斗。这样，其人生就会更加充实而精彩。

第三，要善于利用周围资源，积极寻求各方支持。在教师周围，有许多重要的资源可以用来帮助自己尽快逾越"职业高原期"，对这些资源，教师应该充分地加以利用。例如，教研组、年级组是教师经常性活动的专业生活小区，教师每天在这里备课和批改作业，在这里与同事交流思想、讨论问题，它是与教师专业活动联系最紧密的一种微观环境，会在很大程度上影响和决定着教师工作的情绪和心境。教研组、年级组及同事对教师的专业发展来说，是来自身边的、日常的、最重要的支持力量。对于步入职业高原期的教师来说，应当及时与教研组、年级组同事沟通，向他们倾诉自己的困惑与烦恼，从周围同事那里，特别是从具有丰富阅历和职业生活经验的同事那里，寻求必要的心理支持，借鉴他们的专业成长经验，找到帮助自己走出"职业高原期"的办法。

要减少职业"高原现象"的负面影响，帮助教师尽快走出职业高原期，除了需要教师个人的努力之外，学校组织要积极创造条件，进行有效干预，为教师提供逾越"职业高原期"的基础平台。例如，学校应当确立"以师为本"的观念，把促进教师专业发展纳入学校发展的整体蓝图。应当帮助教师确立明确的个人发展目标，建立和完善有效的教师成长激励机制，激发教师奋发向上的工作热情和创造性。要实行民主管理，营造良好的校园氛围，将教师置身于学校发展的主体地位，增强教师的使命感和对学校的归属感，使教师与学校同呼吸、共命运，努力工作、不断进取。学校还要通过调查研究，了解不同教师在专业发展中存在的具体问题，采取针对性的解决办法，如加强校本培训工作，建立有效的培训机制，鼓励教师外出进修，并在物质和精神上给予支持等，以切实推动教师专业成长，帮助教师跨越职业"高原期"。

（二）自主进行系统学习，做终身的学习者

"吾生有涯，而知无涯。"对于外化创造阶段的专家型教师来说，虽然在专业领域已具有一定的优势，但是这种优势并不会自然地、永远地延续和存在，如果稍有懈怠，优势就有可能丧失，甚至会被抛出优秀骨干教师的队伍。因此，要在自己的专业发展领域做到与时俱进，百尺竿头、更进一步，必须牢牢树立终身学习、终身发展的理念，做到生命不息、学习不止，不断增强自身专业发展的后续动力。

学习作为人类的一项基本活动，已经成为当下人们的一种重要的生存方式和生活内容。一个人的学习观念和学习态度等，对他的工作和生活的各个方面都会产生直接而巨大的影响。对于以教书育人为自身使命的当代教师而言，终身学习更是其生存和发展的重要手段和必然要求。

21世纪是"知识爆炸"的时代。当今世界，科学知识和技术发展突飞猛进，信息与日俱增，旧知识老化和淘汰的速度不断加快，知识更新周期越来越短。每个人随时都会面临着知识的危机，任何人都不能企望在学生时代或者在其后的一段时间内，一劳永逸地获取和拥有足以应付终身需求的知识，而必须终身地学习，将学习活动贯穿于自己人生旅途中的每一个阶段，只有这样，才能适应不断发展、变化的新形势。

对教师而言，要想促进自身专业水平的提升和发展，其必由之路就是在自身的职业生涯中，紧紧抓住每一个学习机会，向书本学习，向实践学习，向校内外优秀同行学习，向自己的学生学习。通过各种途径，引道道清泉，聚座座富矿，集百家所长，不断地充实和完善自己。

1.进一步加强系统的理论学习，用专业理论知识武装自己，指导自身实践，使自己的教学行为进一步理性化、科学化

在当今时代，各个学科领域的知识和理论都处于迅速发展和变化之中，作为教师，只有不间断地通过系统的理论知识的输入和学习，提高自己的理论修养水平，才能深入地了解本专业及相关专业领域的总体概况和全貌，才能站在专业和学科发展的前沿，及时跟上学科发展的步伐，才能完善和优化自己的知识结构。同时，才能不断修正和改进自己的教学理念，丰富自己的教育智慧，促进自身教学质量和水平的提高，促进教育和教学的不断创新，使自己在专业发展中立于不败之地。

对一名教师而言，加强系统理论学习的最便捷的途径就是读书。可以说，读书是教师最直接、最简便地获取理论营养的来源。

书籍是人类的精神食粮，它记载和传播着人类发展的文明成果。书籍是一所特殊的学校，无论是想获取知识和信息、开阔视野和眼界，还是要提高智慧水平和品德修养等，都可以通过读书实现。书籍与人们的生活息息相关，密不可分，作为有职业责任感和使命感、有远见卓识、有进取精神的教师，都应该义不容辞、积极主动地投身到读书活动中来，努力营造书香氛围，从书籍中汲取养分，并将读书的收获转化成具体、实在的教育成果。

读书，具有一种神奇的力量。当教师遇到一些自感困惑、无法解决的问题时，打开理论书籍，可能就会使你茅塞顿开。很多教师在读书中不但懂得了如何去教书育人，而且学会了如何品味生活、洞明世事、发展自己。读书的过程往往是发现自己、塑造自己、提升自己、优化自己的过程。

当热爱读书成为每一位教师发自内心的需求时，当教师因为热爱读书而使自身的知识犹如丰沛清澈、源源不断的河水时，他的学生便成了河边那些幸福的小树。所以，做一个热爱读书的人，多读书，读好书，读专业名著和名篇，读经典教育名著和名篇，应该成为每一名教师，包括处于外化创造阶段的专家型教师的自觉意识和习惯。

2.借鉴他人经验，促进自身持续发展

加强系统的理论学习对于一名教师来说无疑是非常必要的，但仅仅局限于此是远远不够的，教师必须在工作实践中学习和借鉴他人鲜活的教育教学经验，特别是优秀教师的教育教学经验。

教育教学活动是一种带有情景性和不确定性的活动，在这种活动中，每个教师对相同或相似的问题的处置方法和技巧往往是各不相同的，而每个人的处置方法和技巧中都可能蕴含着一些独到的、有价值的合理成分，值得其他教师借鉴和学习。

主动、积极地借鉴同行的经验，是教师丰富自身经验、促进自身专业发展的重要而有效的途径。古人云：三人行，必有我师。每个教师身上都存在着值得其他人学习的优点和长处，同行教师往往面对着相似的教学情境、相同的工作任务、同样的问题和困惑等，同行间的互相学习，可以使很多教师最直接、最有效地感受到他人在处理和解决相关问题的过程中，有哪些富有创造性的做法值得自己学习和效仿，有哪些自己未曾考虑到或有所忽略的地方，需要予以改进和完善，等等。这些对于教师的专业发展无疑是大有裨益的。

借鉴同行经验较为便捷的方式是向身边的同事学习，向教研组和年级组的同事学习。教研组和年级组是教师成长的专业环境，在教研组和年级组内，不乏优秀的同行，他们既是我们的工作伙伴，又是我们的良师益友。教师要经常抱着谦虚的态度，观摩优秀同行的课堂教学，学习和借鉴他们的教学思想与信念，具体的教学方法和技巧，与学生交往的艺术以及他们在课上、课下处理各种问题的方法，等等。当然，观摩优秀同行的课堂教学，绝不是要对别人的思想、经验简单照搬，而是要善于将他人的经验与自身的经验有效整合，使其成为自己认知结构中的一部分。

向同行学习不应仅仅局限于学校内，还应包括向校外、区外的同行学习。教师应通过报纸、杂志、研讨会和网络等媒介，广泛吸纳优秀同行的教学经验，从中获取自身发展所需的营养。教师可以根据自己任教的学段、学科等实际情况，选择若干优秀教师作为自己学习和借鉴的主要对象。在借鉴同行经验时，教师应注意以下几个问题：

首先，借鉴的对象应主要是高层次、高素质的优秀教师。这里所说的优秀教师，可以是校内的，也可以是校外的。教师可以根据自己任教的学段、学科等实际情况，选择一位或几位优秀教师作为自己借鉴的主要对象。与一般教师相比，这些高层次、高素质的优秀教师，教学经验更为丰富，在他们身上，充满着对教学活动的精髓的深刻理解和领悟、对教育的理想和价值的执着追求。因此，将他们作为借鉴的对象、参照的榜样，并结合自己的实际，将他们先进的理念和经验，扎扎实实转化为自己的"财富"，无疑可以更好地促进自身的发展。

其次，借鉴的内容应主要是教学思想和理念。一般来说，教师在借鉴优秀同行的经验时，借鉴的内容既可以是教学的思想和理念，又可以是具体的教学方法和技巧等。但是，相比较而言，前者的意义和价值更大、更重要，这是因为，教学思想和理念是教学活动的灵魂，它对自身教学的影响更为深远。因此，教师应把借鉴优秀教师的教学思想和理念，放在更为突出的地位。

最后，要对借鉴对象教学的各方面情况进行全面的了解和把握。要通过查阅文献资料、现场观摩或观看视频、录像等多种方式，获取借鉴对象的各方面信息，了解借鉴对象的专业发展历程和主要教学理念，了解其备课、上课、布置和批改作业、个别辅导等方面的情况。这样就能更好地从整体上、从相互联系的层面上真正深刻理解和把握其思想和行为的精髓，就能在学习和借鉴时避免失之于偏颇、失之于局部。

第四章　教师专业发展的主要策略

如何实现教师的专业成长和发展，或者说教师如何从合格到优秀、从优秀到卓越，不同的教师之间也许没有一个整齐划一的历程，没有固定的发展模式和套路。但是，可以肯定的是，在教师的专业成长和发展进程中，至少还是存在着一些共同性的特征的。

从理论上讲，每个教师都有成为专家型教师的可能性，然而，要使这种可能性转变为现实，教师进行艰苦的专业修炼是不可缺少的一个过程，这种艰苦的专业修炼过程，是不能依靠外部强制力量或威逼利诱来实现的，而应当是教师的一种自觉行动，是发自教师内心的身体力行。任何一名教师，如果没有自己的执着努力，没有自己持续不断的学习、反思、研究和探索，要想成为优秀的专家型教师是绝无可能的。

第一节　强化自我专业发展意识

一、教师自我专业发展意识的内涵

人和动物最主要的区别之一，就在于人具有自我意识。在人的发展过程中，自我意识发挥着重要作用。人本主义心理学家罗洛·梅认为，一个人越是具有自我意识，就越能够变得既具有自发性，又具有创造性。自我意识不但对个人发展具有重要作用，而且对社会具有十分重要的意义。社会心理学研究表明，健全的自我意识能够推动亲社会行为的产生，而有缺陷的或不健康的自我意识则可能导致反社会的行为。

对于从事特殊职业的教师来说，确立平衡、协调而统一的自我专业发展意识具有特别的意义。确立良好的自我专业发展意识是教师正确认识自己、评价自己的基础，同时是自身专业成长发展的重要保证。

当前，国家正采取多种手段和措施，在职前培养和职后培训中促进教师的专业成长与发展，提高教师的专业素养和专业化水平。但是，应该看到，这些手段和措施只是起到一种外部强制和促进的作用，对于即将从事或已经从事教师职业的个体而言，自身的专业成长与发展不能只是一个被动的达到社会要求的过程，更应该是一个自觉追求、主动发展、终身学习、不断更新的动态过程。在这一过程中，有众多的因素在发挥着不同的作用。其中，教师的自我专业发展意识就是一个具有重要制约作用的心理因素。

所谓自我专业发展意识，一般是指个体基于现实的需要，对照专业发展的标准而形成的对自己未来发展的认识，是社会的客观要求在个体心理上的反映。

教师的自我专业发展意识，则是指教师个体对照教师专业标准，根据社会对教师的特定要求而形成的对自己未来发展目标的系统化、理性化的认识，是教师为了实现自身专业发展而不断自觉调整职业生涯规划、完善自身教育理念与行为的意识。它是教师对自身发展的反省和认知，是教师的自我认知、职业认同、自我效能感和成就动机等多方面因素综合化的结果。教师的自我专业发展意识对于教师的成长和发展起着导向、激励、规划、维持、调节与监督的作用。可以说，自我专业发展意识是教师成长与发展的心理和认知基础。

教师自我专业发展意识的基本内涵主要包括以下方面：

第一，具有自觉的自我专业发展需要，对自己的专业发展有强烈的责任感。

第二，把自己的专业发展过程作为自我反思的对象，不断对自己的专业发展过程进行批判性反思，并将其作为继续专业发展行动的依据。

第三，认为教师不但是专业发展的对象，而且是自身专业发展的主人，拥有个人专业发展的自主管理能力，能够自觉地在日常专业实践活动中不断提升自己。

第四，具有明确的自我专业发展目标，能在自我规划的职业生涯中，不断思考和回答这样一些问题：我适应吗？我需要变化吗？我需要变化什么？我怎样实现变化？我如何检验自身的变化与发展？从而达到不断自我成长与发展。

积极的自我专业发展意识对教师的专业成长与发展表现出全方位、全过程的关注："我是谁"——思考自己所扮演的角色与自己的特征；"我在哪里"——思考自己在职业生涯中的当前位置；"我将走向哪里"——明确自己到底需要什么，今后朝什么方向发展以及如何发展。

积极的自我专业发展意识把教师看成教育活动的反思者和研究者，并以终身自我教育作为职业生涯的推动力，从而使自己始终处于持续发展和不断完善的状态与境界之中。

任何一位优秀的骨干教师，都是在成熟的自我专业发展意识的引导和监督下发展起来的。具备较强的自我专业发展意识，是实现教师成长与发展目标的必然要求。

二、自我专业发展意识对教师成长的重要意义

当前，在教师专业素养领域，人们越来越重视教师的自我专业发展意识。如果说，教师是通过职前的教师教育而获得走上教师岗位的通行证的话，那么，教师的自我专业发展意识，则保证了教师在工作岗位上不断自觉地促进自我成长与发展，最终成长为一名优秀的专业人员。自我专业发展意识是教师发展的内在驱动力。相关研究表明：自我专业发展意识强烈的教师，往往会倾向于以积极的方式看待自己，能够准确地感悟自身所处的教育环境，对自身职业有深切的认同感，对学生有爱心和耐心，同时也具有自我满足感、自我信赖感和自我价值感。因此，对于教师来说，具备强烈的自我专业发展意识具有十分重要的意义。

（一）自我专业发展意识是教师发展的内在推动力量

在教师成长和发展的过程中，外在的各种要素只有通过教师主体的作用才能最终发生效用。教师的自我专业发展意识作为影响教师发展的主体自身因素，是教师专业发展的内在动力源。只有具备自我专业发展意识的

教师，才能在完全意义上成为自己专业成长与发展的主宰，才能把主体自身对专业发展的影响提高到自觉的水平。可以说，促进教师专业成长的内在动力，主要取决于教师自我专业发展意识的觉醒。

应该看到，现实中的很多关于促进教师专业发展的思路、计划和举措，基本上都是奉行一种由外而内、自上而下的原则，更多的是将着力点放在体制和制度层面的改革上，期望通过这种外在的变革，来达到提高教师素质、促进教师成长与发展的目的，而未能深入教师的个体和意识层面，未能把教师对自我专业发展的需要和意识，作为一个独立的深层次影响因素予以考察和重视，这就造成了教师本人缺乏决定自身专业发展的意识与自主权。因而，从这一现实情况出发，当前教师专业成长与发展的首要问题，就是要改变那种把教师视作一个被动的发展体的认识和做法，努力激发教师的自我专业发展意识。教师只有具备了自我专业发展意识，才会将自己的职业生涯看作一个持续发展、不断完善的、永恒的、动态的过程，他的一生才会是一个不断寻求新知识和新体验的旅程。

人在很大程度上是自我的创造物。人的发展是一个不断从潜在的可能性向现实性转化的过程，是从原先的自我、现在的自我，不断地向未来的自我转化的过程。人本主义学家马斯洛说过："这个新自我的现实化方面意味着感受的深度和广度逐渐增加，被感受的潜能越来越有深度，感受的范围越来越大。"[1]如果教师成为具有强烈的自我专业发展意识的人，他们就不会将教育和教学活动视为缺乏趣味、机械、单调的工作，就不会被教育活动表面的平静所蒙蔽，就会在看似琐碎的工作中积极发掘自己的潜能和兴趣，迎接教育和时代变迁中的种种挑战，在充满生机的教育实践活动中不断地发展与完善自我。

（二）自我专业发展意识是提升教师从教能力和教学成效的重要保障

国内外有关新手型教师向专家型教师、一般教师向优秀教师发展与转变的大量研究表明，新手型教师成为专家型教师、一般教师成为优秀教师

---

① 中央教育科学研究所比较教育研究室.人的发展[M].北京:教育科学出版社,1989:87.

的一个重要条件，就是对于自我专业发展的反思，即对自己的行为进行评价、对自己的经验进行整理的过程。这些研究都认为，一般的新手型教师通过对日常教学活动的自觉反思，可以不断丰富自己的教学经验，把专家型教师有价值的教学经验与自己的教学经验融合，产生同化或顺化，形成自己在教学情景中的个人专业技能。而这种自觉反思，则根植于教师自我专业发展意识的萌动与生长。

大量研究明，低成效的一般教师往往缺乏自我专业发展的意识，难以体会自己在教育教学实践过程中的不足之处。而高成效的优秀教师，则往往对教育教学具有高度的自我调节和管控能力，能在自我专业发展意识的推动下，不断进行自我完善，在日常教育教学中能够敏锐地发现其中存在的问题，并在观察、分析、广泛收集关于自己活动信息的基础上，以批判的眼光剖析问题，积极寻找新思路与新策略，来解决所面临的困境，同时在教学实践中加以检验，通过实践—反思—更新—实践这一过程的不断反复循环，使得自身在整个教师专业生涯发展中，不断习得教育专业知识技能、实施专业自主、表现专业道德，逐步提高自身的从教素质，从而成为一个优秀的教育专业工作者。

（三）自我专业发展意识有助于教师职业生涯规划的调整和完善

在教师个人的职业生涯中，其自身的专业成长会经历一系列不同的发展阶段。对于教师个体而言，自己的发展处于哪个阶段，达到了何种水平，存在哪些不足，如何规划未来的发展等问题，都需要教师通过运用自我认知和自我意识来进行准确判断，否则，自己的专业成长与发展就会陷入迷茫之中。

教师专业发展的各个不同阶段，会有不同的发展目标，面临不同的困难与问题，教师要摆脱专业发展困境，追求进一步的成长与发展，一方面必须寻求学校组织及社会的支持与帮助，但这种支持与帮助毕竟是外在的，它无法取代教师的个人能动性。另一方面，教师则必须具备清晰的自我专业发展意识和自我认知，只有这样，才能深刻地了解和反思自己的专业成长过程，并制定出具有前瞻性的、科学的职业生涯规划，找到自己今后努力前进的方向和目标。而且，还要根据自身专业发展过程中不断出现的新情况和新问题，及时地对职业生涯规划予以调整和完善，以使其对自身的专业发展始终具有正确的引导和促进作用。因此，自我专业发展意识既是教师自我修养的重要内容，又是促进教师自主专业发展的有力工具。缺乏自我专业发展意识的教师，在专业发展的道路上必然会止步不前。

三、教师自我专业发展意识培养的途径

一名骨干教师，应是一个自我意识健全的人，是一个具有强烈的自我专业发展意识的人。培养和提升自我专业发展意识，对于骨干教师的成长与发展具有十分重要的意义。骨干教师自我专业发展意识的培养途径一般主要包括以下几个方面。

（一）树立职业理想

曾有学者提出：教师，是一种使人类和自己都变得更美好的职业；是一种使每个从事并愿尽力做好这份工作的人，不断地去学习、充实和发展自身的职业；是一种不但具有越来越重要的社会价值，而且具有内在尊严与欢乐的职业。作为一名骨干教师，其首要的条件，就是要树立起远大的职业理想。

教师的职业理想涉及教师对职业的热爱、工作积极性的维持和专业动机的发展等各个方面。职业理想是教师在对所从事专业的价值、意义深刻理解的基础上，对成为一名优秀的教育教学专业工作者的向往和追求。它为教师提供了奋斗的目标，推动着教师形成奋斗不息、追求不止的专业精神，对教师未来的专业发展前景有着重要影响。

具有远大职业理想的教师，会清晰地明确自己到底需要什么、今后应该朝什么方向发展以及如何发展等，也就是说，他们对自身的发展方向和目标等，能够明确地加以把握。具有远大职业理想的教师，对自身的职业工作会产生强烈的认同感，愿意终身为教育事业奉献自己的全部力量。他们会在自身内在的专业发展动力的支配下，主动地思考自己与外部世界的关系，把自身的发展当作自己认识的对象和自觉实践的对象，会有意识地

寻找各种学习机会，自觉地持续增强自己专业发展的责任感，使自己的专业发展始终保持自我更新取向，并不断对自己的教育教学实践进行主动的反思和客观的分析，在专业结构方面找准自己的不足，进而采取相应的措施和手段加以弥补。在这种充满活力的专业发展过程中，教师能够感受到教育生命的灵动与生成之美，品悟高尚的教育境界，获得人生的睿智，继而从内心深处焕发专业发展的热情与追求，在一种良性循环的轨迹中不断获得与实现自身的专业提升与发展。

（二）学习教师专业发展理论

教师专业发展理论对每个教师自身的专业发展有着重要的启迪意义。加强对教师专业发展理论的学习，同时将这些理论与教师个体的情感、知识、观念、价值、应用场景等相融合，可以有效提高骨干教师的自我专业发展意识与能力，使骨干教师在专业活动中能正确地认识自我、分析自我、评价自我，把握关键因素，形成关于自身发展的具体的、可操作的行动方案，并在执行方案的过程中不断地进行调整和完善。

尽管教育理论界对教师专业发展已做了相当多的研究，但在教师专业还不被社会完全承认的大环境下（任何一种职业发展成为一门专业，都要经历不被社会承认、逐渐得到承认、完全得到承认这样一个长期的、复杂的发展过程，教师专业的发展也是如此），这些理论研究大多还不被一线中小学教师所熟知，更谈不上运用这些理论来指导自己的专业发展规划。受此影响，中小学教师普遍对自己所从事的职业缺乏专业感，缺乏以专业人员标准来要求自己的责任感，缺乏专业的自信感和自豪感[①]。

然而，随着教师专业发展理论研究的不断深入与完善，随着社会对教师职业认识的不断加深，教师职业成为一门专业是一种不可逆转的趋势。因此，教育理论研究者在教师专业发展理论的推广和运用方面承担着不可推卸的职责，而作为专业发展的主体——教师应尽可能多地学习、了解教师专业发展的一般理论，树立起自我专业发展的意识和观念，以专业人员的标准严格要求自己。

---

① 段艳霞.唤起自我发展意识,促进教师专业发展——论教师寻求自我专业发展的途径[J].师资培训研究,2003(4):7.

如果教师已经具备了自我专业发展意识，并且了解教师发展的一般理论，那么，他就会对自己所从事工作的性质有一个清晰、理性的认识，对自己的专业发展保持一种自觉状态，有意识地将自己的专业发展现状与教师专业发展的一般路线相比照，及时调整自己的行为方式和专业发展活动，使追求理想的专业发展成为自觉行为，最终真正达到理想的专业发展状态和水平。

（三）制定自我职业生涯发展规划

制定自我职业生涯发展规划，是骨干教师自我专业发展意识培养与提升的必然要求。教师的成长与发展是一个终生的、整体的、全面的、系统的过程，它涉及个人、组织、外在环境等各种错综复杂的因素。多种因素如果能够有效地加以统合，教师专业发展的道路将会更加顺畅，成功的概率会更大。因此，制定自我职业生涯发展规划，对个体的职业发展做出全面的、通盘的设计与安排，对于教师的成长与发展，不但是十分必要的，而且具有重要意义。教师在制定自我发展规划时可遵循以下步骤：

1.认识自我及所处的环境

自我认识是制定教师职业生涯发展规划的第一步。自我认识包括认识自己的兴趣爱好、潜能、家庭背景、学历条件、从事教师工作的目的、专业抱负、成就动机、生活与工作目标等，还包括认清自己所处的时代背景（如政治、经济、社会、文化等因素）及社会和学校可能给自己的发展提供的环境、机会、条件等。

2.审视发展机会，确立发展目标

教师在教育教学工作方面的发展机会很多。如，对教学方法的改善，从事教学研究、开发新的课程、提高学生的学习效果、增进师生间关系的融洽等。此外，在行政工作方面，教师可以审视自己兼任行政职务如教研组长、年级主任、教导主任乃至校长等职位的可能与机会。在全面审视各种发展机会的基础上，确立自己的发展目标。这种发展目标应该既包括长期的总体的目标，也包括短期、中期的详细、具体的目标。

3.选择并执行行动策略

当发展目标确立后，就应该考虑选择相应的行动策略。在此过程中，应多参考过来人的意见,把握关键的要素,根据自身的实际情况,选择最适合自己的行动策略。然后再将行动策略细分为小的方案予以执行和实施。在执行行动策略和方案的过程中,还要不断地结合外在的情境因素,进行适当的调整和修正。

4.评价发展规划

在行动策略和方案陆续展开与完成时,教师还需要及时对活动的效果进行评价,了解是否达到了预定的发展目标,是否存在不理想的地方。然后,可以针对问题和不足加以反思,并设法改善与补救。通过对每一步骤与目标实现的状况进行相关评价,可以对发展过程进行及时的审视,随时调整和完善。这样才能使发展目标更有效率地达成。

四、教师自我专业发展意识培养的典型案例

案例4-1

成长的历程

李静大学毕业后,来到市里的一所中学教生物,由于当时组里教师年龄普遍较大,对于一些课堂之外的活动,李静自然成了主力军。除上课、辅导学生活动、参加论文比赛外,学校的劳技比赛、活动课比赛等,她都积极参加。她以一种良好的心态、积极进取的热情,去对待每一天的工作,收获着并快乐着!

勤学广集,才能厚积薄发。在强烈的自我专业发展意识的支配下,李静不放过任何一次学习的机会,看书、看报、看电视,甚至与人聊天,她都能当成一种资源,把注意力的"光圈"调节到与学习相关的目标上去。知识积累丰富了,在课堂上就能做到旁征博引、运用自如,使生物与生活联系起来。李静逐渐形成了自己富有个性的教学风格,荣获了山东省优质课比赛一等奖和区生物学科带头人称号。

在课程改革过程中,李静将自己的课堂当作实验基地,积极投身于教学研究,并不断将教学研究的成果进行归纳和提升。她通过对学

生大胆的"放"，培养了学生的实践和创新能力，也渗透了情感态度和价值观。在"放"的过程中，她也注意适时地"收"，对知识进行归纳和梳理，以完成知识目标。她撰写的论文《有感于课堂教学的放与收》获得了山东省生物教师论文评比二等奖。李静除了自己不断学习和提升外，还带动同组的老师营造一种积极、向上、好学的氛围。生物组的王丽和李光荣两位青年老师，到市里的古寨中学听生物教学能手课，回来后，他们感觉古寨中学的老师在教学中敢于放手，教学设计和效果都很好，李静在和他们交流时，就鼓励他们把学到的新经验尽快在自己的课堂上试一试。她们担心自己经验少，放得太大，课堂可能会失控，李静鼓励他们说，就是讲砸了，失败也是一种收获呀。如果你们感觉良好，可以邀请我们生物组全体老师去听一听。结果这两位老师真的满怀信心地实践了一番，组里的老师也进行了认真听课和评课，对两位老师的尝试予以了肯定。作为骨干教师，李静能以良好的心态，甘为人梯，毫无保留地向青年教师传授先进的教育理念、知识和经验，帮助她们快速成长，使生物成了学校的强势学科。

去年，李静指导的青年教师王丽，在每月一次的青年教师汇报课中表现突出，被评为学校首届"教坛新秀"，李静也因此被评为"优秀师傅"。王丽老师独立执教的初一年级的生物课，在全区组织的期中考试中成绩优异。今年，李静所带的刚从大学毕业的李广荣老师，在学校组织的青年教师展示课评比中也获得了第一名，生物教研组形成的"先放后收"的整体教学风格，也得到了学校及相关专家的肯定。

案例4-2

我教 我苦 我乐——中学语文特级教师陈绍兰的专业发展体悟

记得大学快毕业的时候，师大附中的一位老教师来我们中文系做报告，他张嘴的第一句话就说："语文老师苦啊，要上知天文，下知地理，古今中外要无所不知，无所不晓！"毕业后，我走上了工作岗位，对这句话的感触越来越深，并且还不断地有自己的心得充实其间。语文课看似好教，但要把它教出生趣、教出美感，教到学生的心里、教到学生终身不忘、终身受益，又是何等艰难！于是，生活中的日常琐事，我是能省则省，能简化则简化，可做可不做的事尽量不做，只做非做不可的事是我处理日常生活琐事的一条基本原则。但在备课、上课的问题上，我绝不马虎，认真备好每一节课，上好每一节课，需要查找资料的地方，便千方百计地查找，从不轻易放过。古人为"吟安一个字，捻断数茎须"，我常为查找一个问题，翻遍家中藏书。儿子还小的时候，每当我在家里看书备课，他便在我身边转来转去，想让我和他玩，但又知道不能打搅我，于是，他便在我的教科书上、笔记本上贴满了贴画（当时的孩子流行玩贴画），有时我一不留神，他还将贴画贴在了学生的作业本上。

就这样，不管怎么忙、怎么累，我从不上一节未备好的课。备课、上课之余，我广泛涉猎专业书籍和相邻学科的书籍，把读书看报作为生活的重要内容，因为我深切体会到，厚积才能薄发，深入才能浅出。只有登上绝顶，方能一览众山小；只有技艺高超，方能"左右逢源"、游刃有余。于是，在我的课堂上，不乏生动和激情，不乏智慧和深刻，因而我的课广受学生的好评和欢迎。记得1987年的夏天，一位刚接到大学通知书的学生到我家来看我，他坐在我对面的沙发上，眼睛亮闪闪地说："听您的课真是一种享受，平时在家里看语文书也是一种享受。"这是我第一次听到学生当面对我这样说，我那时满心荡漾着甜蜜的感觉，至今难以忘怀。一位现在美国读博的学生当年在给我的贺卡中写道："虽然您只教了我一年语文课，却是给我影响最大的语文老师，对我的帮助最大。到了大学之后，我最想上的是语文课，特别想再听听您的课。直到现在，我在课余时间还经常看一些文学书籍。"

对学生要有关爱之心、理解之心、平等之心、尊重之心，而这种关爱、理解、平等、尊重常常渗透在教师的一个眼神、一句话语、一个举动之中。我深深地知道，教师的一句话、一个眼神，可能让学生记一辈子，甚至影响他的整个人生。于是，在教育教学中，我便时时注意警醒自己：不要伤了学生的尊严和人格，不要伤了学生的上进心、是非心、羞恶心。在教育引导学生时要讲究方法，不宜事事都大张旗鼓、闹得众人皆知，而要春风化雨、润物无声。有的学生有自卑心理，就要设法让他确信老师尊重他、相信他，然后一步步帮助他解开心里的枷锁，放飞自己的梦想。学生出现早恋，就要以长者的口气告诉他，反季节的果子由于得不到大自然相应的滋养，势必干瘪、苦涩而终遭毁弃。学生和家长闹别扭，就要告诉他，矛盾多因误会而起，要多交流、多沟通、多换位思考。学生羞涩胆小，就要多鼓励，多为他提供锻炼成长的舞台。学生在学习上有畏难情绪，就要扬其长、避其短，充分激励起他的自信与克服困难的勇气。诸如此类，不胜枚举。我平时批改学生的大小作文，则是了解、教育学生的一个好途径。有一次，春夏之交，我带学生参观了一座姹紫嫣红的植物园，回来写了一篇作文。结果一位学生在作文中充满了消极情绪，我在批改时指出了他的这个问题。本子再收回来时，这位学生在我的评语后写道："老师，我就是没兴趣，您难道让我讲假话吗？"我随即在后面又批道："热爱生活吧！一个不热爱生活的人，还能指望他将来做出什么大事呢！"

教师的人格魅力，不但源于深厚的文化积淀，还源于深沉的人文情怀。教师除了须做到"腹有诗书气自华"之外，还要有正直、正派、公平、公正等高尚品质。只有这样的老师，才不是"经师"，而是"人师"，才会受到学生的信任和敬爱。我的学生曾这样给我留言："您给了我们一杆生活的尺，让我们自己天天去丈量；您给了我们一面模范行为的镜子，让我们有了学习的榜样。"十几年前的一个夏日的晚上，我将一位大学放假回来看我的女生送出了家门，在她走出几十米开外时，她突然回过头来，对我大喊："老师，我将来一定要像您一样治学和做人！"十几年过去了，许多事情都已淡忘，但这位女生的声音时常在我的耳畔萦绕，激励着我走好余下的从教之路。

案例4-3

我的变化

我叫杨亦群，自1999年调入学校以来，围绕"在学校中培养反思型教师的研究"这一市级课题，我参加了一系列学习和研究活动，初步养成了学习—反思—学习的习惯。2001年，我获得区青年教师评比语文学科一等奖，2001年荣获区中小学优秀班主任称号，2003年我辅导的三（3）中队荣获区"雏鹰中队"的称号。

从幼苗到大树，从稚嫩到成熟，从无知到聪慧……这种变化是成长的规律。作为教师，随着经验的积累，教育教学的方法的变化，我们自己也在成长，但是这种自然状态下的变化跟不上时代迅猛发展的步伐。只有具备强烈的专业发展意识和动机，不断努力进取，再加上学校的培养，教师才能加快专业成长步伐。

1.拆并校——变化的开始

我原先是永嘉路第二小学的一名普普通通的语文教师，对待工作认真负责，在领导的关心下，参加过导师团、全市拼音教学实验活动，但由于不善于思考总结，因此进步始终不大。当学校由于布局调整被拆并后，我到人才市场找单位，在寻寻觅觅中，我深切地感受到时代对于教师的要求和教师岗位竞争的激烈，如果你跟不上时代的步伐，势必会被时代所淘汰。后来，我得到李校长的信任和帮助，来到了徐汇区第一中心小学工作。重返三尺讲台，我倍加珍惜。但我内心始终有一种担忧：徐汇区第一中心小学的各方面要求都很高，自己能适应吗？会不会第二次被淘汰呢？就在这时，学校开展了一系列教师自培的工作，通过撰写反思随笔、开展教研组集体备课等各种活动，为教师创设了良好的自我超越的氛围，团体学习蔚然成风。它让我迅速成长，让我跟着时代前进的脉搏踏步前进。

一切重新开始。我努力改变着内向的性格，把工作做得主动投入，从一开始认真完成学校布置的反思作业，慢慢地变为主动总结教育教学的点点滴滴。反思随笔的撰写，让我从思想上真正转变了自己的观念，使自己在各方面获得了欣喜的成绩。我珍惜领导给我参加导师团学习的机会，力求把导师所教的内容在自己的教学中得到体现，做到融会贯通。在拼音随堂教学"ＺＣＳ"中，我将教学新理念渗透其中，获得了导师的好评。在教研组中，我和同事们相互学习、相互提高。团体学习中同事们对我教学思路的肯定，更加坚定了我钻研教材的信心，我自己更是从团体学习中吸取了同事们的集体智慧，我的教学思路更加开阔、教学效果也显著提升。我深深感到，个人的发展离不开自己的努力打拼，也离不开学校的帮助。

2.理论学习——变化的加速

随着校本培训工作的蓬勃开展，学校的团队学习氛围也更加浓郁，这一切使我这个有向上要求的人如逢甘霖，我的变化也越来越大。学校组织教师研读《第五项修炼》，使我的思想和心理发生了质的变化。它不是一般的理论学习，而是理论联系实际的研读和讲座。它不但使我对书中理论的理解更加清晰明了，而且让我经常不由自主地运用其中的理论对照和检查自己的工作，反思教育教学的点点滴滴。《第五项修炼》的理论学习，在学校中营造了良好的团队合作氛围，也改善了我的心智模式。

此时，正逢新教材在个别学校进行试点，教师们对新教材实施情况十分关注，学校也为教师配备了新课本，供我们学习参考。我对比了新旧教材，发现旧教材课时内容及时间安排节奏缓慢、内容单调、方法枯燥，与新教材理念相距甚远，已经不适应新时期学生和家长对教育的需要。于是，在教研组准备青年教师参赛课时，我提出新老教材结合使用的建议，获得了老师们的肯定。在大家的共同努力下，将内容相似的课文重新组合，有机地渗透课外知识，扩大阅读量，开发学生潜能，我们将旧教材3课课文的内容合并在一起教学，汉字教学"数字"一课就产生了。我们一年级语文教研组在青年教师评比中获语文组团体一等奖，成了学校第一个推出的作为团队学习榜样的教研组。教研组的两位同志在区里上了公开课，得到了教研员的肯定。

校本培训让我深感团体学习对教育教学工作的重要性和必要性，我对工作有了前所未有的认识。我是学校这个系统中的一员，只有把

"小我"放到学校这个"大我"中去，才能使自己从狭隘的思想和认识中解脱出来，全身心地投入工作，才能使自己的精神面貌、工作状态为之一新。

3.主动探索——变化的自转

2001—2003年间，在带一个只有二十几位学生的班级时，围绕着一个自选课题——个性化教育的实践与研究，我认真查阅了资料，积极开展了研究探索。在研究探索过程中，我对"另类评价"产生了浓厚的兴趣。"另类评价"是指由各种不同于传统测验的手段，来获得学生学习表现的所有方法与技术，因为这些方法与技术常常被用来替代传统的测验，所以它们被统称为另类评价或另类评量。另类评价具有深刻的理论基础，它是建构主义理论和加德纳的多元智力理论在教育评价上的反映。它尊重学生的实际，尊重学习的过程，不以考试成绩作为单一评价手段，而是运用综合评价手段、最大限度地发挥学生潜力的一种评价方式。采用这种评价方式，符合当初学校交给我这个班级时的要求，也符合家长对学校教育的要求。校领导对于我的想法很支持，我的心中忽然有一种要大干一场的激情。我翻阅了一些有关建构主义理论的教育书籍，想到运用学生学习档案袋的方法，可以收到良好效果。于是，我就在班级里建立了学生学习档案袋。渐渐地，学习档案袋的内容越来越丰富：作业、小制作、讲演比赛记录、阅读书籍记录、画画作品、每天作业记录……所有这一切，都是学生自己最得意的作品。学生对学习档案袋越来越喜欢，常常主动要求整理交流学习档案袋。有着反思自我学习过程、自我肯定成绩等作用的学习档案袋，它的作用显而易见，学生对自己学习的信心足了，整个班级进入了一种积极向上的良性循环状态。

从自然的变化到外力因素作用下的变化，再到内心需求的变化，我的变化离不开自己的专业自觉，也离不开学校这块肥沃的土地。在这里，校领导无微不至的关心，精心组织的理论学习、论坛、研讨课等一系列活动，是我成长的"营养"和驱动力。回首往事，取得的成绩已成为过去，而留下的不足，更时时鞭策我虚心学习，奋起直追，迈上更高的台阶。

第二节　勤于教学反思

20世纪80年代，在教师专业化的宏观背景下，国外的教师研究者将反思引入教师教育。1989年，美国心理学家波斯纳将教师的成长与其对自己经验的反思结合起来，提出了一个著名的教师成长的公式：教师成长=经验+反思。罗赛尔和库剎根于1995年的研究认为，训练只能缩小专家教师与新手型教师之间的差异，而反思性实践或反思性教学，却是导致一部分教师成为专家教师的一个重要原因[①]。反思是教师专业发展的重要途径，通过反思可以促使教师不断主动质疑，改进自己的教学方法，提高自己的教学能力，从而促进教师的专业成长。

进入21世纪以来，教师的职业形象和角色要求不断发生变化。新的形势要求教师不但要掌握教学的知识和技能，而且要具有反思意识和反思精神。也就是说，教师在其职业生涯中，应不断反思自己的教学理念和教学行为，正确审视和分析自己的教学活动、决策和效果，不断进行自我批评、自我调适、自我建构。只有如此，才能实现自己的专业成长和可持续发展。

一、教师教学反思的内涵和特征

（一）教学反思的内涵

反思是一种自省、思考、探究和评价的过程，是行为主体立足于自我以外批判性地考察自己言行的过程。教师的教学反思是指教师在教学实践中，批判地考察自我的主体行为表现及其依据，通过回顾、诊断、自我监控等方式，或给予肯定与强化，或给予否定与修正，从而不断提高自身教学效能和素质的过程。教学反思的方式，可以是多视角、多层次的，比较灵活、自由。反思的内容可以涵盖课堂教学、教师的教育观念、职业道德表现等众多方面。

[①] 陈夏英.论教师教学反思的意义及策略[J].丽水学院学报,2005,27(1):118.

（二）教学反思的特征

教师的教学反思表现出以下特征：

第一，实践性。教师的教学反思是在具体的教育教学活动中进行的一种行动性反思，立足于具体的实践过程中，反思的起点在于教育教学实践中所产生的问题。实践是教师教学反思的"土壤"。

第二，主体性。教师的教学反思是教师自主、自律、自发的行动，是教师的自我反思，是教师自己主动思考教育教学中的问题，充分发挥自身主动性的过程。在反思过程中，教师一般是以批判性的眼光分析自己的教学行为，找出自己的不足之处，正确地认识自我、改造自我。

第三，验证性。教学反思是教师对自己教学行为重新审视的过程，这就必然包含对反思的内容进行验证。因此，中小学教师要凭借自己的业务水平、理论素养和职业敏感，在较短的时间内验证自身教学行为的成效，并在验证结果的基础上进行再次探索。

第四，过程性。教学反思的过程性，一方面，是指反思是一个过程，要经过意识期、思索期和修正期；另一方面，指教师在整个职业成长过程中要经过长期不懈的自我修炼，才能成为一个专家型的教师[①]。

第五，发展性。教师教学反思的最终目的，是为了更好地总结自己在教学过程中的成功经验和失败教训，一步步地从感性走向理性，从实践上升到理论，从经验上升到规律，从而实现教师专业成长和发展。因此，可以说，教学反思具有发展性和超越性。

二、教学反思的意义

理论和实践的研究都表明，教学反思是教师专业发展的重要推动力量。从某种意义上说，教师仅有经验的积累是不够的，还须对自己的经验

---

① 陈俭贤.通过增强自我反思意识促进教师专业发展[J].基础英语教育,2011,13(3):97.

进行剖析和研究[①]。教师进行教学反思的意义，可以概括为以下几个方面。

（一）教学反思有利于增强教师的责任感

对学校来说，要提高教学质量，增强教师的责任感比提高教师的教学技能与能力更为重要。因为教育是一种需要有极强责任意识的育人活动，教师责任感的强弱直接影响到他对教育尽职的程度，而这种尽职的程度直接关系到培养学生的质量。

通过教学反思，教师会自觉地关注自己的教学观念和教学行为，从教学过程中主动寻找问题、探究问题、解决问题。在反思中发现一个个问题，进行一次次研究，从而使自己的教学技能与能力逐步增强，把自己的教学实践提升到新的高度。在此过程中，教师对教学工作和学生发展的责任意识，也就自然得以不断增强和强化。所以说，教学反思是增强教师责任感的有效途径之一。

（二）教学反思有利于增长教师的教学智慧

教学反思促使教师以研究者的心态置身于教育教学过程之中，以研究者的眼光对自身的教育教学行为进行批判的、积极的反省和思考，对教学中自己的活动以及学生的表现进行认真的观察和审视，对出现的问题进行深入探究，对积累的经验不断进行总结。教师通过教学反思，一方面能够对教学活动形成规律性的认识，不断丰富实践知识，增长教学智慧；另一方面能够意识到外显的倡导理论与内隐的应用理论之间的不一致，从而真正把外显的倡导理论运用于教学实践中。在不断运用的过程中，教师可以享受到提升教育理念的乐趣、增长新知识与发展新技能的喜悦以及教学相长的快意。

教师的专业成长与发展是社会与教育发展的必然要求，它贯穿于教师职业生涯的始终。教师应把自我成长与专业的要求联系起来，把自身教学的实际状态与社会及学校的期待联系起来，认真思考教育教学过程中的有益经验与教训。通过反思，促进教师自身专业实践活动的发展，使自己向

[①] 王映学,赵兴奎.教学反思:概念、意义及其途径[J].教育理论与实践,2006,26(2):53.

研究型教师转变，成为教育事业的实践者和自身教学行动的研究者，实现自身专业水平的不断提升。

（三）教学反思有利于提升教师的教学实效

教师教学反思的过程，实质上就是教师对教学诸要素的再认识、再研究的过程。对已经发生的教学实践活动进行教学反思，积极寻求新方法、新策略来解决实践过程中面临的教学问题和困境，这有利于教师加深对教学活动规律的认识，形成自己对教学问题的独特思考和创造性的见解，从而做出更合理的教学决策，提升教学实践的效率和效果，并不断更新教学观念，提升教学能力，提高教学水平，实现自己教学上的可持续发展。

三、教学反思的基本过程和内容

（一）教学反思的基本过程

教师对教学实践活动的反思，一般可以分为发现问题、分析原因、寻找对策、验证假设、形成理论这五个环节。

1.发现问题

发现问题是教师教学反思的起始环节。教师在具体的教学实践活动中，通过对实际教学的感受，意识到教学过程中存在的问题，并且明确问题的性质，并试图解决该问题，于是进入了教学反思过程。发现问题是教学反思活动的开端和起点，也是教学反思过程中的关键一环。教师在教学过程中遇到困惑，如果只有教学反思的意识，而没有从特定情境中发现问题、提出问题的能力，教学反思活动就不可能深入、有效地展开。

2.分析原因

在这个环节中，教师通过广泛收集并分析有关经验，特别是自己的活动信息，再以批判的眼光反观自己的教学活动，分析问题产生的原因以及他人在解决这个问题时的经验与教训，明确自身问题的根源和症结所在。批判的目的是为了促使自己换一个思路、换一种角度来看待问题。批判的标准应是教育教学的最终目的，即是否有利于学生的发展，是否有利于教师的成长与发展。

3.寻找对策

寻找对策是教师教学反思的主要环节。在分析原因的基础上，教师根据相关理论、自己或他人的成功经验和失败的教训，积极寻找新思想与新策略，找出解决问题的方法和途径。由于教师寻找对策的活动是有方向性、针对性的，是聚焦的、自我定向的，所以这种寻找对策的活动，会对教师教育教学理论的学习和实际教学能力的提高具有重要的促进作用。

4.提出和验证假设

在这一环节中，教师根据问题情境和相关理论，提出解决问题的假设并积极验证。在此过程中，教师应进行发散思维，广泛收集各种信息和理论，以产生各种暗示，通过推理和判断，形成较为科学的假设。提出假设之后，教师要预测改进效果，并根据假设，制定系列实施方案，从中遴选出预期效果最佳的方案予以具体实施，通过行动验证假设。

5.形成理论

形成理论是教师教学反思成果的总结和应用环节。教师在教学反思过程中，对经过努力探索而形成的有关解决问题的策略、方法进行总结，形成一些规律性的认识和理论，或见诸文字形成研究论文及书面报告，或召开一些经验交流会进行交流研讨，以便教师自己或同行在今后遇到同类或相似问题时参考、借鉴。这一环节结束后，就完成了教学反思过程的一个循环。当然，在实际的教学反思中，各个环节之间的界限往往并不分明，会有一些前后交错的情况。

（二）教学反思的内容

教学反思主要以教学活动过程为对象，而教学活动过程通常由五个相互衔接的教学环节构成，即反思备课，反思上课，反思作业设计与批改，反思课外辅导，反思学业成绩的考核和评定。因此，教学反思的主要内容围绕着这五个环节展开。

1.反思备课

备课是上课前的准备环节，是教师上好一堂课的先决条件。因此，教师应意识到备课的重要性，认真备好每一节课。其实，备课的过程，实质上就是教师提高自身专业知识水平的过程，也是教师提高教学能力和总结、积累教学经验的过程。教师对备课环节的反思，主要是反思自己有没有认真钻研教材，有没有全面解读课程标准，有没有了解学生的知识掌握和学习态度情况，有没有精心设计教学方案，等等。

2.反思上课

上课是整个教学过程的中心环节，上课的质量决定着教师整个教学工作的质量。对上课的反思，主要围绕以下问题进行：课堂教学的目标是否达到，教学过程设计得好不好，教学方法是否选择得当，学生对知识点是否掌握，学生的能力是否得到提高，对教材的讲解是否正确，层次是否清楚，重点是否突出，时间分配是否合理，课堂气氛如何，还存在哪些应该改进的问题，怎样改进，这节课成功或不成功的原因是什么，这节课主要的优点和缺点是什么，等等。

3.反思作业设计与批改

对作业设计和批改的反思可以分为以下几个方面：一是对作业设计的反思。包括对作业量的反思，如抄生字词，抄多少遍才能达到记忆的最佳效果，不同程度的学生完成这些作业需多少时间等。对作业的质的反思，如作业题的代表性如何，有没有一些无意义的机械、重复的作业，不同学习能力的学生，作业要求有无区别对待，对作业的要求是否交代清楚，等等。二是对学生作业完成情况的反思。如学生做错了哪些题目，原因是什么，如学生怎样审题，遇到不会解答的题目怎么办，学生怎样进行自我检查以及学生之间有没有抄袭作业的情况，等等。三是对作业批改方式的反思，如是否需要批改所有学生的作业，可否只改部分学生的作业，可否让学生参与批改，可否让学生自己互相批改，哪些作业需要面批，作业情况是否及时反馈给学生，等等。

4.反思课外辅导

课外辅导是教学过程的课外延续部分，是对上课环节的必要巩固和补充。课外辅导主要包括三个方面的内容，即：给缺课的学生补课，给基础差的学生辅导，给学有余力或学有特长的学生个别指导。课外辅导的形式大致分为两种：教师对一个或几个学生进行辅导；组织学习成绩优秀的学生帮助学习基础差的学生。教师对课外辅导的反思，一般包括对课外辅导内容的反思、辅导形式的反思以及辅导效果的反思等。

5.反思学业成绩的考核和评定

对学生的学业成绩进行考核与评定，是相对完整的教学过程中的最后一个环节，是教师教学工作不可缺少的一个重要组成部分，它起着激励、诊断、反馈、调控、评价等积极作用。对学业成绩考核的反思，可分为对考核内容的反思和对考核方法的反思。前者如对考核题目质与量、难易程度的反思，题目类型的反思，等等。后者如采用考查还是考试，考查是采用书面测验还是采用课堂提问，考试采用笔试还是口试，等等。对学业成绩评定的反思，包括评定是采用评分的方式，还是评分加评语的方式，评分时对学生有创见的答案，有无适当加分以资鼓励，等等。

四、教学反思的途径

如何通过教学反思切实促进教师的成长与发展，既是一个理论问题，又是一个实践问题。从中小学教师的教学实际来看，进行教学反思可以通过以下几个主要途径来进行。

（一）通过自我进行反思

通过自我进行反思，是指教师在进行教学反思时，依靠教师本人的反省和思考，对自己的经验、行为和思想，进行批判性的审视、分析和改进的过程。通过自我进行反思主要包括：

1. 撰写反思日记

苏联教育家苏霍姆林斯基曾经建议，每位教师都要写教育日记，写随笔和记录，这些记录是思考及创造的源泉，是无价之宝。反思日记是教师把课堂教学过程中的一些感触、思考或困惑记录下来，并在此基础上对其进行批判性的分析和评价，以理清思路、提高认识、改进课堂教学的一种手段和方法。反思日记的内容可以涉及多个方面，如，关于教师、学生或教学方法方面的内容，可以是教育教学实践中的成功或不足、灵感、闪光点、学生的感受或者教师所进行的教学创新与改革等。撰写反思日记，有利于帮助教师系统地回顾和审视自己的教育观念和教学行为，发现其中存在的问题与不足，然后提出可行的解决方案，为更新教育观念和改进教学行为指明努力的方向。

反思日记的形式可以灵活多样、不拘一格，常见的主要有以下几种：①点评式。即在教案各个栏目相对应的地方，针对教学实施的实际情况，言简意赅地加以批注和评述。②提纲式。比较全面地评价教育教学实践中的成败得失，经过分析与综合，提纲挈领地一一列出。③专项式。抓住教育教学过程中存在的最突出的问题，进行实事求是的分析与总结，加以深刻的认识与反思。④随笔式。把教育教学实践中最典型、最需要探讨的事件集中起来，对它们进行较为深入的剖析、研究、整理和提炼，写出自己的认识、感想和体会，直至形成完整的篇章。在日记写作中，教师可根据个人的习惯、爱好，来选择相应的方式撰写日记，也可结合实际，创造其他的形式。

教师在撰写反思日记时，要注意以下三点：第一，要对教育事件、教学行为等进行真实、客观的描述，不要写空话、套话，有话则长，无话则短；第二，要持之以恒，坚持不懈，不惜花费时间，课课记、日日记，积少成多；第三，要经常对反思日记进行回顾和思考，并通过多种形式的研究和分析，来改进自己的教学工作。

2. 观看课堂教学实录

由于课堂是一个复杂的环境，许多事件会同时发生，而且课堂教学中也蕴含了众多隐性的教学因素，如教师的教学风格、教学艺术、教学理念、教学策略等。因此，教师仅仅对教学进行观察，有时会难以捕捉到课堂教学的每一个细节，一些很重要的事件或信息可能很难被觉察到，更不用说把它们记录下来。随着现代信息技术的迅速发展，各种现代化的设备逐步走进课堂，走进教师的反思性活动中，为教师的教学反思提供了先进的技术支持。其中，课堂教学录像就是一种十分重要的手段。

课堂教学实录既可以是自己的教学录像，又可以是他人的教学录像。观摩自己的课堂教学实录，不但可以为教师提供更加真实、详细的教学活动记录，捕捉教学过程的每一个细节，而且可以让教师作为观摩者审视自己的教学，帮助教师认识真实的自我或者隐性的自我，有助于改善教学行为，提高教学技能。教师观摩他人的教学录像尤其是一些优秀教师或专家的教学录像，是促进教师教学反思，促进教师的专业成长的一条非常有效的途径。在实际教学中，很多教师往往因为经费、时间等缘故，没有机会参加一些名师的公开课或示范课，所以借助于观看这些名师的教学录像来反思自己在教学中的不足，这是一个可行而经济的办法。

3.进行教学行动研究

传统上的"行动"与"研究"两个词，常被视为不同范畴的两个概念，前者指实际工作者的实践性活动，后者指专家、学者、研究人员的学术性探索活动。20世纪三四十年代，西方一些学者在研究一些社会问题时，开始尝试由实际工作者与其他研究人员共同合作研究问题的方法，并将这种由实践者在实际工作中为解决自身面临的问题而进行的研究称为"行动研究"。

教学行动研究是教学情境的参与者所从事的一种反思研究，它旨在改进参与者自己的教学实践，改进教学实践得以进行的情境，并促进对教学实践的确当理解。它是教师通过对自己课堂中的教学现象进行考察和研究，从中获取知识、改进教学质量的一种探索性活动[①]。教学行动研究是提升教师自身的教学实践理性、促进教师专业成长的重要策略与方法之一。

行动研究不同于实验研究，它不需要严格的实验设计和数据处理，它与教师的教育教学活动不可分割，目的是提高教师的专业水平。行动研究有利于促使教师积极地审视、质疑、批判、改进自身的教育教学观念和教学实践，有效地提高教师的反思意识和反思能力，促进教师的自我成长。

行动研究的步骤可以分为：发现问题—搜集资料—制定方案—展开行动—观察反思五个阶段。这五个阶段是相互衔接、循环往复的，最后一个阶段的结束往往就是第一个阶段的开始。在行动研究过程中，教师的反思行为贯穿始终。在行动研究的每一环节或过程中，教师如果没有反思意识或反思能力，就不可能发现教育教学实践中存在的问题，也就不可能有效地展开研究活动。

教师在开展行动研究的过程中，应注意以下三个方面：第一，教师应善于在教学活动中发现有研究价值的典型事件或问题，并制定切合实际的

① 陈俭贤.通过增强自我反思意识促进教师专业发展[J].基础英语教育,2011,13(3):97.

研究计划和研究方案；第二，在研究过程中，教师应加强与校内同事、学生和校外专家的交流与合作；第三，评判研究成果的唯一标准，在于是否解决了教学实践中出现的问题，而不在于其研究成果是否在期刊或杂志上发表或获奖。

（二）通过学生进行反思

通过学生进行反思，是指教师通过学生的课上或课下行为表现、表情或眼神等反观自己的教学，发现教学中的问题，从而进行批判、探索以改进自己的教学。对教师的教学最有发言权的是学生，学生的课堂体会和感受，是对教师教学的最直接、最真切、最可靠的反映，应引起教师对自己教学的深刻反思。通过学生进行教学反思的途径主要有：

1.课堂观察

课堂是教师进行教学活动和学生进行学习活动的主要场所，教师的课堂表现正是该教师教学能力和水平的体现。教师在课堂上的言行举止会对学生产生重要的影响。学生的快乐和烦恼、困惑和不满，有时会表现在自己的脸上，体现在自己的行为上。如果学生在课堂上兴趣高涨，积极踊跃发言，说明教师对学生的引导较为成功。相反，如果学生漫不经心、无精打采、精力分散，则说明教师的教学枯燥无味，缺乏吸引力。因此，教师在进行课堂教学的同时，要注意观察学生的表情和行为等，从中发现和判断自己教学中存在的问题，并积极进行反思和改进。

2.学生的学习日志

学生的学习日志是学生用自己的语言记录下来的对学习的体验，是学生对自己学习经历的一种经常性的总结。这种日志往往具有很强的暗示性，教师可以与学生共同分享日志中的片段，师生共同体验其中的快乐、挫折和迷惑。这样会有助于教师从学生的角度看问题，发现学生学习上的问题以及自己教育教学过程中的问题，从而促进自己反思。

3.作业与考试

学生的作业与考试情况，是教师反思自己教学的不足的一条有效途径。学生的作业不但能表现出学生对课程知识的掌握情况，而且能反映出教师的教学效果，尤其是学生作业中的一些共性的问题，能很好地反映出教师在教学中忽略的地方、讲解不到位的地方、学生理解得不深刻的地方。考试不但是对学生的一个单元、一个章节或一段学习的总结和评价，而且反映了教师在这一段时间内的教学情况，它能使教师了解学生对知识的掌握情况，从而反思自己在一段时间内教学的优点和不足等。

（三）通过同行进行反思

通过同行进行反思，是指通过与优秀的同行教师、教学专家等进行交流和研讨，结合他们对自己教学的意见与建议，反思自己的教学，发现自己教学的问题，并积极探索解决的办法。研究表明，反思是一种社会性的实践活动，广泛、深入的交流，有助于消除教师反思过程中的孤独感和无助感，为教师提供情感上的支持，减少反思的偏差。

1.听课观摩

听课观摩，是教师借助同事的帮助，反思自身教育教学行为的有效途径和手段之一，它是指同行教师之间互相观摩彼此的课堂，随后将他们观察到的结果与任课教师进行相互交流，并提出意见与建议。同事作为课堂的听课人，能依据自己的经验，客观地对任课教师的教育教学行为做出正确的分析和评价，有助于任课教师借助他人的视角，发现自己一时难以认识到的问题和不足，并且借助同事的力量，帮助自己找到恰当的解决方法。

为了有效地运用听课观摩进行教学反思，一方面，任课教师要勇于开放自己的课堂，虚心听取、接纳同事对自己教学实践活动的意见和建议。另一方面，每个教师都应当明确，自己有责任、有义务帮助其他教师改进教学工作，提高教学水平。教师之间的协作和帮助并非单向的，而是双向的和相互的。

2.教学研讨

通过教学研讨进行教学反思，是指教师通过参加学校或其他组织举办的各种教学研讨会的途径，与同一所学校或来自不同学校的同行及专家聚集在一起，提出各自在教学活动中遇到的问题与困境，并共同商讨解决办法，找出最佳解决方案的过程。教学研讨不但有助于教师对教育教学活动中出现的问题形成正确的认识，找到恰当的解决方案，而且有助于促进教师之间的交流与协作，促进教师的教学反思。为了有效开展教学研讨，需要努力营造一种真诚、开放、相互信任的研讨氛围，促进教师之间真诚的交流，教师要勇于在教学研讨会上提出问题、发表观点，使教学研讨活动对改进教师的教学实践切实发挥应有的作用。

3.专业引领

教师通过专业引领进行教学反思，是指邀请相关专业学者或教研人员来指导和促进教师教学反思的方法。专业研究人员主要包括教研人员、科研人员和大学教师等，相对于教学一线的教师而言，他们的长处在于他们拥有系统的教育理论素养。专业引领就其实质而言，是理论对实践的指导，是理论与实践之间的对话，是理论与实践关系的重建。

专业研究人员与教师的合作，并不是直接"接管"教师的具体问题，为其直接提出解决问题的策略。而是根据教师在具体教育实践中的"表现"，在教学研讨活动中的"表达"和对教育教学活动的"反思"，来判断教师的经验和水平，在此基础上，向教师提出有针对性、促进性的意见与建议，促使教师不断反思，从而使教师获得对问题更新、更全面的认识，探索出解决问题的有效方案。实践证明，专业研究人员与教师共同备课（设计）、听课（观察）、评课（总结）等，对教师教学反思的帮助往往最大、最有效。

（四）通过学习教育教学理论进行反思

从教师的角度来说，加强理论学习，并自觉接受理论的指导，努力提高自身的教学理论素养，增强理论思维能力，这既是教师从"教书匠"通往"教育家"的必由之路，又是教师经常采用的、非常有效的反思途径之一。

有的教师会遇到这样一种情况，即自己在教学中摸索出了某种教学方法或手段，而且产生了良好的教学效果，在阅读一些教学理论著作时，发现自己使用的教学方法正是教育专家所倡导的。因此，教师的教学效能感大大增强，于是就会进一步深入阅读教育教学理论著作，反思自己的教学，使教学更趋完美，甚至会运用教育教学理论，结合自己的工作实际和研究心得，撰写出水平较高的学术论文。教师应该注重教育教学理论的学习，不断通过教育教学理论来促进自己的教学反思。

五、教师教学反思的典型案例

案例 4-4

课堂的反思

2004 年 11 月 13 日上午，在安徽省蒙城县实验小学，华应龙老师借班讲授"初步认识分数"。在讲完分数各部分的名称、分数的历史和写法以后，华老师让学生写一个分数，并说一说这个分数的意义。

一个看上去胆子很小的男孩用一张长方形的纸片表示出 3/5 的意义。华老师问："3/5 表示什么意思？""表示 5 份中的 3 份。""这 5 份是怎么分的？""平均分。""对了！"华老师示意他坐下。

在交流的时候，华老师有意再让他锻炼一下。华老师说："这位同学说得很对，并且特别强调了'平均分'！你能把两句话合成一句吗？"那男孩有些激动，声音明显高了许多："把 5 平均分成 3 份。"同学们笑了，华老师也惊讶地张开了嘴。一位同学在底下纠正道："把一张纸平均分成 5 份，3 份就是这张纸的 3/5。"华老师佯作嗔怪，其实心里挺感激那位快嘴的孩子。"我们应该让人家自己改过来。"华老师示意那男孩重说。男孩这次说对了，老师和同学们一起鼓掌。华老师在总结时强调："谢谢那位同学，是他提醒了我们，3/5 不是把 5 平均分成 3 份，而是把一个东西平均分成 5 份，取其中的 3 份。"

后来，华老师深刻反思了课堂教学，明白了那男孩说的"把 5 平均分成 3 份"，也许是他潜意识里分数的真正意思，而不是鹦鹉学舌的话语。那么，这是什么原因造成的呢？华老师想：一是在教分数的意义时，过于重视表示分数的三要素——平均分、分几份、取几份的归纳，而忽视了单位"1"的渗透，以致学生头脑中搞不清把"什么"平均分。二是教材中和板书中对分数是这样写的——四分之三。这种读法一开始就容易使学生以为"3/4 是把 4 分成 3 份"。

因此，华老师在其后的教学中，非常重视单位"1"的渗透，以避免这种错误认识的发生。后来，华老师在中国人民大学附属小学再次讲"初步认识分数"。新课伊始，华老师就把3/4的读法板书成"四'份'之三"。一写完就有学生在下面说了："噢，是四份中的三份！"

教师应成为反思性实践者，这是新时期教育教学改革的需要，也是实现教师专业成长的必经之路。有学者指出：对教师而言，能否以"反思教学"的方式化解教学中发生的意外事件，这是判别教师专业化程度的一个标志。华老师认为，在反思的过程中，不论对自己的每一次否定是不是正确，置身其中，首先能感受到的是一种执着和专注的精神，一种永不满足、不断进取的精神。

华老师对自己的要求是，同是一节课，今天讲的要与昨天讲的不一样，每一次备课都要生成一些新的东西。他很欣赏叶澜教授的一句话：一名教师只是写一辈子教案，是难以成为名师的，但是，如果能写三年的教学反思，则有可能成为一个名师。

有志于教学反思的老师，常会被这样两个问题困扰：反思什么和如何反思。对于这两个问题，我们不妨从华老师的案例中寻找答案。华老师的教学反思告诉我们：教学中的任何疑难问题都可以成为反思的对象，对教学中任何困惑的思考和探索，都有可能成为教学智慧产生的源泉，每次反思都会有助于提高自身的教学能力。此外，实践是检验真理的唯一标准。反思之后应当用实践来检验，即要从反思到实践，然后再从实践到新的反思，不断寻求新的解决方法。而这正是增强教师反思能力不断提升的有效途径。

案例4-5

反思助我成长——王惠敏老师的专业成长经历与感悟①

我从2000年7月转入徐汇区第一中心小学工作，先后担任过班主任、语文教研组组长、年级组长工作。2003年，开始担任教导主任助

---

① 张万祥,万玮.教师专业成长的途径:30位优秀教师的案例[M].上海:华东师范大学出版社,2005:253-255.

理。从2005年起，又重新担任年级组长。

2000年7月，因为学校的拆并，我离开了工作10多年的上海市东湖路小学。当时的我，带着一份失落，带着一份无奈，怀着对未来的忐忑，来到了徐汇区第一中心小学。虽然我此前已有了10多年的工作经历，但我还是简单地认为，只要认真地完成自己的每一份工作，兢兢业业地教育好学生，教给学生知识，就是一个称职的教师，根本没有想到自己还有那么大的潜能可以发挥。

曾记得自己刚来学校过的第一个寒假。有一天，校长问我："来到这所学校以后，有什么新的感受？"我想了一下，认真地说："我学会了如何在最短的时间里有质量地完成电脑小报的版面展示。还有，我写反思随笔的速度快了许多。"当时我的回答带来了一片笑声。现在想来，这其实就是自己潜能得到发挥的最初表现，也是自己迈向成功的第一步。

来到学校的第一年，我担任了五年级的班主任。在最初的工作中，我还是以原有的教育教学模式开展工作，直到有一次发生的一件事，对我产生了很大的触动。

按照学校常规要求，每个学生每天放学后必须清理自己的课桌，课桌里不能有废纸、杂物。于是，我很自然地将有关要求向学生说明，并转化成这样的命令：每天放学时，个人必须清理干净课桌，放好椅子，由值日生负责检查，若有不合格者，其名字将被写上黑板，这些名字被写上黑板的学生第二天做值日生！我本以为学生会乖乖服从，没想到会引出一大堆问题：有的学生由于不重视学校的要求或习惯差，结果经常被留下做值日生；有的值日生乘机"假公济私"，报复某些与他不合的人，于是乎，黑板上名字一大堆。还常常有学生愤愤不平前来告状……面对这些始料未及的问题，我有些吃惊。于是又加了一条命令：记名字必须有4位值日生同时作证！结果，每天黑板上又多出了一条证人栏，可是情况还是不尽如人意。这时的我感到很是苦闷。

就在这时，学校开展了"反思型教师的培养"这个市级课题的研究。为了使自己能尽快适应新环境，也为了能把自己的工作开展得更出色，我自荐参加了《第五项修炼》中"改善心智模式"这一段的学习讲座。理论的学习让我看到了一个全新的工作模式，体会到了一种全新的教育教学理念。通过学习"改善心智模式"的相关理论，我了解到，心智模式不但决定我们如何认识周遭世界，而且影响我们如何采取行动。要正确地认识事物、认识世界，只有不断改善自己的心智模式，将镜子转向自己，并加以审视，才能找到问题的所在。

于是，我重新对这件事做了反思。通过反思，我认识到了自己的心智模式产生的偏差：我只是简单地认为惩罚也是一种教育，而忽略了作为一个有思想的学生的感受！于是，我在晨会时，通过与学生的真诚交流，利用团体学习的方式共同协商解决了这个问题。

改善心智模式的方法使我顺利地解决了问题。我感到《第五项修炼》的理论学习是如此重要与及时，让我第一次懂得理论学习与实际工作的关系，并学着用理论来指导我的工作。

从此，我开始经常自觉地在工作中反思自己的教育教学行为。渐渐地，我明确了共同愿景与个人愿景之间的关系，学会了设置共同愿景，习惯于在工作中积极开展团体学习，遇到困难时就尝试改变心智模式。我不断地实现了自我超越，潜能也在不断地被挖掘。同时，自己的反思也从不自觉的行为变成了习惯性的行为，反思能力有了一定的提高。

第二年，我承担了二年级语文教学工作，对于从未教过二年级语文的我来说，困难着实不小。这时我兼任了教研组长，要兼顾到整个年级的语文教学，顿时感到压力很大。第一次期中考试，学生成绩不理想，我很沮丧，并习惯地反思了自己的教学，可是无论怎样思考，总觉得问题还是出在学生的身上。

就在我苦恼之时，团体学习给了我新的希望。通过一次次的团体学习，我认识到还是自己的心智模式出现了偏差：由于长期从事高年级语文教学，所以一接触低年级的学生，就觉得这些孩子懂的东西实在太少，一想到许多知识在高年级的时候都要用到，于是在低年级教学中，我就把一些知识先行作了讲解，可是这种做法不但没有显示出成效，反而出现了更大的问题：孩子们不但没有学好新的知识，而且把应该掌握的知识都"放"掉了。自己的愿望虽是好的，想倾其所知去教好学生，但这种迫切的心情却使我犯了拔苗助长的错误，一味超前、超速，反而产生了"欲速则不达"的结果。

于是，我很快地调整了自己的心态，改变了教学方法。在把握好基础知识的前提下，适当进行新知识的传授。学生们果然有了进步，我也重新获得了自信心。这次的团队学习让我认识到，只有在团体学习的氛围中，"自我超越"、"改善心智模式"和"共同愿景"才会不断得到强化，个人的反思能力才能获得进一步的提升。从此，团队学习这一概念开始深深扎入我的心中。

在忙忙碌碌中，我们所在的二三年级组被评为区文明组室，这其中包含了团队中每一位老师的辛勤付出。反思这一年的工作，我学到了很多。无论在教学教育工作中，还是在年级组工作的管理上，我都获得了很多宝贵的经验，得到了快速成长。

我的工作得到了老师们的支持，也得到了领导的肯定。为了给我创建更大的展示舞台，2003年开始，我分管学校的德育管理工作。在感谢学校领导和老师们对我的信任之余，我感到了前所未有的压力。学校的德育工作在倡导素质教育为先的今天，显示了其强大的作用。我很想做好这份富有挑战性的工作，但又害怕做不好，校领导及时给了我鼓励和信心。校长告诉我："放手去做，只要尽力就好。我们会支持你。"在积极鼓励我的同时，学校成立了德育研究小组，专门为德育工作的顺利开展出谋划策。在这个新的团体中，我开始了对新工作的摸索。

最初，工作开展得并不顺利。我整天在事务性工作中忙碌，工作效率很低，缺少整体的思路，更多的是零敲碎打地完成一项一项的任务。我甚至把学校工作中原有的一些精华抛弃了。面对这样的情况，我又陷入了迷茫。

在我苦闷彷徨之际，校领导及时向我伸出了援手。校长语重心长地告诫我："不是你的能力不够，而是你自己的思路阻碍了你的发展。这项工作不是简单的完成任务，它是学校的一项整体工作，你就应该整体考虑，将常规工作进行融会贯通，有序地分成几大部分开展……

工作中有创新很重要，可是不能抛弃学校原有的特色工作，要学会传承。"在校领导的帮助下，我认识到自己太缺乏管理知识。于是，下班后我来到了书店，开始学习一些德育管理的知识，并在实际的工作中经常与领导、老师们交流。就这样，我开始学着用一些管理的方法开展工作。

一次次的摸索，一次次的思想碰撞，一次次的反思后，我的工作渐渐走上了正轨。校领导为了鼓励我，将我推荐为区德育工作先进个人。面对荣誉，我唯有更积极的努力做好工作，才能回馈组织的关爱。

这几年，教育界正在进行着巨大的变革。面对变化，我清晰地认识到，等待是无济于事的，只有不断学习、调整自己，才能适应教改的形势。

从上学期开始，学校的管理进入了一个新的阶段，开展了项目管理工作的试点。这是一种新型的管理模式，第一次看到作为试点单位的一年级组很有创意地完成学校的"六一"活动，看到组里的每一位教师表现出来的前所未有的智慧和能量，我震惊了、感动了。这是对自己以往管理观念的一次很大的冲击。

整整一个月，我都无法平静。想到自己担任德育工作虽然很努力，也获得过一定的成绩，却始终觉得没有完全将我的智慧与能力发挥出来。看到学校的新措施，我开始理智地思考：也许德育管理不是最适合我的工作，而我对担任年级组长的工作却有得心应手的感觉。

可是，从一名中层干部回到年级组长的位置，别人会怎么想？会不会认为我太傻？会不会误认为我是出了什么差错才调换岗位的？毕竟学校还是没有现代企业那样激烈的竞争氛围。想到这里，我犹豫了……

在纷扰的思绪中，我重新回想起叶静老师：他舍弃了在上海优越的生活，援藏30年，直到53岁身患癌症时仍坚持在雪域高原。我重新审视身边那些普普通通的老师们，他们为了大局，舍弃了多少利益、荣誉、机遇，最终寻找到了更合适的发展机遇。我明白了，衡量一名优秀教师的标准，不是看他得到了多少，而是要看他为自己的事业奉献了多少。一个人的成长，不在于职位的高低，而在于思想的成熟与否。

于是，为了在工作中能找到最合适自己的位置，并能发挥最大的能量，为了学校的共同愿景，新学年初，经领导同意，我毅然割舍了已经做了三年的德育管理工作，主动、真诚地提出以项目管理的方式承担年级组长、帮带年轻班主任的工作任务。

不计得失，不为虚荣，为了事业而淡泊名利，甘当人梯，这是需要勇气的，但这更是一名教师应有的品德。因为他的道德观、思想境界都是对学生一种无声的教育，会潜移默化地为孩子们建构起一个成长的模型。虽然会有许多不理解的目光注视着我，可我对此依然毫不后悔。

埋头整理自己的成长历程，看到的是过去走过的每一步。不管未来的道路有多么艰难，我依然会踏踏实实地走好每一步，用积淀的脚印走出一片灿烂。

第三节 积极参与教育科研，提升科研能力

进入 21 世纪以来，随着素质教育的深入推进和课程改革的逐步实施，教师这一职业已经彻底告别了过去的"有了知识就能当教师"的历史，"教师成为研究者"已经成为当今时代教育发展的必然要求。

教育实践已经反复证明，学校教育质量和学生素质能否提高，关键在教师，出路在科研①。教师具备教育科研能力，积极参与教育科研活动，不但可以纠正教师头脑中陈旧的教育教学观念，形成新的教育教学观念，而且可以增强教师工作的使命感和责任感；不但可以提升自身教育教学的质量和水平，适应教育改革和发展的需要，而且可以不断丰富和发展教育理论。因此，积极参与教育科研，不断提升自己的教育科研能力，应当成为每一名教师的自觉意识和行动。

---

① 王映辉.在继续教育中提高中小学教师科研能力的思考[J].中小学教师培训,2000 (11):24.

一、教育科研的含义和一般程序

(一) 教育科研的含义

教育科学研究是以教育问题为独特的认识对象，运用科学的方法，有目的、有计划、系统地认识教育现象、探索教育规律和建构教育理论的过程。教育科学研究是科学研究的重要组成部分，它以探索培养人和教育人的规律为目的，是研究者认识和揭示教育现象，分析所搜集到的资料，进而得出合乎逻辑的结论的过程。从广义上讲，任何对教育现象的研究和探索都可以看作教育科学研究。

(二) 教育科研的一般程序

1.确定选题

选题是任何一项研究开展的基础。所谓选题，就是指选择要通过研究解决的、在理论和教育实践中有较为重大意义的问题。教育科研的第一阶段就是要确定选题，即提出问题、发现问题。爱因斯坦说过，提出一个问题往往比解决一个问题更重要，因为解决一个问题也许仅仅是一个数学上的或实验上的技能而已，而提出一个新问题则需要创造性的想象力。

对中小学教师而言，科研选题的来源主要有两个：一是有关的课题指南和信息指南，二是本校教育实践中急需解决的问题。后者是主要来源，对于一线的教师来说，应注重与现实教育教学工作密切相关的、有实用价值的课题。这样不但可以扬其实践经验丰富之特长，避其理论功底不足之短缺，而且可以使研究直接服务于自己教育教学工作的需要。

2.选题论证

教育科研的第二个阶段是在查阅文献资料的基础上进行课题论证。查阅文献资料的目的，一是了解该领域的研究现状和前人在这一领域的研究成果，二是为了掌握更多的教育理论知识。

课题论证是有组织地、系统地阐明研究的价值，分析研究条件，完善研究方案的评价活动。它主要包括以下内容：第一，研究的目的。即为什么选择这个课题? 通过这项研究要达到什么目的? 第二, 研究的价值和研究的现状。即所选课题的意义、作用、理论依据, 国内外在这一领域的研究动态, 等。第三, 研究的可行性。包括自身的优势及条件等。第四, 研究的主要内容、步骤的设计、采用的方法和研究对象的选择等。

3.制定研究计划

教育科研的第三个阶段是在课题论证的基础上制定研究计划。所谓制定研究计划, 就是按照研究的认识逻辑, 根据研究的各种主客观条件, 在对课题做出正确评价的基础上, 对整个研究过程加以规划。

4.实施研究计划

教育科研的第四个阶段是实施研究计划。科学研究计划制定出来之后就要具体实施, 即严格按照方案进行, 也可根据具体情况做适当的变动。在实施研究计划的过程中, 很重要的一项工作就是占有研究对象的资料。

5.分析整理资料, 做出研究结论

分析并整理资料, 做出研究结论是教育科研的第五个阶段。资料的获得, 并不意味着已经获得了问题的解决方案。因此, 在研究过程中, 需要研究者通过对所收集资料的加工而获得深入的、带有本质性的或规律性的认识。

6.撰写研究报告

教育科研的最后一个阶段是撰写科研报告和科研论文。研究的价值在于发现具有普遍性的意义。因此, 研究者需要把其科学研究的全过程以及取得的成果用文字完整地表述出来, 即撰写科研报告或论文。科研报告或论文的撰写一般包括以下内容: 研究目的, 研究的对象或抽样, 采用的方法, 研究的经过, 材料的归类、整理, 研究结论, 建议、设想或体会, 等等。

二、教师从事教育科研的优势、特点与意义

(一) 教师从事教育科研的优势

相关研究表明, 教师进行教育科学研究具有许多专家学者所不具备的

优势，教师应当增强教育科研的意识，将这些优势很好地发挥出来。

教师进行教育科研的优势主要表现在以下几个方面：

其一，教师的教育科研在真实的教育教学情境中进行，这使得教师能够及时了解到教学的困难与需求，并能清晰地知觉到问题的存在。

其二，教师与学生的共同交往构成了教师的教育教学生活，因此，教师能准确地从学生的学习中了解到自己教学的成效，了解到师生互动需要改进的方面，尤其是能从教育教学现场中，从学生的成长记录袋中获得一手资料，这为教师的教育研究提供了有利条件。

其三，实践性是教育教学研究的重要特性，教师是教育教学实践的主体，针对具体的、真实的问题所采取的变革尝试，能够在实践中得到检验，进而建构适合情境的教学理论。

（二）教师从事教育科研的特点

中小学教师的教育科研是教育科研的一个特定领域，它具有教育科研的共性，也具有不同于高等学校和教育科研机构教育科研的特点。中小学教师要想有效地开展教育科研，首先需要对自己教育科研的特点有清晰的认识与把握。

1.以改进教育教学实践为目的，以应用性和发展性研究为主

教育领域中最近的趋向表明，许多成功的研究，在于它考虑到自己成果的直接应用。绝大多数的任课教师显然喜欢这种趋向，因为他们赞成那些能直接派上用场的和直接产生有用知识的应用性更强的研究。提倡中小学教师从事教育科研，从根本上说，不是为了满足教育理论发展的需要，而是为了满足教育教学实践发展的需要。因此，从事以改进教育教学实践为宗旨、以满足教育教学实践发展需要为目的的应用性研究和发展性研究，应成为中小学教师教育科研的基本取向。换句话说，中小学教师进行教育科研的目的，不在于更新或创造多少教育理论，而在于通过有目的、有计划的教育科研活动，实实在在解决自身在教育教学过程中所遇到的问题，促进教师个人的成长与发展的目标。

2.结合自身的优势和特点，以微观研究为主

教师的教育科研应结合自身的优势和特点，以微观研究为主。从以上

分析可知，教师从事教育科研具有专业研究人员所没有的优势，这种优势集中体现在教师生活在教育科研的"源头"之中。教师每天置身于复杂多变的教育教学情境中，实践着各种教育教学理念，处理着各种各样的现实问题。因此，与专家学者和专业研究人员相比，教师不但更了解一线教育教学的实际情况，更了解教育生活中的对象及其特征，更便于把握各种教育因素之间的互动关系。而且，丰富的教育教学生活中蕴涵着大量的科研选题，以供教师选择。然而，由于教师的教育教学生活情境都是具体的，所以基于教育教学生活的教育科研应以微观研究为宜。

3.在具体的教育教学实践中开展研究，以行动研究为主

提倡教师从事教育科研，就不可避免地涉及教师应如何处理日常的教育教学工作与研究工作的关系的问题。一些教师或学校将二者对立起来，甚至以牺牲教育教学时间和质量为代价来追求教育科研的业绩，这种做法显然是不科学的。要正确地处理好教师的日常教育教学工作与科研工作的关系，就要求教师的教育科研应与教育教学过程充分结合，以行动研究为主。

伴随着中小学教育科研的不断深入，人们逐渐认识到行动研究才是中小学教师参与教育科研的最佳选择，因为行动研究契合了中小学教师开展教育科研的根本目的，充分发挥了教师从事教育科研的优势。行动研究的目的在于透过科学方法的应用，以解决课堂内的问题。它关注的是特定情境中特定的问题，不重视研究结果是否可以类推到其他不同情境，也不强调研究变量的控制及操作问题。教师始终是行动研究的主要研究者。立足于行动并着眼于行动改进与完善是行动研究的目的，这是中小学教师教育科研的根本取向。同时，行动研究还强调研究过程与行动过程相结合。这体现了中小学教师教育科研的需要。

（三）教师从事教育科研的意义

教师积极参加教育科研工作，对其自身的专业成长和发展具有重要意义，主要体现在如下几方面：

1.有利于教师更新观念

教师的教育观念是教师从事教育工作的心理背景，对于教师的教育态度和教育行为具有显著影响。当今信息技术的发展使人类进入了信息化、学习化社会，对人才的要求发生了新的变化，这在客观上要求教师传统的教育观念发生根本改变。那么教师的教育观念到底应该如何转变呢？仅仅通过一些外在的、孤立的理论学习是不够的。教师从事教育科研是教师及时更新教育观念的重要途径，因此教师要通过教育科研来弃旧立新，及时地更新自己陈旧的教育观念，树立起符合时代潮流的教育观念。这些新的教育观念可以通过教育科研来确立，并在教育实践中加以实现，因为教育科研的过程就是一个理论学习的过程，就是一个理论思考的过程，就是一个在新的理论指导下的反思和实践的过程。通过教育科研，教师的教育理论水平得到了提高，可以在实践中去体现、巩固新的教育观念，促进外在的观念逐渐内化。这样，一些旧有的违背教育规律的观念和行为习惯才能得以彻底改变。

2.有利于教师提高理论素养

教师的知识是教师从事教育教学工作的前提条件。无论时代怎样发展，教师都应该是一个富有知识的人，一个能够不断吸收新知识的人。然而，一些调查研究表明，我国中小学教师的知识结构不尽如人意，主要表现为：教师的本体性知识不够深入，条件性知识掌握不足，实践性知识缺乏系统性，文化知识单一，知识更新落后于时代要求，等等。因此，教师从事教育科研工作，将有助于扩大自己的认识领域，完善自身的知识结构。

此外，教师从事教育科研有利于提高理论素养。教育理论和实践证明：鼓励中小学教师参与教育科研有利于他们接受新的理论和知识，提高教师的理论素养。一般来说，广大中小学教师具有比较丰富的实践经验，但往往比较缺乏理论知识，虽然有一些教师在大学期间系统地学习过理论知识，但这些知识随着社会的发展不断变得陈旧，有的已不适用于新时代的发展要求。如果教师能够结合自己的教育教学实际，积极开展教育科研活动，就迫使他们认真学习新的教育理论，接受新的教育观念和新的专业知识，从而不断丰富自己的理论知识，提升自己的专业素养，开阔教育教学视野。因此，要想在新一轮的教学改革中驾轻就熟，就要不断地进行教育科研，更新自己的知识结构和能力结构，提高自己的理论素养，从理论上和实践上达到一个新的境界。

3.有利于教师增强科研意识

教育科研意识本身就是一种发现问题和不断探索问题解决方法的积极心理倾向。科研型教师突出地表现在具有较强的教研意识,对于同样的教育现象,别人可能会无动于衷,而科研型教师却会从中发现问题,并探索运用新的理论知识去解释和解决这些问题①。所以,中小学教师应努力培养自己的科研意识,打破教育科研的神秘感,勤于思考,从日常的备课、上课、批改作业和课外活动等教学环节中,从当今教育改革的重点、难点、热点中发现值得研究的问题,并自主进行教育科研,寻找解决问题的办法,大胆地在教育教学中进行改革和试验。

科研型教师必须具备的一项重要素质是具有一定的教育科研能力,这也是科研型教师的重要标志之一。中小学教师除了要转变教育观念,增强教研意识之外,还要积极进行教育科研实践,提高自身的教研能力,这样才能把自己的教育科研愿望变成现实,才能出成果、见效益。教师教育科研能力的培养必须结合自己的教育教学活动,通过自己的科研活动来进行。此外,还要边教学边教研,在教学中发现问题,通过教育科研解决问题,形成教学和教研相互促进,共同提高的教育教学新模式。

三、教师教育科研能力的构成要素

教育科研能力,简言之,就是指开展教育科研活动的能力,具体地讲,是指研究者在科学理论的指导下,运用科学而系统的方法对教育问题进行研究,以探索教育规律、促进教育改革与发展的能力②。从教育科研活动对教师自身能力素质的要求来看,中小学教师教育科研能力主要包括教育科研选题能力,教育科研方案设计能力,教育科研活动组织的能力,教育科研资料收集能力,教育科研信息加工能力,教育科研成果表述能力,教育科研质量评价能力和教育科研成果推广和应用能力。

---

① 陈金树.教育科研有助于中小学教师素质的提升[J].中国科教创新导刊,2008(33):51.

② 刘本剑.中小学教师教育科研能力及其培养微探[J].沧桑,2009(4):224.

（一）教育科研选题能力

选择教育科研课题的能力是指研究者根据一定的标准或要求，从自己所意识到的无现成答案的诸多问题里，确定出所要研究的课题的能力，主要包括发现问题的能力和分析问题的能力。它要求教师具备发现问题的素养，明确选题的标准。

（二）教育科研方案设计能力

教育科研方案是指研究者为实现预定的教育科研目标，而对整个教育科研过程所进行的整体规划和对主要工作所进行的合理安排，是开始进行课题研究的工作框架。教育科研方案设计能力就是指对主要工作进行合理安排和整个研究过程进行全面规划的能力，具体来说，是指确定研究目的、选择研究方法、安排研究时间与进度、确定研究工作重点与难点、设计研究成果表述形式和采取研究措施等能力。

（三）教育科研活动组织能力

教育科研活动是一个由研究主体、研究客体、研究对象、研究目的、研究方法、研究条件等要素构成的不可分割的活动整体。在教育科研活动中，一个科研项目要想取得好的成果，必须把这六个要素进行最佳结合，研究者就要具备把这六个要素组合起来的能力，即教育科研活动组织能力。

（四）教育科研资料收集能力

开展教育科研，就必然涉及搜集资料的问题。教育科研资料收集能力主要是指研究者认识到科研资料的价值，并运用观察、调查、实验、查阅文献等方法收集、整理教育科研资料的能力。实际上是善于捕捉、组织和判断各种信息的能力。资料搜集对课题研究十分重要，教育科研过程就是对科研资料的收集、使用和再创造的过程。因此，研究者能否收集到教育科研资料，关系到整个教育科研活动的成败。

(五) 教育科研信息加工能力

教育科研信息的加工能力是指对科研信息的筛选、识别、分类、分析、评估,以及利用信息做出决策和解决问题的能力。科研信息与资料的整理和分析是一种高层次的思维活动,它能锻炼一个人的理解能力、比较能力、分析和综合能力、归纳和概括能力。从某种意义上说,教育科研的过程,就是在获取、掌握、处理应用教育科研信息的基础上,解决教育中存在的问题的过程。

(六) 教育科研成果表述能力

教育科研最终要通过文字载体以不同的形式将研究结果表述出来。教师的文字表达能力直接影响着科研成果的交流范围和运用程度。要求教师把经过潜心研究得出的新认识、新思想、新办法等形成文字,通过教育科研报告或科研论文、著作等形式表达出来,从而更好地发挥科研成果的价值。研究成果表达得如何,直接关系到教育科研成果质量的高低和产生社会作用的大小。因此,对教师来说,清晰的思维、良好的书面表达能力就显得尤其重要。

(七) 教育科研质量评价能力

教育科研质量评价能力是指研究者客观、公正地依据公认的价值标准,采取科学的评价方法和技术,对研究工作的过程及效果进行测定,并对研究目标的实现程度做出价值判断的能力。教育科研质量的评价是教育科研的一个重要环节,处于教育科研系统的逻辑终点。只有通过评价才能确定研究成果的价值,才能确立研究成果的推广意义。

(八) 教育科研成果推广和应用能力

教育科研成果的推广和应用能力包括能够准确认识到科研成果的价值,主动接受科研成果,并把科研成果运用到教育教学实践中去的能力。它主要体现在接受新的理论研究成果、新的实践经验,从中受到启发,并把它迁移到自己的教育教学实践中进行试验与探索。

四、教师教育科研能力培养的途径

（一）转变科研观念，增强教育科研意识

转变科研观念，增强教育科研的意识，这是提高骨干教师教育科研能力的基本前提。传统的教育观把"传道、授业、解惑"作为教师的主要职责，这种以知识传授为主的教育模式在广大教师的教育观念中留下了根深蒂固的烙印，"传道、授业"的经验成为教师的主要追求目标。而应试教育的盛行，在很大程度上强化了知识传授，淡化了教育教学研究[①]。受传统教育观的影响，教师对教育科研的认识不到位，因此，要提高教师的科研能力，首先应引导教师转变科研观念，增强科研意识。

1.破除虚无观念，充分了解教育科研的重要性

有些中小学教师认为自己只要教好书、育好人就行了，至于教育科研，那是大学教授、研究人员的事，与己无关。于是，这些教师只知埋头苦干，以至成为名副其实的"教书匠"。对此，我们应引导教师意识到，中小学教师的教育教学是一种极富创造性和学术性的实践活动，有许多问题需要身处一线的教师去探索、去解决。而教育科学研究作为运用科学的理论和方法，需有意识、有目的、有计划地对教育教学中的问题进行研究的一种科学研究，其目的与功能正是解决教育教学中的问题，以利于我们科学地改进教学方法，提高教学质量。因此，教师应认识到教育教学活动与教育科研是相通的，有着密不可分的联系，教育科研始终伴随着教育教学实践活动。

2.去除畏难情绪，明确教育科研的可行性

有些中小学教师认为自己教育理论水平不高，科研能力不强，加上工作任务繁忙，无暇去搞研究，进而产生畏难情绪。对此，我们要用自己学校通过教育科研成长起来的教师的事迹来影响他们，使他们认识到教师有开展教育科研的得天独厚的条件：每天置身于生动的教育实践之中，扎根于教育科研的"源头"，面临着教育教学改革的"突破口"，拥有专业科研

---

① 吴惠明.浅谈中小学研究型教师的培养[J].中小学教师培训,2000(9):5-6.

人员所不具备的科研优势。所以，教师参与教育科研是可行的，只要我们扎实研究，是完全可以有作为的。

3.消除功利思想，认识教育科研的求实性

在教育科研的过程中，撰写并发表论文是一件很自然的事情，但是由于评职称、评先进等对论文的要求越来越高，所以有些老师便把撰写论文等同于教育科研，于是把科研的重点放在了论文的撰写上，这是对教育科研的曲解。为此，我们启发教师明确教育科研的价值不全在于出几篇文章，其核心价值在于教师通过教育科研转变观念，提高教育教学能力和水平，真正能够探索出一定的教育教学规律，使教师确立起正确、科学的教育科研价值观。

（二）加强理论学习，积累教育科研的知识与方法

加强理论学习，积累科研的知识与方法，这是提高骨干教师教育科研能力的必要基础。中小学教师的教育科研以学校的教育现象特别是正在成长的青少年学生作为研究对象，属于探索现实世界未知领域的实践活动[①]。对于中小学教师来说，学习和掌握系统的教育科研理论和教育科研方法，是提高自身科研能力的必要基础。中小学教师教育科研理论学习的内容应主要集中到心理学、教育学、社会学、哲学、教育科研方法、现代教育技术等学科知识方面。具体的途径主要有：多读、多看、多听、多写。

首先，教师要多读、多看。教师可以通过图书馆、书店、网络等，多渠道地阅读与教育教学相关的信息，不断丰富自己的资料信息库，这些可以给教师带来新的知识和教育观念。其次，教师要多听。教师在与教研组、学生、家长、学校管理者和社会的交往中获取大量的新的信息，校正自己的思考方向，吸取他人之长，弥补自身不足，最大限度地获得团队效应的积极力量。最后，教师要多写。一方面，教师要对每学年的备课笔记、听课笔记进行整理。教师可以把备课笔记中的"教后感"整理出来，并附上教学后记；把听课笔记做成活页，与对应的教案钉在一起，作为自己改进教学的参考。另一方面，教师可以制作自己的成长记录，记录自己

---

① 王映辉.在继续教育中提高中小学教师科研能力的思考[J].中小学教师培训,2000(11):24.

在具体的教育教学情境中的体验、思考和自身的专业发展过程，在对比中，寻找曾经忽略的问题，有针对性地加以解决。

（三）开展校本教研，提高实际教育科研能力

开展校本教研，是提高骨干教师教育科研能力的有效途径。所谓校本教研，是以学校为本位、以学校为基础、以学校为主阵地、以校长和教师为主体的研究活动，是指密切结合学校工作实际，学校自行确定课题、自主研究设计计划并实施的一种教育研究活动。校本教研的基本特征是，研究课题来源于学校的实际，具有解决学校现实问题的鲜明针对性；研究的主体是学校教师，强调教师的群体参与；研究的结果应有助于学校问题的解决。

中小学教师从学校教育教学实际中选择研究课题，开展校本研究，是锻炼自身的实际教育科研能力的一条有效途径。教师在联系教学实际、积极开展校本教研活动时，应注重以下四个方面：

第一，寻找真问题。所谓真问题就是从学校教育教学实践中抽象出来的，是教育教学实践中直接困扰教师的问题。因此，教师应以学校实际为背景，来选择校本研究专题，以解决实践中的问题为目的。

第二，重视与自身教学工作的结合。教师应仔细研读学校课题的研究内容、研究目的，并与自己的教学工作相结合，回忆自己教学的需求或遇到的疑难问题，思考如何把自己的需要纳入学校大课题当中。这样在研究中才能运用学校资源和大课题环境，同时能得到学校专业人士的指导，改变单枪匹马作战的状况。如对小组合作探究学习的研究，可根据自己所教的学科，在合作情景创设、探究问题的选择和确定方面，从学校大课题中寻找适合自己的研究点。

第三，开展真研究。这是指教育科研要真正有效，让学生、学校、自己切实地发生积极变化。为此，教育科研的重点要转变，要积极开展行动研究。通过学习和应用当代先进教育理论，科学地探索和解决教育教学过程中出现的一些问题，创造性地寻求或形成新的教育目标、内容、形式、方法、途径、机制，从而提高教师的教学水平和学校教育教学质量。

第四，要积极推广研究成果。只有把科研成果真正应用于教育教学工

作,教育科研才能起到促进教学的作用。因此,教师要积极将科研成果融入教育教学实践,以实现教学内容、教学方法的先进性,并将在长期研究中所形成的感悟传达给学生,激发学生的学习兴趣。另外,经检验具有普遍意义的教育科研成果还应通过发表论文、出版著作、经验交流等方式在社会上进行推广,使之在教育教学中产生更大的影响。

(四)融入科研共同体,加强科研的交流与合作

融入科研共同体,加强科研的交流与合作,这是提高骨干教师教育科研能力的重要平台。教师的教育科研可以是分散的,也可以是集中的。分散是指由教师个体各自开展教育科研,而集中则指教师与教师合作,以群体参与的形式开展研究,以群体带动个体,以集中拉动分散,既能利用整体优势,又能充分发挥个人特长①。教育科研共同体,是充分利用集体合作的优势来进行科研发展,主要由教师、学生、家长、教育专家、专业研究人员等组成。教育科研共同体可细分为校本研修共同体、课题研究共同体、家校沟通共同体等类型②。

教师积极融入教育科研共同体,加强与同行教师、专业研究人员的交流与合作,是提高教师教育科研能力的重要平台。教师在参加科研共同体,与他人进行科研合作时,应注意以下几方面:首先,要学会与同事合作,彼此互相激励、互相支持、互相帮助,学会用集体的智慧来研究和解决自己在教育教学中遇到的疑难问题。其次,要学会借助地方教研部门和地方高校的科研力量,通过他们的指导和帮助,进一步明确自己的科研方向,丰富自己的科研理论知识,提高自己的研究能力。最后,要学会利用各种场合进行讨论。学校应尽一切所能提供交流的平台、思维碰撞的空间,如通过主题讨论、教育沙龙等活动,激发中小学教师的智慧,创造有活力的科研氛围,提高教师的教育科研能力。

① 柳阳辉.提高教师教育科研能力的思考与实践[J].开封教育学院学报,2007,27(1):62.

② 薛莲.教师教育科研共同体的尝试[J].中小学校长,2009(5):21-22.

五、教师教育科研能力培养与提升的典型案例

案例4-6

著名特级教师魏书生：引导教师进行教育科研

怎样提高师资水平，我觉得最有效的方法之一，就是引导教师进行教育科研。五年多来，我们学校从提高认识、建立教改办、制定量化考核标准、确定科研题目、注重研究过程五个方面入手，来开展这项工作。

1.提高认识

谈到科研，老师们常常以为那是教研所的专家的事。仔细分析，其实是我们每位教师分内的事，是每位教师心灵深处的需要。

今天和昨天有什么不一样呢？上班、下班，备课、上课、批改作业，学生还是那些学生，同事还是那些同事，领导还是那些领导，校园没变，办公室没变，教室也没变。近乎呆板、枯燥的生活，使人兴味索然，甚至使人厌烦。于是有人说，教育工作时间性强，计划性强，规章制度烦琐具体，容易扼杀人的创造性。

如果只当一名教书匠，用因循守旧的眼光看问题，教师工作真是又苦又累，又呆板又枯燥。

我引导老师们思考，为什么同样是教书，斯霞、于漪、钱梦龙、欧阳代娜等许多优秀教师却感觉幸福、快乐，充满了新奇感，工作充满了创造性？重要原因之一在于他们不是教书匠，而是教育科研工作者，是教育艺术家。他们总是从科学研究的角度看待教育教学工作。

分析研究许多优秀教师的经历和他们的成果，人们不难发现，他们成功的一个重要原因就是能够从教育科研的角度看待自己的工作。

普通教师进行教育科研至少有三点好处。

（1）科研能使教师发现一个新的更丰富的自我，从而也能发现一个新的更广阔的教学天地。"我"更新了，便有了新的眼力、新的观察

力、新的承受力、新的胸怀。由于自新,便会感觉他人新、世界新、工作新、江河山川新,人工作起来才有乐趣、有意义,工作热情才会高,才会有创造性。科学研究是一个十分特殊而又广阔的天地,不论哪个行业,不论多么平凡的岗位,一旦从科研的角度去观察、去分析,都会发现那里有神奇而又诱人的学问、能力、方法。君子兰栽培、金鱼养殖、微型雕刻,这些小技术若钻研进去都能发现一个广阔的科学天地,我们教书育人这样的大事,科研的天地就更广阔了。

(2) 能提高教学效率。提高教学效率靠什么? 有人说,靠日光加灯光、时间加汗水。这话符合形式逻辑,但不完全符合辩证逻辑。同一位教师,几年如一日地使用千篇一律的教法,不肯变化,那么,时间长、汗水多的教学效果一般会好一些。但事实上,教育不是自古华山一条路,而是条条大路通罗马。每件事都有一百种做法,而我们目前正用着的,并不一定是最省力的、效率最高的方法。如培养学生的注意力,方法不止一百种,我们目前掌握的十几种绝不是最好的,最好的还有待通过教育科研去发现、去掌握。从大的方面讲,提高教学效率还是要靠科研。

(3) 能收获科研成果。教师进行科学研究,最终成果常常以文字材料(如日记、经验总结、论文)和公开课形式显示出来。经验、论文、公开课公布出去,参与交流,参加评比,受到了别人的肯定,得到了校、市、省的奖励证书,这显然是一件值得高兴的事情,这是一种看得见的成果。另外,在研究过程中,还有诸如个人意志的增强、胸怀的拓展、学识的增长等许多潜移默化的成果。因此,很显然,教师进行教育科研,于己、于人、于家、于国都有益处。

2.建立教改办公室

为了强化对教育科研的领导,我校于1986年8月成立了教改办公室,和教务处同级。现在教改办公室有主任一人,干事四人(兼课),打字员一人。教改办公室成立以来,一直引导教师进行教育科学研究。

教改办每个学期都要搞几次教育科研讲座,给老师们介绍科研的方法和教育科研信息。每个学期,教改办都要印发教改信息报,引导教师学习教育学、心理学等教育科学理论,掌握基本的科研方法,开阔老师们的视野。教改办还不定期对教师的教育科学理论水平进行测试，记分装入业务档案。教改办还负责向老师们提供必要的资料，教改办的同志们将历年来学校领导、教师、学生的变化情况，德智体美劳的发展状况，学校总体与个人的教育科研成果都做了记录、整理。有关资料还编入了《盘锦市实验中学校志》。另外，教改办还订阅了50多种报纸、杂志，开办了教师阅览室，供老师们查找资料，为老师们进行教育科研提供了方便。

去年，为强化教师们的科研意识，教务处负责的教研组工作改归教改办领导，以使教研组不只局限于常规教学方法的研究，而是开拓更广阔的思路来改革常规教学方法。

3.制定量化考核标准

我校对教师工作进行量化考核已经四年多了。量化考核方案规定，对每位教师从四个方面进行考核，其中一个方面就是教育科研工作，这方面工作从八个方面进行考核和记分：（1）撰写教改实验方案；（2）按时提交教改实验总结；（3）学术论文与经验材料；（4）教师亲自制作的教具；（5）参与本校组织的集体听课，承担省、市、校公开课；（6）每学期要求教师写40篇日记，每篇150字以上；（7）每学期进行教育科学基础理论知识测试；（8）教改工作取得突出成绩，为学校争得荣誉。

我校多年来不评先进，而是按量化分计算先进，到期末，谁的分高，谁自然就是先进。老师们不甘人后，比先进，创先进，就必须进行教育科研，量化条例也明显倾向于引导教师进行教育科研。例如，条例规定：期末考试成绩，按各平行班较上一次考试成绩的提高幅度排出名次，第一名比第二名多记0.5分，而教师写文章在市级以上教研会上发表则可记1分。这样明显调动了老师们搞科研的积极性。

4.确定科研题目

有的老师之所以教书几十年却无科研成果，其原因之一，是由于不了解科研题目的广泛性，以为只有"谈教育与经济的关系"，"论我国的教育方针"，"沿海地区的教育发展战略"这样的题目才称得上科研题目，而"后进同学注意力的培养"，"谈课间十分钟的活动组织"，

"课堂学生发言分析"等小题目就算不得科研题目。

这些年来,我反复强调,大题目、小题目都是科研题目。天文学家有天文学家的作用,研究原子、粒子的科学家也有他们的作用。从某个角度看,教育科研的一些小题目更具有普遍意义,因而也更具有研究和推广的价值。从这样的角度看,教育科研的题目就广泛了。每位教师,不论教数、理、化的,还是教体、音、美的,都会找到几个乃至几十个科研题目,这是就空间而言。就时间而言呢,每位教师长而言之,可研究学生三年乃至十年的性格发展变化;短而言之,可研究下课前三分钟不同性格学生注意力的变化。

我校教师的科研题目,有的是中央教科所批准拨款的,如"语文教学的民主化、科学化"。有的是省教育学院支持的,如"培养学生自我教育能力","政治课新教材实验"。有的是市教研室、市教科所布置的,如"英语认知教学法","作文教学讲评课","德育的整体效应力"。还有学校教改办布置的15个科研题目,等等。而更多的,还是老师们根据自己的教育教学实际选择的科研题目。

选题还要切忌"毕其功于一役"。同一个题目,自己五年前研究过的,现在仍可再研究,将来仍可第三次、第四次研究。孔夫子的"启发式",人们研究了两千多年,现在仍在研究着,将来一定还会有不少人研究。就培养学生自学能力而言,同一位教师,研究十年,结果一定不会停止在一个水平上。另外,同一个题目,在一个学校甚至一个教研组可以同时有几个人研究,如"学生作业量怎样才算适度"。一个语文教研组,就可以有几种不同的观点、不同的实践,只要符合学生的实际,符合教育科学规律,就允许大家争鸣,这样更有利于科研的深入。

同一位教师在同一段时间,可不止研究一个题目。我校程庆山老师在一个学期内就同时研究"班级管理自动化","英语教学的民主化与科学化","英语认知教学"等课题,并且都写出了经验总结与论文,在省、市相关会议上交流并获得好评。一般说来,选题小一些,同时选几个题目,持之以恒地反复研究,效果会更好一些。

5.注重研究过程

一线教师进行教育科研，如果过分注重结果，则比较难起步。起步后，倘若过分注重结果，也容易中途停顿。因为刚刚开始研究，很难取得令人满意的结果。引导教师注重研究的过程，就避免了起步前的畏难情绪和起步后的急躁情绪。

其实，研究过程本身就充满着乐趣。当老师们为自己研究的课题查找理论根据、重新学习教育科学知识的时候，当老师们为自己研究的课题观察、了解学生的时候，当老师们为自己研究的课题积累各种数据的时候，当老师们有了一点体会、便自然流畅地写入科研日记的时候，这本身已经使老师们站到了一个更高、更新的层次来看待自己的工作，他已经在自新，已经品尝到了科研的乐趣。

学校教改办始终注重科研过程，强化对老师们学习教育科学理论的督促，强化对老师们教育科研计划和教育教学日记的检查。如研究优质课问题，我们连续几个学期强化对老师们课堂教学录音带的检查，组织老师们从研究的角度，去听每位老师课堂教学过程的录音。去年又给每位老师摄像，然后集体观看。这样注重对教学过程的研究，即使那些评不上优质课的老师，也在研究过程中得到了提高。又如强调教师写日记，也是引导老师注重研究过程。即使老师们写的论文不能到省、市相关会议上交流，甚至没有写出论文，但一篇篇日记本身，已经潜移默化地提高了老师们的科研能力。

引导教师进行教育科研，是一种播种和收获相隔几年乃至十几年的劳动。我们只搞了5年，现在还远未到最佳结果期，但目前这一点点收获，就已经使人们预感到了这是一条通向教育新天地的道路，从而坚定了老师们继续进行教育科研的信心。5年来，我校教师先后有61篇经验总结或论文在市级教研会上交流，有26篇在省级教研会或省以上刊物发表。先后有语文、政治、英语、数学、物理、化学、美术、地理、历史等9个学科的共18篇论文获得省级以上教研会优秀论文证书。我校还有53位教师分别为全国28个省、市、自治区的三万多位教师上过公开课。程庆山同志还到外市介绍经验并给外市学生上课，宋玉珍同志到市师专介绍了教改经验。总之，引导教师进行教育科研，既使老师们发现了一个新的、更强大的自我，发现了一个新的更广阔的教学天地，又提高了教学效率，使老师们的劳动有了多重收获。

第四节 锻造和培养创新能力

创新是人类历史上最古老、最永恒、最灿烂的花朵。可以说，人类的文明史就是一部光辉灿烂的创造史。随着时代的进步与发展，创新能力日益成为社会对人才的根本性要求之一。

当今时代，国际竞争日益白热化，无论是各国间的经济竞争、军事竞争，还是科技竞争、教育竞争，都集中于创新性人才的竞争上。因此，创新性人才的培养成了现代教育的根本任务，它不但是个人进一步发展的要求，而且是现代社会发展的需要。如果一个民族缺乏创新精神和创新能力，将难以屹立于世界先进民族之林。

青少年学生的创新素质是整个民族创新素质的基础和根本。而学生创新素质的培养和提高，与教师的创新能力密不可分。要培养富有创新素质的学生，首先必须要有具备创新能力的老师。对于当下的教师来说，缺乏创新能力就不可能成为一名适应时代和教育发展需要的合格教师。

一、教师创新能力的内涵

有关创新的理论研究始于20世纪初。美籍奥地利经济学家约瑟夫·熊彼特在1912年出版的《经济发展理论》一书中，从技术发明的应用这一角度，提出了创新的概念和理论。熊彼特在该书中提出的创新概念，其涉及的范围相当有限。随着时代的进步与发展，创新的重要性日益得到人们的广泛认可和重视，有关创新的理论逐渐被应用到包括教育在内的多个领域。

创新，不是一般意义上的"创造新事物"的简单缩写，而是具有特定的哲学内涵和意义的。从哲学上讲，创新的"新"是对"旧"而言的。创新象征着一种批判、改革、扬弃、创造，它是作为实践主体的人所从事的生产新思想和新事物的活动，它的根本特征是变革、进步和超越[①]。

① 王军.教师教学创新能力培养探析[J].教育探索,2004(4):9.

从心理学上来说，能力是指影响实践主体顺利完成某种活动的一种个性心理特征。对于实践主体顺利完成某种活动的影响因素很多，如思想意识、客观环境、理论知识等，而能力则是影响主体顺利完成某种活动的最直接、最基础的个性心理特征。

创新能力，是指主体依据一定的目的，运用一切已知的知识、信息、理论等，通过思维、实验、制作等过程，产生出某种新颖独特的、具有社会或个人价值的制度、方法、知识、理论、技术和产品的能力。个体的创新能力在日常生活中综合表现为：具备新颖的创造性思维和发散性思维的品质；充满获得新知的渴望，并善于获取新知识；善于从日常生活、学习和工作中发现问题、提出问题并解决问题；有强烈的创造欲望和激情。

根据教师的工作特点和职业要求，教师的创新能力可以界定为：教师所具有的一种渴望并善于获取新知识、新观点，提出和解决教育教学的新问题，研究和产生教育的新方法、新模式、新理论，善于创造性地和高效率地开展教育教学活动的各种能力[①]。

教师的创新能力体现在教师的教育教学活动和科研活动等各个方面，是教师综合素质的重要体现，是对教师的较高层次的要求。具备创新能力的教师，能够从具体的教育教学条件和客观环境出发，善于采取创新性的教育思想和教学方法，制定出最佳的具有创造性的教学方案，并能够致力于学生创新精神和创新能力的培养和提高。

二、教师创新能力的构成要素

国内外有关教师创新能力的研究表明，教师的创新能力包括教师的创新意识、创新思维、创新观念、创新技能等多个方面，它们之间相互影响、相互制约、有机统一，共同组合成教师创新能力的整体。

（一）教师的创新意识

教师的创新意识即教师进行教育创新的兴趣和愿望以及通过教育改革

---

① 肖明亮.中小学教师创新能力培养新论[J].教育实践与研究,2002(3):14.

达到教育创新的主观动机①。教师的创新愿望和兴趣，在教师的日常工作和生活中具体表现为：喜欢接触和尝试新鲜、有趣的事物；辩证地看待权威、不唯书、不唯师，乐于追求问题的真实性；愿意花费时间和精力去研究自己的新想法；等等。而教师的创新动机在日常工作和生活中表现为：积极探索提高教育教学效率的方法，努力实现最优化教学；积极、热情地参与教育教学改革；在工作中愿意主动承担富有挑战性的教育教学管理任务；创造性地使用传统的教育教学手段，并能将新的手段、方法有机地整合到课堂教学中；等等。

（二）教师的创新思维

教师的创新思维，是指教师在教育教学创新的过程中运用和体现出来的思维特征。主要包括三种创新性思维：发散思维、逆向思维和科学类比思维。在日常的工作、学习和生活中，教师的发散思维具体表现为：对于一个问题，从多角度看待并思考，并从多个切入点解决该问题；对于学生的"奇思妙想"，不打击、不打压，并能做到正确引导和鼓励。教师的逆向思维表现在：解决问题时，能突破正向思维的束缚，逆向出奇制胜；在解决问题的过程中能通过合理预设情境来修改完善解决方案。教师的科学类比思维体现在：在教学准备过程中，能参考多种教学资料，对比各自的优缺点，并善于整合各自的优点将其应用到课堂教学中。

（三）教师的创新观念

教师的创新观念，是指教师能够突破传统的教育观念的束缚，与时俱进，树立新型的符合时代发展要求的教育观念。具体包括以下内容：

1.突出一个"人"字

教师在教育教学活动中，要坚持把学生的发展放在首位，树立"以育人为本"的教育教学观念。一是要把握课堂教学的本质。现代课堂教学的真正意义在于发现人的价值，开发学生的潜能，发展学生的个性，促进学生全面发展。因此，完成传授知识的任务，不应成为课堂教学的唯一目标。教师必须在传授知识过程中始终关注学生的发展。二是要着眼于学生

---

① 李青青.论教师创新能力的涵义与内容[J].改革与开放,2010(4):129.

的可持续发展。这一点是"以育人为本"的现代教育观念的核心内容。作为一名创新型教师，必须既重视显性的教学，即知识的掌握、能力的培养，又重视隐形的方面，教给学生本学科具有元认知作用的思想意识，具有智能价值的学科思维能力和具有人格构建作用的各学科品质，从而使学生具有可持续发展的能力。

2.敢说一个"不"字

作为一名创新型教师，要在继承前人宝贵经验的同时，敢于用质疑的目光和发展的思路，对那些有碍于培养学生创新能力的教育教学方式进行经常性的反思和否定。陶行知先生曾经说过，"发明千千万，起点在一问"。教师不但要善于解疑，还要善于质疑，这里的质疑，既包括教师自身对某些理论、观点和方法的怀疑，又包括引导学生大胆质疑他人的观点和经验等，教师要在教育教学中不断点燃学生思维的火花，创造充满生命活力的课堂教学，培养出更多创新型的人才。

3.讲究一个"思"字

讲究一个"思"字，就是教师要经常反思自己所学、所用的教学方法是否有利于培养学生的创新能力。大量成功的教学实践表明，"授人以鱼"不如"教人以渔"，从教学活动的实际功能来看，"授人以鱼"培养的是知识型人才，"教人以渔"培养的是能力型人才和善于学习的创新型人才。

（四）教师的创新技能

教师的创新技能，即教师在教学过程中为了达到教育创新的目的而采用的各种创新的教学手段、方法和技巧。教师的创新能力最显著地体现在教学技能的创新上。教师教学技能的创新主要包括：①课程教材处理技能的创新。具体表现为，注重将教材内容和社会现实联系起来，而且注重将这些联系创造性地整合进课堂教学内容中去。②课堂教学技能的创新。具体体现为，根据班级学生的实际能力，灵活地调整教学策略，调控教学难度，控制好学生的"最近发展区"；根据教学内容和客观的教学环境与条件，选择恰当的授课方式与手段；鼓励学生自主探究式学习；充分运用教学机智处理课堂突发事件，使之对课堂教学的不良影响降到最低点。③学生管理技能的创新。具体表现为，充分了解任课班级和学生的情况和特点；确立明确的班级管理理念和具备独到的管理思路；做到尊重学生的个体差异、因材施教，能根据学生的实际情况选择"个性化"的教育管理策略；善于观察并及时发现学生的身心变化，掌握发展动态和情况并制定应对措施。④教学研究技能的创新。具体体现为，具备扎实的文字功底、娴熟的理论表达技能；能对已有的教育理论进行认真的研究、扬弃性的参考，并进行创造性的整合和加工，注重日常教育教学经验的积累，并善于提炼、总结、生成新的教育理论，再将其创造性地运用到教育实践中去。

三、骨干教师创新能力培养的途径

具有创新能力的教师，既是善于发现和鉴别学生创造力的良师，又是关心、爱护学生的益友；既是指导学生智慧生活的"严师"，又是拓展和慰藉学生心灵的"人师"[①]；既能使学生知道过去，又能让学生关心明天，创造更加美好的未来。创新能力不但是骨干教师自身素养的不可或缺的成分，而且是推进素质教育、培养学生创新精神和创新能力的必要条件。

要培养和提升教师的创新能力，必须注意从以下几个方面着手。

（一）不断更新教育观念

创新是一种理念，也是一种行为。人人都能创新，人人都具备创新的潜能，并非只有科学家和具有超常智慧的人才具有创新能力。是否能够创新，关键取决于是否具有强烈的创新意愿和欲望，是否将创新作为自己孜孜以求的目标。

固守已有的教育观念，传统的填鸭式的灌输方法，丝毫不能变动的所谓"标准答案"等，严重束缚了教师的创新积极性。实践告诉我们，只有那些素质全面特别是具有创新精神和探索、发现能力的人，才是知识经济时代所需要的人才。一名教师如果能够克服思想的保守性，树立创新意识，愿意将创新教育作为毕生的追求，他才能在教学活动中不墨守成规，不因循守旧，用先进的创新观念来武装学生的头脑，持续关注学生创新能力的培养与发展，引领学生与时俱进，不断发现新问题、分析新问题、解

---

① 陈志新.教师教学创新能力培养的策略[J].中国校外教育,2010(9):64.

决新问题。反之，缺乏创新精神和创新意识的教师则只会扼杀学生创造的积极性，永远不会培养出具有创造性品质的学生。

教师要想提高自身的创新能力，首先要端正教育思想观念，树立新的、正确的学生观、人才观、教学质量观等，破除创新的神秘感，敢于不断地创新。教师只有具备正确的教育思想观念，才能充分发挥主观能动性，才会产生创新行动，进而才能不断取得创新成果。

1.树立新的学生观

学生是课堂教学的主体，是学习任务的担当者，是发现问题的探索者，是知识信息的反馈者。因此，教师要真正把学生当作学习的主人，尊重学生的主体地位，充分发挥学生的主体作用和主观能动性，只有这样，才会调动学生学习的积极性，才会使学生逐步确立创新的主体人格。

2.树立新的学习观

在素质教育的背景下，教师在教学的过程中，要突破传统的教育观念，要变学生的被动学习为主动学习，变传授知识为教授方法，变注重学生的认知发展为注重学生的全面发展，注重指导学生掌握学习的有效方法，提高学生的综合素质与能力。

3.树立新的发展观

可持续发展必须以人为本、以人为核心。因此，在素质课堂教学中，教师要着眼于学生的可持续发展，注重让学生将书本知识与生活实际相联系，举一反三，实现教材的知识结构向学生的认知结构转化，学生的认知结构向能力结构转化。

4.树立民主的师生关系理念

对学生的尊重和爱，是教师的第一教育原则。在素质教育的课堂上，教师要建立和谐的、民主的师生关系，要成为学生学习的引导者和促进者，一改过去教师一统课堂的局面，为学生营造民主、宽松的学习氛围，引导学生积极参与课堂教学活动。

（二）深化教学创新

教师要提高创新能力，更好地推进素质教育，必须在课堂教学中变革传统的教学方式，持续进行教学创新。

1.创新教学模式

要坚持素质教育，坚持以培养创新人才为目标，教师就必须摒弃传统的教学模式中的糟粕，废除"一言堂"、"满堂灌"的方式，积极创新、探究新的教学模式。首先，教师要树立变革固有的传统教学模式的观念，鼓励标新立异，把培养学生的创新精神和实践能力贯穿在课堂教学之中。其次，教师要设计新型的教学模式，转变过去仅让学生知道"是什么"和提供现成答案的做法。应注重拓宽学生的视野，积极引导学生主动参与教学模式创新。如：在语文教学中可采用"教、扶、练、启"教学法，引导学生自主学习，自己发现结论；数学教学可采用"复习表格法"，拓宽学生视野，激发学生兴趣，引导学生掌握学习方法，培养学生的发散思维、求异思维。总而言之，教师要不断创新教学模式，以搞活课堂教学，激活学生思维，培养学生的创新精神和实践能力。

2.创新备课方式

教学要想取得创新，首先应从课堂教学的基础——备课的创新入手，使备课成为教师真正的创新性实践活动。要改变过去传统备课过程中的"四多四少"：模仿多、创造少，抄例题多、思考少，考虑教师教法多、考虑学生学法少，"题海"训练多、"精选"研究少。教师要根据学生实际情况，积极创新备课方式。为此，教师必须把自己的时间和精力，重点放在教学研究上、钻研教材上、研究学生上。要变革传统的备课方式，不同的教师，不同的科目，不同的年级，备课方式应有所不同，教师在备课过程中，可根据具体的学科、年级和学生情况，不拘泥于形式，勇于创新和探索，使教师的备课真正成为创造性的实践活动。

3.创新作业设计

作业是学生的一种创造性劳动，是发挥学生主体作用的实践"基地"，也是巩固学生课堂所学的必不可少的过程。因此，创新学生的作业设计，是深化教师教学方式创新的一个重要方面。教师可以根据学生的个性特点、学习能力等差异，设计不同层次的作业。为了区别对待不同学习能力的学生，在作业设计上，应力求做到：目的明确，分量适当，形式多样，减少学生作业中的机械重复和模仿，增加训练学生灵活动脑的内容。譬如，英语教学针对学生存在差异的现实，可以借鉴美国一些学校布置作业的经验，分别布置必做题、选做题、兴趣题、思考题等不同层次的作业，这样既减少了学生的作业负担，又有针对性地加强了学生的思维训练，使不同层次的学生都有提高，同时培养了学生的阅读兴趣和创造能力。

4.创新评价方法

在学生的评价方面，教师应改变过去片面注重学生学习结果评价的状况，注意将结果性评价、诊断性评价、形成性评价等有机结合，尤其要多关注学生的形成性评价。具体到学生评价的一个重要方面——考试来说，考试作为学生进一步巩固所学知识、发展综合能力、检验师生教学效果的手段，是每个中小学学生必然经历的。创新和变革考试方式，应当注意以下问题：一是要改变过去在考试内容中普遍存在的考查记忆的题目多、考查能力的题目少的状况，在考查必要的基础知识的同时，应设有考查和检测学生思维能力发展的内容；二是要改变过去在考试形式上存在的笔试考查多、口试考查少的状况，在笔试之外，还应适当增加口试（特别是英语等学科）；三是在一些日常小测验如单元小测验中，可考虑由学生自己编制和设计试题，发挥学生的主体作用和创造能力；四是要在考试评分中，注意制定一些有创意的评分标准，鼓励学生的独创性见解。

（三）掌握信息技术和现代教育技术

当今社会是一个科技高速发展、知识更新频繁的高度信息化社会。信息技术和现代教育技术的高速发展与广泛应用，正在引起教育的广泛而深刻的变革，给教育观念、教学方法和教学组织形式等带来了深远的影响。

信息技术和现代教育技术已成为当今教育教学中普遍而又不可缺少的重要手段。便捷的信息技术和现代教育技术工具，为教师的教学活动提供了巨大而有力的支持。它不但可以加大教学信息的容量，丰富教学资源，延伸教学的空间，节省教学的时间，使学生更快地掌握知识，很好地解决教学内容与教学时间之间的矛盾，而且可以激发学生的学习兴趣，使课堂气氛更加活跃，为学生的自主学习和探索创造更加有利的条件，为他们的个性发展开辟广阔的天地。同时，可以为教师提供解决问题的新的思路和方法，为教师教学方法的创新提供必需的技术支撑。此外，信息技术和现代教育技术的使用，还可以开阔教师的视野，促进教师与同行之间的沟通交流，发展教师教学的创意。

　　总之，在各学科教学中，运用先进的信息技术和现代教育技术手段，对于教师改进教学方法、提高教学质量具有十分重要的意义。在信息化社会的大背景下，教师如果不能很好地掌握和运用信息技术和现代教育技术，就很难在教育实践中实施创新教育，就很难有创新的意识和创新的动力，更不用说提高创新能力了。因此，每一名教师都必须加强计算机技术、网络技术、多媒体技术等方面的学习，并积极在教育实践中运用、巩固和强化，成为信息技术和现代教育技术的行家里手。

四、教师创新能力培养与提升的典型案例

案例4-7

一个中学老师的创新之路——上海七宝中学马九克老师的案例

　　马九克其人

　　马九克，上海七宝中学物理特级教师、全国优秀教师，1982年毕业于河南师范大学物理系，毕业后在平顶山市一中担任物理老师。2003年调入上海七宝教育集团下七宝中学工作，多年来长期从事物理学科教学工作，近年来关注信息技术在教学中的应用。马老师在教学见长的同时，他的科研也结出了硕果。他先后出版了《PowerPoint 2003在教学中的深度应用》、《Word 2003在教学中的深度应用》、《Excel 2003在教学中的深度应用》、《多媒体技术在教学中的深度应用》。

　　马九克创新之路

　　马九克老师是一个从事教学将近三十年的一线教师。在这么多年的教师生涯中，马老师不断尝试改变教学方式、教学方法，寻求教学创新的出路。在从事教学的同时，马老师多次担任班主任，在多年的班主任工作中，马九克老师形成了自己独特的班级管理特色。在教学和班级管理之余，马老师不断丰富、提高、完善自己的教学理论水平，结合教学实际，积极开展科研工作。

1.马九克之创新教学

（1）先进的教育理念，平等的师生观

马九克老师是先进教育理论的学习者与践行者，在采访马老师的时候，总能听到这样几个词眼：以人为本、转变思维、创新意识等。没有理论指导的教学是盲目的，马老师深知理论的重要性。马老师不但在嘴上说了这些有关教育理念的词语，在现实教学中，马老师也一直这样去做。访谈过程中，恰好有一个同学来到办公室找马老师，马老师显得很亲切，似乎和学生是朋友。在上课的时候，马老师还没走进门，就有学生主动帮他接下手中的电脑。他笑着对我说，学生和老师本身就应该是平等关系，只有平等，才好开放，也只有在平等条件下，师生在学习过程中才能激起更多的火花。

（2）运用信息技术，创新教学方式

21世纪是信息时代，信息技术是教学的重要辅助工具。马老师在河南当教师时，由于教学条件限制以及自身对信息技术的接触较少，马老师在物理教学中遇到过很多问题。马老师2003年来到上海，在接触多媒体后，他自己努力钻研，创新性使用多媒体进行教学。物理中最常见的问题就是物理模型的建构和虚拟概念的抽象性，马老师结合最常用的office软件（比如常用的PPT、Word、Excel），将复杂的问题简单化、抽象的问题形象化，运用信息技术辅助教学，提高了学生的积极性和学习兴趣。但马老师说，技术只是一种手段，真正应该关注的是内容本身。

在课堂上，马老师总是采用多种教学手段，充分调动学生的积极性，他说，课堂不是我的课堂，而是学生的课堂。马老师不拘泥于传统的教师一言堂式教学，深入学生、让学生做课堂的主人是他的目标。他的课堂上经常会有小组讨论、同学协作。这些教学方式的运用，让学生的积极性得以发挥，可以更深入地理解教学内容。

（3）结合生活实践，培养学生创造性思维

马老师的教学不是呆板的书本教学，他总是善于和生活实践相结合。比如在讲力的理解的时候，马老师拿出了一个自制的装置，是一个导管和一个球体，马老师邀请了很多学生上台体验，让学生对力有了现实体验。这样的例子不胜枚举，让学生体验是马老师教学的重要特色之一。

马老师重视学生创造性思维培养。马老师本人也是一个极富创新思维的人，在说到创新思维的时候，马老师讲述了爱迪生的故事，爱迪生是伟大的发明家，他在发明灯泡的时候，试验了一千多次都失败了，那是不是他的工作就毫无意义？不，至少他排除了一千多种不适合做灯丝的材料。马老师在课堂上最常问的就是"为什么"，有时候他故意出点小故障，在学生指出后，他总是予以肯定，他也鼓励学生对他所讲的提出质疑。这种怀疑的精神正是创新的前奏。

（4）鼓励学生，发挥学生想象力

英国诗人雪莱说过"想象是创造力"，马老师在课堂上总是鼓励学生大胆想象，在讲机械振动的时候，他让学生把自己想象成一个弹簧，在上下跳动，就十分有意思。在讲到大气压强的时候，马老师让学生去想象没有压强的世界将是什么样子。马老师喜欢设计问题，通过问题激发学生的想象力，这对培养学生的创新能力很有帮助。

2.马九克之创新班级管理

（1）班级管理标准化、简易化

班主任工作是大多数中小学老师的一大重要任务。做好班级管理工作，对一个老师来说极其重要。班主任工作复杂、多变，很多老师往往会有吃力不讨好的体会。学生管理、家长联系、学生心态关注，无不体现着班主任老师的工作水平。长期的班主任工作让马老师有了新的思考，信息技术为马老师的班级管理插了一对高飞的翅膀。他把office软件应用于班级管理，使班级管理公开透明，人人都知道自己的量化评价，家长和学生本人都能从量化考核中得到激励和约束。有了班级管理系统，学生的管理就从他律变成自律，解放了班主任和任课老师。

马九克老师专门设了"学生管理系统——班主任版"，里面包含了15个量化表格，包括学生基本信息、学生成绩查询、量化考核表等。通过这一套标准化系统，老师可以清楚地了解每一个学生的成绩变化、每个学生的基本信息。这些工作都为班主任工作带了极大的便利，为班主任工作的存档、查询、分析、综合提供了依据。

（2）学生自主管理

马老师以人为本的思想还体现在让学生做自己的主人，他创新性地让学生展开自我管理。他创办班刊，办刊的内容和筹划都是由学生自己操办，学生在班刊建设过程中既收获了作为班级小主人的体验，又意识到自我管理的重要性，更在班刊上发表自己的所见所感，使班刊成为大家感情沟通的一个平台。

3.马九克之创新科研

参与教育科研，将极大激发教师的创新意识，对于教师改善自我知识结构、提高教学理论水平意义重大。很多人问，中小学教师有没有必要做教育科研，平时的教学任务能完成就好了，管理好学生就够了。马九克老师以其亲身实践，告诉了人们科研对中小学老师的重要性：从事科研，有利于总结、反思平时教学中的问题；从事科研，可以提高教师的理论水平；从事科研，可以让教师认识问题达到新的高度。科研能力也是创新能力的一种体现。

（1）实践出科研，再以科研指导实践

马九克老师是一个研究型的老师。上海七宝中学校长、上海首届教育功臣仇忠海校长评价他说："马九克是一位事业心极强的研究型教师，他的研究成果取得了重大成功。"在多年的教育教学过程中，马老师一直在带着实际问题思考。对物理教学和班主任工作，马老师时时刻刻都带着问题，有时候连睡觉都在想问题。在实践中遇到问题、解决问题、反思问题、总结问题，再指导实践。

（2）依托博客，记录反思总结

马九克老师是一个善于记录、反思、总结的教师。他的网易博客成为他发表研究成果的阵地。在这个阵地，马老师表达了对教育的诸多思考，也有对自己物理教学的研究。这里记录了马老师对office应用的探索与研究，帮助一线教师解答了很多问题。"论物理教学中学生创新能力的培养"就体现了马老师对学生创新能力的重视。

如今，马老师的网易博客已经成为他和全国一线教师交流的阵地，也成了他的工作坊——马九克教育技术应用研究工作坊，项目已经被上海市教委上报到教育部"国培计划"的培训课程资源。

（3）分享科研成果，为全国中小学教师服务

马老师深知当前中小学教育教学的难处，他毫无保留地将自己的科研成果和全国的教师分享。马老师的科研成果目前已逐步在全国推广。中国教育技术协会秘书长刘雍潜在评价马老师的著作时说："我相信这套丛书的推广应用，将有助于教师的课堂教学推陈出新，将使教师的常态教学不同于以往的传统教学模式，也一定会有助于中小学教师教育技术能力培训工作的开展。"

2008年12月和2009年10月，闵行区全区71所学校的5000多名教师参加了PPT深度应用培训，并举行了考试。马九克老师的教学成果也获得了广大一线教师的认可。2010年3月，天津红桥区组织全区教师听取了马九克老师作的《Office在教育管理与课堂教学中的深度开发与应用》的专题报告。2010年5月，马九克老师又赴平顶山实验中学做了《多媒体课件的深层次应用技术》讲座，反响强烈。同年6月，银川市5所学校近1000名教师在宁夏育才中学体育馆，聆听了上马九克老师《信息技术支持下的教师创新研究》报告会。报告会受到了与会教师的热烈欢迎和高度评价。

案例4-8

在创新中成就事业——记特级教师王运遂

王运遂，江西省南昌市第十九中学语文教师。南昌市首批中学学科带头人，特级教师。因成绩突出而被授予"全国十杰教师"、"全国劳动模范"、"全国优秀语文教师"等多项荣誉称号，获得全国五一劳动奖章、人民教师奖章。在二十多年的教育教学工作中，他建立了中学语文"读、写、改整体教学"模式，创立了"三步读书法"、"三步写作法"、"三步批改法"等教学方法。在多年教改实践中，他发表和交流论文90多篇，有12篇论文获奖，并著书26本。

从一个普通的青年教师到"全国十杰教师"，王运遂在教育教学园

地耕耘了 22 年，探索了 22 年。他以自己对教育的一份热爱、一份执着，全身心投入语文教学的改革和探索中。他最深的体会就是，要顺应现代教育发展，一名教师最可贵的品质就是勇于创新。

1977 年，王运遂走上了讲台。从此他认真钻研教材，虚心拜师求教，用心上好每一堂课，专心写好每一天的工作笔记。他曾为众多的同行那激昂的演讲所激动，也为那热闹的课堂气氛所吸引，他本可以凭着自己的勤奋和敏捷，成为传统教学的忠实弟子。然而，一年以后，他发现，现实中很多学生在课堂上只是一个被动的"知识接收器"，同样的知识点，在一篇文章中完成了，在另一篇文章中又成了陌生的东西。于是，他对传统的语文教学提出了大胆的质疑，认定这是一种低效率的教学。他那善于思辨的大脑和文弱的外表下包裹着的富于挑战的性格，不允许他盲目因循守旧，他要改变现状，他要在语文教学园地里开始全新的探索。

他正视自己在理论方面的不足，拼命地汲取教育科学的养料。他系统地学习了教育学、心理学和现代科学的"新三论"，他广泛地涉猎了教育教学方面的书刊，写下了几十万字的读书笔记和教学札记。他利用 100 多个星期天参加函授学习，取得了中文专业的大专学历。他在一点一点积攒着自己的实力，用科学的理论武装自己。

他深入思考改革语文教学的切入点，广泛搜集全国各地教育教学信息，到处请教专家名师。一次，他参观特级教师潘凤湘教学改革成果展览，看到潘老师数十年来坚持让学生学会读书、写字取得的成果，他兴奋极了："这才是真正要给学生的东西！"他的思路渐渐明晰了：作为教师，应该给学生的不是满仓现有的果实，而应该交给他们一把开启知识大门的钥匙！

王运遂以自己勇于创新的品格，开始了教学改革的探索。他认为语文教学最核心的是学生的读写能力，教师的作用不是让他们单纯地听、记、抄现成的答案，也不应囿于课本知识的灌输，而应该培养、发展他们的能力，让他们自己学会读书，学会写作，要引导他们走出课堂，学会观察生活，认识生活，热爱生活。

他尝试着培养学生的自学能力，让教师的讲台"冷清"起来，让学生的自学热烈起来。然而，有人表示怀疑，有人冷言相讥，更有甚者，有的家长干脆把自己的孩子转出了实验班。为此，他痛苦过、困惑过、反思过，但他并没有气馁、没有退却，他坚信教学的本质就是要培养学生的自主学习和自主创造能力，只有创造，才能拥有生命的活力。

他一边总结自己的实验，一边完善方案。备一堂实验课，他要花上三五个小时，他设计了一套又一套方案，把最理想的一套推向课堂。给学生布置几道练习题，他自己要做上几十道，他不让学生沉入题海，自己却一年完成一万多道习题。

他领着学生深入社会，搞调查，看展览。他与学生对话、谈心，交流学习心得，畅谈人生体验。他甘当学生的良师益友，认为建立民主的教学氛围和融洽的师生关系，是激发学生创造力的最基本的、必需的条件，只有赢得学生，才能赢得教育。

当一轮又一轮实验班的学生带着高出同龄人一筹的阅读、写作、自我反馈能力走出校门时，他的教改也日渐科学与成熟，他的成果得到了省市教科研部门的高度评价和广泛赞誉。荣誉和鲜花激励着他把目光放得更远、脚步迈得更大，他又把自己的教改实验引入了被认为是"教改禁区"的高中。

王运遂深知这一轮实验会冒风险，但他更清楚，与所有的改革一样，教学创新同样要付出代价。他说："我不怕自己身败名裂，但我要对学生负责。"他那快节奏、高效率的训练方式，伴随着严格的要求和不断的激励，极大地调动了学生的学习兴趣，锤炼出学生"严谨、上进、独创"的思维品质。他的教学赢得了学生和家长的高度评价。他再次感到，创新，是教改不竭的动力。

"当个好教师，给学生一些真东西"，为了实现这一朴实的追求，王远遂从初中到高中，共进行了七轮教改实验。在二十多年的探索中，他以锐意进取的精神、勇于创新的品格，不断丰富和完善自己的教学思想和实践，形成了一个与传统的语文教学大相径庭的教学模式——读写改整体教学法。模式确立的三步读书法、一步写作法、三步批改法，培养了学生读书、做笔记、质疑、积累等多种良好的学习习惯，大大提高了学生阅读、写作和自我反馈的能力，逐步引导他们成为学习的主人、能人，为学生铸就了一把开启知识大门的金钥匙。

王运遂的探索是以科研为先导的，每前行一步，他都不断总结着。多年来，他结合自己的教改实践，笔耕不辍。他在全国各省、市做学术报告160多场次，他热情呼吁，教师要有创新精神，教学要培养学生的创造力。他的报告被称作"教学改革的宣言和号角"。

1998年教师节，王运遂光荣地被评为"全国十杰教师"。他深知，荣誉不但是对自己辛勤工作的肯定，更是对改革和创新精神的礼赞。他坚信，这崇高的荣誉必将化作教学工作的巨大力量，不但激励自己，而且将激励更多的人在教学改革这片充满生机的园地里去耕耘、去探索、去创新！

后 记

　　教师是教育活动的"第一资源",是决定教育教学质量的关键因素。教师不但是承担教育教学工作的主体力量,而且是学校发展的重要推动力量。只有一流的教师队伍,才能支撑起一流的学校,才能促进学校的可持续发展,也才有可能培养出一流的人才。

　　对于任何一个刚刚走上教师工作岗位或即将走上教师工作岗位的人来说,从一名职场新手尽快"蜕变"为优秀教师,跻身一流教师的行列,圆满地完成教育教学任务,承担起传道、授业、解惑的责任,为学校做出重要的贡献,成为一名学生敬重、同行佩服、家长满意、出色的专家型教师,这是社会和学校对自己的殷切期待,是每一名教师自身努力进取、孜孜以求的重要目标。而教师要想不辜负社会和学校对自身的殷切期待,就必须持续不断地推进自身专业发展,不断提高自身的专业素养、学术造诣和业务水平等。

　　本书正是基于帮助广大中小学教师更好地规划职业生涯、加快专业发展进程的需要而撰写的。书中围绕教师专业发展的基本内涵,影响教师专业发展的各种内部和外部因素,教师专业发展的基本过程以及教师专业发展的路径等问题,进行了较为全面、系统的阐述和讨论,旨在为一线教师提供有针对性的理论借鉴和有效的策略、建议。

　　本书由安徽师范大学教育科学学院查晓虎教授构思总体框架、拟定撰写的纲目和要求,并组织相关人员执笔撰写。参与本书撰写的人员有查晓虎、刘倩倩、占莉莉、时晨晨、陈婉婕、李冬晶等同志。

　　在本书的撰写过程中,参阅和引用了不少同行、专家的研究成果,有的已在书中做了明确注释,有的则由于诸多原因未能一一注明,敬请各位同仁见谅,并在此谨致谢意!

　　本书的出版得到了安徽省教师教育协同创新中心的大力支持和帮助，在此一并致谢！

查晓虎

二〇一八年四月二十日